VIE ET TRAVAUX

DE

J.-P. TARDIVEL

PRINCIPAUX OUVRAGES DE MGR FÈVRE

Du gouvernement temporel de la Providence, 2 vol. in-12 .   6 fr.
Du mystère de la souffrance, 1 vol. in-12 . . . .   3 »
L'Eglise et la République, 1 vol. in-12 . . . .   2 »
L'Eglise et la Révolution, 1 vol. in-12. . . . .   3 »
La mission de la bourgeoisie, 1 vol. in-12. . . . .   3 »
De l'éducation des enfants à la maison paternelle, 1 vol.
  in-18 . . . .   1 »
Jesus-Christ, prototype de l'humanité, 1 vol. in-8°. . . .   3 »
Puissance divine du sacerdoce, 1 vol. in-8° . . . .   1 » 50
La séparation de l'Eglise et de l'Etat, 1 vol. in-8° . . . .   2 »
La Restauration du droit canonique en France, 1 vol.
  in-8°. . . . .   2 »
De la propriété des biens ecclésiastiques, 1 vol. in-8° . . .   2 »
La résistance à la persécution, 1 vol. in-8°. . . . .   2 »
La défense de l'Eglise en France, 1 vol. in-8° . . . . . .   2 »
Devoirs des chrétiens pendant la persécution, 1 vol. in-8°.   2 »
L'Abomination dans le lieu saint, 1 vol. in-12 . . . . . .   3 »
La Désolation dans le sanctuaire, 1 vol. in-12 . . . . . .   3 »
Histoire de l'Eglise depuis Luther jusqu'à Pie X, 12 vol.
  in-8° . . . .   60 »
Histoire du catholicisme libéral, 1 vol. in-8°. . . . . . .   5 »
Histoire apologétique de la papauté, 2 vol. in-8°. . . . .   42 »
Histoire du cardinal Gousset, 1 vol. in-8°.. . . . .   5 »
Vie de S. Camille de Lellis, 1 vol. in-8°. . . . .   8 »
Biographie de six personnages contemporains, 6 vol. in-8°.   15 »

VIE ET TRAVAUX

DE

J.-P. TARDIVEL

FONDATEUR DU JOURNAL *LA VÉRITÉ*, A QUÉBEC

PAR

Mgr Justin FÈVRE

PROTONOTAIRE APOSTOLIQUE

ANCIEN VICAIRE GÉNÉRAL DE GAP ET D'AMIENS

RÉDACTEUR EN CHEF DE LA REVUE DU MONDE CATHOLIQUE

PARIS

ARTHUR SAVAÈTE, ÉDITEUR

76, RUE DES SAINTS-PÈRES, 76

—

Tous droits réservés.

VIE ET TRAVAUX

DE

J.-P. TARDIVEL

FONDATEUR DU JOURNAL *LA VÉRITÉ*, A QUÉBEC

PAR

Mgr Justin FÈVRE

PROTONOTAIRE APOSTOLIQUE

ANCIEN VICAIRE GÉNÉRAL DE GAP ET D'AMIENS

RÉDACTEUR EN CHEF DE LA REVUE DU MONDE CATHOLIQUE

PARIS

ARTHUR SAVAÈTE, ÉDITEUR

76, RUE DES SAINTS-PÈRES, 76

—

AVANT-PROPOS

La biographie est une préparation élémentaire à l'histoire. L'histoire raconte les faits en toute vérité et pour l'utilité commune : *veraciter atque utiliter*, c'est l'expression de S. Augustin. Or, les faits, qui les produit ? C'est l'homme, non pas esclave de la matière ou serf de son propre esprit, mais personnalité qui se détermine librement, suivant les principes qui l'éclairent, les sentiments qui l'inspirent et les résolutions que lui prescrivent sa foi et sa conscience. Sans doute, l'homme dépend toujours, dans une certaine mesure, du milieu où il se forme, mais il réagit contre ce milieu ; s'il est produit, il est aussi, par son initiative, producteur ; et s'il peut, par faiblesse, trahir ses propres convictions, elles ne sont pas moins la règle ordinaire de ses actes. Pour apprécier les actes d'un homme, pour mesurer sa part d'influence et ses titres à l'estime, il faut donc connaître sa vie. Sa vie est le principe, les actes en sont le reflet, les œuvres en apportent les manifestations. A raison de la part de mystère qui reste en tout, on ne sait le tout de rien, mais on sait quelque chose, et l'on acquiert moralement une heureuse certitude.

Toute biographie trouve, dans ces maximes, sa raison d'être et son orientation ; mais comment un ecclésiastique français peut-il écrire la vie d'un publiciste canadien ? La réponse à cette question se trouve dans une lettre que nous adressions, le 22 mars 1906, au directeur-gérant de la *Vérité*, de Québec ; nous la reproduisons ici telle qu'elle a été publiée dans ce journal, numéro du 28 avril même année.

« Voici le 24 avril, la date funèbre où le fondateur, le rédacteur de la *Vérité* a quitté cette arène de combat pour une vie meilleure. A nous, ses amis, de nous incliner de nouveau sur sa tombe, d'y verser encore des larmes avec des prières ; puis relevant nos regards vers le ciel, de l'entrevoir, s'il se peut, dans un rayon de cette gloire, dont la splendeur doit nous servir d'exemple, de leçon et d'espérance.

Votre défunt père a pu vous le dire plus d'une fois : nous étions de vrais amis ; notre liaison s'était formée, je l'ai toujours cru, sur une indication de la Providence. Dans une des rencontres de ma vie militante, j'avais dû improuver un établissement qui avait été pendant deux siècles, parmi nous, l'arsenal et la forteresse du gallicanisme. Un défenseur de cet établissement me prit, selon son droit, à partie, mais il se donna le tort de mettre, au service de son plaidoyer, des manœuvres louches ; par des tours de sa façon, il obtint même quelques succès provisoires. Je lui avais répondu, comme c'était mon droit et peut-être mon devoir, par deux brochures ; dans l'une, j'exposais historiquement le point en litige ; dans l'autre, attaquant l'adversaire sur les indignités de sa procédure, j'avais littéralement versé sur sa tête, dans un moment d'indignation, un carquois dont plusieurs flèches avaient, je crois, meurtri au moins son amour-propre. Votre père, je ne sais comment, rencontra ce brûlant factum, le reproduisit dans son journal et m'envoya les numéros de la *Vérité* qui contenaient la *Note finale* du tome 40 de l'*Histoire de l'Eglise*. Un beau matin, je recevais ces numéros dans ma solitude et j'en accusais immédiatement réception avec appoint de vive reconnaissance. Votre père, à ce moment, se préparait à venir en France ; il m'annonça sa visite qu'il fit, en effet, l'année suivante. A deux reprises, il passa quelques jours sous mon toit. Dans nos entretiens, il nous fut facile de constater que nous avions les mêmes consonances dogmatiques, une certaine similitude de situation morale, la même ardeur au combat et la ferme espérance que, mettant notre intransigeance au service de la vérité, nous finirions bien, en suivant la politique de Dieu, par attirer, sur nos patries respectives, quelques bénédictions d'En Haut. Telle fut la base d'une amitié fraternelle que la mort seule pouvait rompre. En quittant Louze, votre père emportait la moitié de mon cœur ; de retour à Québec, il reportait volontiers ses regards sur l'humble presbytère, où il avait trouvé un simple soldat, comme lui fidèle à ses convictions. *Meminisse juvat.*

Je me suis demandé bien des fois comment s'était faite, si prompte et si solide, cette jonction d'âmes. L'harmonie peut naître des ressemblances et aussi des contrastes ! Comment ? Dieu seul le sait. Entre nous, il n'y avait presqu'aucun point de contact. J'avais vingt ans de plus que votre père ; à son arrivée, j'avais revisé Rohrbacher, continué Darras, réédité Bellarmin, et outre une multitude d'autres ouvrages, publié l'*Histoire apologétique de la Papauté*. Lui venait de loin ; il n'était pas homme à se faire valoir, il frappait seulement par son attitude réfléchie et par la maturité de sa parole. Du Canada, je ne savais rien que sa conversion par nos missionnaires et la prise de la colonie, — quelques arpents de neige, — par les Anglais. En quelques mots discrets, il m'apprit que, né en Amérique, d'une mère anglaise et d'un père français, élevé orphelin par la charité de sa famille, instruit dans un collège catholique, ne sachant de la langue de son père pas un mot jusqu'à l'âge de dix-huit ans, il s'était, à Québec, lui, deux fois étranger par le sang et par la langue, voué au journalisme ; comment il avait commencé par quelques petits travaux de presse, comment il avait dû fonder un journal pour avoir son franc-parler, par quels artifices il faisait vivre depuis quelques années ce journal toujours à la veille de mourir, et comment le journal vivait toujours, louvoyant à travers les écueils, côtoyant les abîmes, bravant l'incohérence des uns, la malveillance des autres, ayant cependant son petit groupe d'amis dévoués. Il me conta cela si simplement que je

n'ai pas pu l'oublier. Dans cet humble publiciste, je voyais
l'accomplissement d'une réflexion de Louis Veuillot :
« Nous n'avons pas besoin de réussir. Nous avons besoin
d'être, en toute circonstance, les hommes du vrai, du juste,
du bien, du beau, en un mot, les *hommes de la Croix.*
Quand nous aurons été cela, Dieu se charge du reste ; nous
avons accompli notre tâche et fait ce qu'il veut. »

En raisonnant son cas, je suis venu vite à connaître votre
père, à le comprendre, à l'estimer, à l'honorer, à l'aimer.
Dans la conception de ces sentiments, je crois avoir vu
clair et raisonné juste.

Jules-Paul Tardivel était venu, vers sa vingtième année,
au Canada ; il ne savait alors qu'écrire un peu et réciter
de tout son cœur le Symbole des Apôtres. Plus tard devenu homme de presse, il voulut uniquement défendre
sa religion et servir l'Eglise. Etranger à sa nouvelle patrie,
à ses préjugés, à ses passions, à ses luttes politiques, il
ne voulut s'inféoder à aucun parti ; il se refusa à toute
compétition d'intérêt ; il s'obstina noblement à n'être que
le sergent de Jésus-Christ et le soldat de Dieu. Mais encore,
contre qui et contre quoi fallait-il tirer l'épée ? En remon-
tant aux origines du Canada, il comprit que ce pays avait
été fait par les apôtres français, comme la ruche par les
abeilles ; qu'il avait subsisté par ses paroisses ; qu'il avait
été gouverné surtout par ses prêtres et ses évêques, qu'il
était primitivement une création de la Sainte Eglise.

En même temps il devait constater, avec la virginité de
ses sentiments, que ce pays, isolé du reste du monde,
avait été infecté, de bonne heure, par le gallicanisme ; que
par l'évolution des idées, cette aberration gallicane était
devenue le libéralisme ; que le pays avait été envahi par
les juifs et les francs-maçons ; que, contre les assauts de
ces conspirateurs, il avait été défendu parfois d'une façon
plutôt compromettante ; et que la confusion des idées, la
désertion des principes, l'entraînement des préjugés et des

passions indigènes, créaient pour le Canada un péril grave, une situation menaçante.

Un journaliste est un soldat ; un journal est une machine de guerre. D'après la situation faite au Canada par les événements de son histoire, par sa soumission à un gouvernement protestant ; d'après l'état régulier de ses institutions et sans mettre en doute l'honorabilité de personne, comment, à Québec, en l'an de grâce 1882, un catholique voué au journalisme, pouvait-il batailler efficacement, fortement, victorieusement, au salut de sa patrie ?

A cette date, Jules-Paul était époux et père. Suivant les honorables lois de la natalité canadienne, au moment marqué par la Providence, presque chaque année, la famille s'augmentait d'un enfant.

Père d'une famille qui devait graduellement s'accroître, mari d'une humble et généreuse femme, il se devait aux siens et n'entendait certainement se décharger d'aucun des fardeaux de ce devoir ; il entendait aussi ne pas en exagérer les exigences. C'était un homme apostolique ; il avait su entendre les paroles du Sauveur : Ne vous inquiétez pas de ce que vous mangerez, de ce que vous boirez, ni de quoi vous vous couvrirez. Votre Père sait que vous avez besoin du vivre et du couvert, il vous les donnera. Cherchez d'abord le royaume de Dieu et sa Justice ; le surplus vous sera donné par surcroît. Toute sa vie votre père se contenta des plus simples aliments, des vêtements les plus modestes, et, digne disciple de saint Paul, ses mains suffirent à ses besoins et aux besoins de sa famille. Le pain et l'eau ne manquèrent jamais à son foyer, pas plus qu'ils n'avait manqué aux ermites de la Thébaïde. Mais alors, direz-vous, avec si peu de chose qu'un pauvre journal, Tardivel aurait dû vingt fois mourir de faim. Sans doute, il avait un Mécène. — Pas du tout ; il ne tirait même pas, comme tant d'autres, de son travail le profit légitime. Rien du gouvernement, rien des partis, rien des hommes politiques, rien même de ses services, pas même cette manne des annonces qui en enrichit d'autres ; très souvent, trop souvent, pas même ce prix d'abonnement que doit payer le lecteur, et qu'il ne paie guère, au Canada, sans qu'on lui tire un peu le cordon de sonnette. Mais enfin comment payait-il son papier, son imprimeur, ses frais de poste ? Je n'en sais rien ; mais je sais qu'il se voyait chaque semaine à l'article de la mort, sans perdre une minute sa confiance en Dieu. Quand il allait rendre le dernier souffle, un ami charitable venait verser un peu d'huile dans la lampe ; le corbeau de saint Antoine lui apportait un pain. Bref, il n'est pas mort, mais il n'a jamais vécu au large et à son aise.

Le royaume de Dieu et sa Justice, objets constants de ses efforts ne vouaient pas seulement Jules-Paul Tardivel à la pauvreté du foyer domestique ; sa mission le condamnait encore à un isolement perpétuel, à une guerre sans fin.

Dans la presse, au Canada, je suppose, comme partout, les publicistes forment entre eux, deux compagnies analogues. En général, ce sont des frères habiles à manier l'encensoir, — c'est plus facile que d'étudier, — ils sont sinon des frères ennemis, du moins des frères habiles à se couper l'herbe sous le pied, ou à tirer à soi toute la couverture. Je ne crois pas que Tardivel ait jamais fléchi sur le chef de la dignité, mais à coup sûr il a été invariable sur le chef de la vérité. Par le fait des divisions au Canada, les publicistes sont tous, plus ou moins, les suivants d'un système, d'une école, d'un parti, voire d'une faction. Le système est une borne, l'école un aveuglement, le parti une ambition, la faction un agent de ruines. Le libéralisme, leur commune maladie, est l'amorce logique du radicalisme et du socialisme, parce qu'il procède au fond de l'athéisme social, en morale et en politique. La franc-maçonnerie, la juiverie sont les foyers de toutes les misères, l'égout collecteur de toutes les passions. Par ce fait, tout

journaliste, angarié dans les coteries, n'est pas seulement
un exagéré, c'est un menteur de profession et, plus ou
moins, un charlatan. Par contre, un homme qui a consacré au vrai son âme et au triomphe de la vérité pure son
existence, est un homme armé contre tous les mécréants
et les transfuges. Seul contre tous, il doit poursuivre toutes les aberrations dans leurs transformations successives,
démêler leurs opinions, flétrir leurs fausses manœuvres.
Sans haine, mais sans effroi, sans se laisser toucher ni par
la situation des personnes, ni par la crainte des représailles, il dit imperturbablement toute vérité, en toute
justice, sans se départir d'une sage modération.

Cette vie chrétienne, sévère et juste, a fait de Jules Tardivel, un héros, le héros de foi et de patriotisme. On a
dit de lui qu'il était le Veuillot du Canada, et il l'était en
effet dans ce double sens, qu'ils avaient, tous les deux,
très bien compris l'Evangile dans son application aux temps
présents, et qu'ils en poursuivaient exclusivement le
triomphe. Je les ai connus intimement tous les deux ; en
notant ce qu'ils avaient de commun, je puis indiquer les
traits qui les distinguent. Louis Veuillot était plus prompt,
plus abondant, plus répandu, parfois avec un peu de confusion ; Jules-Paul Tardivel avait l'esprit plus lent, moins
délayé, mais plus précis. L'un était tout en expansion,
l'autre tout en concentration ; celui-ci savait mieux se
taire, l'autre savait mieux parler. Mais ils ont tous les deux
excellé par les qualités positives. Louis avec son expansion
a produit cent volumes ; Jules-Paul grâce à sa concentration n'en a produit qu'une demi-douzaine, mais lisez bien
seulement les trois volumes de ses *Mélanges*, vous recon-
naîtrez aisément sa puissance. Ce n'est pas un professeur
qui expose, ce n'est pas un orateur qui s'anime, ce n'est pas
un oracle qui parle, ce n'est pas un prophète qui vaticine ;
c'est un homme de bien, c'est un bon chrétien qui a étu-
dié avant de parler, qui réfléchit avant d'écrire, qui n'en
dit pas long, mais qui marque bien ses idées et articule

nettement ses mots. Parfois vous croiriez qu'il cherche ; il cherche un mot plus précis et plus énergique ; parfois il vous paraît comme empêché d'écrire, c'est qu'il martelle son article comme un coin de fer ; et qu'il fait de sa plume un maillet pour enfoncer le coin dans les têtes. Le coin entre profondément ; et la preuve, c'est que ses adversaires, au lieu de lui répondre, réduits à l'impossibilité de le faire justement, s'essaient vulgairement à le tourner en ridicule ou à l'accabler d'outrages. C'est l'outrage de l'esclave du préjugé ou de la passion qui insulte le triomphateur, à la montée du Capitole.

Les erreurs que combattit Tardivel se ramènent à une seule, le libéralisme, sous toutes les nuances trompeuses et menteuses, qui essaient vainement de couvrir son impiété et de dissimuler ses attentats. Les fléaux dont Tardivel voulait à tout prix conjurer les ravages, c'est l'invasion des Juifs et le complot des francs-maçons. Les puissances de régénération et de salut dont il fut le serviteur aussi convaincu que zélé, c'est l'école, c'est la paroisse, c'est la presse catholique, c'est un clergé laborieux, un épiscopat armé en guerre, un gouvernement honnête, appliqué de toutes ses forces à l'agrandissement du Canada français, à sa constitution en puissance indépendante, à son rayonnement sur l'Amérique. Personne n'a mieux compris son temps ; personne n'a plus fidèlement rempli son rôle ; personne n'a mieux poursuivi, jusqu'au dernier soupir, sa tâche patriotique et pieuse. Aussi ne m'étonnè-je pas que la mort — qui révèle, dit Bossuet, le fond des cœurs, — l'ait montré en la possession de la haute estime de tout ce qui compte au Canada. Même ceux qui l'avaient méconnu, combattu, insulté peut-être, se sont dit qu'une puissance venait de s'éteindre, qu'une grandeur venait de s'éclipser.

J'aurais encore beaucoup de choses à dire. Nous les reverrons, s'il vous plaît, dans la biographie que je viens d'écrire, et si vous le permettez, cette lettre pourra lui servir de préface.

Quand viendra le 24 avril, quand vous assisterez, dans une église, au service anniversaire de votre cher défunt, si vous remarquez, parmi les anges qui entourent l'autel, — un esprit qui s'incline vers son tombeau, pensez que c'est le vieil ami d'outre-mer qui a franchi en esprit les espaces et vient prendre part à votre deuil. »

Depuis la fraternelle visite de Tardivel, en vertu de la communion doctrinale qui se trouvait établie entre nous, l'auteur de cette biographie collabora quelque temps à la *Vérité*, de Québec et à l'*Etendard*, de Montréal ; depuis, il écrivit quelques lettres à l'*Oiseau-Mouche* de Chicoutimi et une étude pour la *Revue du mouvement catholique* de Trois Rivières. Ces différentes publications amenèrent quelques relations avec différentes personnes, puis des hommages d'auteurs, avec réciprocité de bonne grâce ; enfin la trop confiante proposition qui nous invitait à écrire l'histoire du Canada. Cette ouverture faite par le premier ministre de la province de Québec, l'honorable et honoré Mercier, nous causa bien quelque surprise, pourquoi pas le dire ? même quelque terreur. Non pas, grâce à Dieu, pour le nouveau travail qu'elle pouvait nous apporter, mais parce qu'elle nous imposait une tâche formidable pour nos faibles épaules. Ecrire l'histoire d'un peuple jeune et plein d'avenir : l'embrasser d'un regard synthétique et compréhensif ; la concentrer dans un faisceau de lumières ; l'édicter avec une intelligence suffisante et un dévouement parfait : c'est cela qui nous effrayait. Nous avons commencé par un précis de l'histoire de l'Eglise au Canada, publié dans le tome XV de la revision de l'*Histoire universelle de l'Eglise catholique* ; nous continuons par la biographie de Tardivel ; nous couronnerons cette œuvre par une histoire du Canada, conçue à peu près dans les mêmes conditions et d'après les mêmes principes, en tâchant d'abréger beaucoup sans rien diminuer.

Qu'était donc Jules-Paul Tardivel ? D'où venait-il ? Comment s'était-il formé aux âpres combats du journalisme ? Pourquoi avait-il voulu fonder un nouveau journal ? Quel rôle voulut-il remplir, par ses articles et par ses livres ? Quels services a pu rendre son dévouement ? Autant de questions auxquelles le présent travail voudrait répondre.

Notre dessein ne saurait être d'entrer ici, dans le détail intime de la vie privée, de parler de l'homme, de sa famille, de ses intérêts : des convenances qui cadrent à merveille avec notre incapacité, nous l'interdisent. Notre intention, ou plutôt notre devoir, est de laisser la vie privée dans l'ombre, quoiqu'elle ne puisse que gagner à en sortir ; notre devoir est de parler seulement de l'homme public, de ses actes personnels, de ses études, de ses travaux, des faits par lesquels le publiciste est devenu, dans son pays, malgré son humilité profonde, un personnage. D'autant plus, qu'au milieu de la fumée des batailles, le vaillant champion n'avait pas toujours été estimé à sa juste valeur. Au moment où il disparaît de l'arène, les iniquités de la polémique tombent ; les esprits s'ouvrent à une plus juste appréciation. Le nom de Tardivel est sans tache ; sa pensée sans ombre, ni lacune, ne peut que grandir devant la postérité.

Que si nous nous taisons sur la vie privée, quoiqu'il n'y ait rien à en dissimuler, c'est que ces détails intimes, sauf leur utilité d'édification, n'offriraient pas, en France, beaucoup d'intérêt. L'homme dont les œuvres appartiennent à l'histoire, c'est cet homme-là que nous voulons peindre, dans la sincérité de son programme et l'intégrité de son dévouement.

C'est l'écueil ordinaire de ces essais biographiques, de glisser, comme nécessairement, sur la pente de l'admiration. Si c'est par devoir d'exactitude et force de conviction, ce ne peut être un défaut. Un homme que vous avez connu, aimé, pratiqué ; un homme dont vous partagez tous les principes et que vous avez, si peu que ce soit, assisté dans ses travaux, vous ne pouvez pas en parler avec une froide indifférence. Le fait seul d'en écrire indique la résolution de mettre en relief une vie qui s'élève au-dessus du vulgaire, sous la loi commune du travail, par l'éclat du talent et des entreprises. Ici, toutefois, le correctif est à côté de l'écueil, ou plutôt le surpasse et le domine. Pour nous, comme pour nos lecteurs, Tardivel est un nom qui n'est pas banal ; ce nom rappelle une série d'œuvres de la pensée ; cette pensée et ces œuvres, nous voulons en faire ressortir loyalement le mérite. Dans la sincérité de notre âme, nous croyons que tout y est vrai, juste et bienfaisant. Nous voulons le dire avec respect, mais sans calcul, ni réticence. En appliquant notre intelligence à ce triple devoir, si notre plume trahit ce dessein et si nos études tombent sous la critique, de plein droit, le lecteur en sera juge.

Le point de vue où nous nous plaçons pour écrire est le seul qui nous paraisse juste et élevé ; nous n'ignorons pas qu'il y a beaucoup de façons d'écrire l'histoire ; nous savons que les uns l'écrivent en chroniqueurs, les autres en érudits, ceux-ci en savants, ceux-là en philosophes ; nous ne songeons nullement à contester ces ouvertures et ces latitudes; nous laissons de côté la chronique et l'érudition ; nous nous trouvons en présence d'une pensée consacrée exclusivement au service de Dieu, de Jésus-Christ et de son Eglise ; nous avons à parler d'une plume qui a voulu être une épée consacrée à la défense de toute vérité et jalouse d'abattre toute erreur. C'était la foi de ce publiciste, que l'Eglise et le Pontife romain sont les deux agents divins de toute véritable civilisation ; que la civilisation est leur œuvre propre ; que tout ce qui s'en écarte, l'altère ou la contrarie, est, pour la civilisation, une épreuve ou un écueil. Servir une telle cause est donc l'unique moyen de servir les intérêts des âmes et l'honneur de son pays. Nous voulons suivre cette pensée catholique dans toutes ses évolutions justes et dans ses applications légitimes. Il nous paraît patriotique et pieux de l'exprimer comme elle est, selon ses exigences nécessaires et sa solide ampleur. Dans tous les cas, c'est notre secret personnel pour demander à Dieu de faire descendre, sur la famille de Jules Tardivel, sur son œuvre et sur son pays, ses plus abondantes bénédictions.

Nous n'entendons pas autrement ni diminuer, ni augmenter, d'aucune façon, l'autorité de l'histoire. L'histoire est le jugement de Dieu en première instance, mais ce sont des hommes qui l'écrivent et appellent les personnages historiques au tribunal de la justice. Qu'ils puissent s'abuser, c'est l'évidence même ; mais quand ils rendent les oracles de la vérité et du droit, leur jugement, dans la mesure même du droit et de la vérité, dont ils sont les organes, fait loi pour l'avenir. Qu'ils décernent des éloges ou lancent des anathèmes, c'est sous leur propre responsabilité, sans doute ; mais s'ils expriment et appliquent les exigences de la foi, des justes doctrines, de la conscience, de la probité, de l'honneur, la sentence est juste, il faut s'incliner. C'est un mérite rare, d'autant plus précieux : il faut en prendre son parti. Ceux qui ont cherché Dieu en histoire ; ceux qui dans leur humble sphère, ont servi avec intelligence, désintéressement et courage, l'œuvre de Jésus-Christ dans son Eglise, ont un rôle dans l'épopée des siècles ; l'histoire inscrit leurs noms immortels sur ses tables d'airain. Ceux qui n'ont pas connu Dieu dans l'histoire, ceux qui ont mal compris et mal servi l'œuvre de Jésus-Christ dans son Eglise, pour ceux-ci, l'histoire est un bagne où ils subissent des arrêts de la vengeance éternelle ; pour dire la chose plus littérairement, leur nom est inscrit dans un des tercets de l'enfer du Dante, mais dans un style modeste, qui ne sert point d'instrument à des fictions et que rend irrévocable la ratification de la postérité

CHAPITRE PREMIER

Le 2 septembre 1851, naissait, à Covington, dans le Kentucky, un enfant qui reçut, au baptême, les prénoms de Jules-Paul, et qui devait être, dans la province de Québec, l'un des premiers et des plus éminents publicistes, catholiques romains, voués dans la presse militante, à la défense de la Religion catholique et de la Chaire du Prince des Apôtres. A cette date, les Etats-Unis étaient le but d'un mouvement considérable d'émigration ; à ce mouvement se rattache la rencontre de deux personnes dont le mariage légitime devait mettre cet enfant au monde. Claude Tardivel, son père, était un montagnard de l'Auvergne, originaire des environs de Billom, où le nom des Tardivel compte encore d'honorables représentants ; il était resté dans son Auvergne, jusqu'à l'âge de dix-huit ans. A cet âge, il avait suivi en Amérique, son compatriote, l'abbé J.-B. Lamy, alors simple missionnaire, depuis archevêque de Santa Fé. Sa mère, Isabella Brent, était la fille de Samuel Brent, et d'Ann Vertue, de Cantorbéry, Angleterre. Les familles Brent et Vertue avaient connu l'aisance ; en 1827, des malheurs financiers obligèrent Samuel Brent à chercher, aux Etats-Unis, le rétablissement de ses affaires. D'abord, il s'était établi à Flat Bush, près de New-York : en 1832, il se dirigeait avec toute sa famille vers le Far West. Tous se fixèrent à quelques milles de l'endroit où s'élève aujourd'hui la petite ville de Mount-Vernon, dans l'Ohio ; c'était une région peuplée, en grande partie, de catholiques du Maryland. En sa qualité de missionnaire, l'abbé Lamy visitait les nouveaux établissements. C'est ainsi qu'il se trouva en relation avec la famille Brent, dont le chef mourut peu après son arrivée dans l'Ohio. Les autres membres de la famille se convertirent successivement au catholicisme ; le plus jeune, Julius, entra même plus tard dans les ordres sacrés. Les nouveaux convertis s'étaient tellement attachés à leur sage et zélé pasteur, qu'ils le suivirent lorsqu'il fut nommé à la cure de Covington. C'est là, au mois de novembre 1850, que le rude menuisier français, Claude Tardivel, âgé de vingt et un ans, épousa l'anglaise Isabella Brent. Trois enfants naquirent de ce mariage : Jules-Paul ; Anna, aujourd'hui sœur Mary-Aloysius, de l'ordre de Saint-Dominique ; et un bébé qui, en 1854, suivait sa mère au tombeau.

Jules-Paul Tardivel n'avait que trois ans lorsque mourut sa mère. En mourant, cette pauvre femme légua ses enfants à sa sœur Isabella Brent, qui prit spécialement soin de la jeune fille ; l'autre sœur, Emma Brent, s'occupa plus particulièrement du garçonnet, qui grandit à Danville, dans l'Ohio, l'une des paroisses desservies par son oncle. Sa première éducation fut ainsi toute anglaise et foncièrement chrétienne. L'enfant croissait et se fortifiait dans cette vie libre de l'Ouest, avec la spontanéité joyeuse d'une parfaite indépendance. Réfléchi, sérieux de bonne heure, dans le désir de dépenser régulièrement ses forces, il travaillait aux champs et, en même temps, étudiait, d'abord l'anglais, puis le latin. Début rationnel, première assise d'une existence que nous verrons bientôt se mettre à fleurs et à fruits : dans ces prémices il y a déjà un rayon, une force et un élan.

Avant de passer outre, nous dirons que Claude Tardivel fonda plus tard une seconde famille. Sa vie, dit quelque part son fils, « fut une vie de dur travail, de privations et d'épreuves, vie obscure mais honorable ; il jouissait de l'estime de tous ceux qui le connaissaient. Je suis certain qu'il n'a jamais commis volontairement la moindre injustice.

Dans son humble sphère, il a combattu le bon combat ; il
a conservé la foi dans des circonstances où beaucoup d'autres, hélas ! l'ont perdue. » — Claude Tardivel mourut le
7 janvier 1896, à Tarkio, Missouri, heureux de savoir son
fils aux avant-postes du combat pour Dieu et pour la patrie. — Frances-Isabella Brent, à qui sa mère avait confié
Jules et qui s'était déchargée sur sa sœur Emma, du soin
de ses premières années n'en fut pas moins pour lui une
seconde mère. Son fils d'adoption fut, au milieu des épreuves de la vie, l'objet de sa plus maternelle affection. Dès
le début, notamment, elle assura par ses contributions,
l'avenir du journal, résumé des efforts, centre de la vie intellectuelle de son neveu. Isabella mourut tragiquement
au mois de juin 1897.

Jules Tardivel, en étudiant l'anglais et le latin, dut arriver naturellement aux spécialités historiques et littéraires
que comporte l'étude des langues ; il comprit encore mieux
la nécessité de compléter, de couronner ces études isolées
en les poursuivant dans un établissement classique : mais
où ? Un beau jour, Mgr Lamy lui apprit l'existence du
collège de Saint-Hyacinthe au Canada. Avec la décision qui
le caractérise, Jules Tardivel arrivait en 1868, élève reçu
dans ce collège : il ne connaissait pas alors un seul mot
de français et fort peu de latin. Ses ressources ne lui
permettaient pas d'y passer plus de quatre ans ; les autorités s'y prêtèrent avec la meilleure grâce ; lui, de son côté,
à force de raison et d'application, sut répondre à toutes
les avances. On lui faisait faire deux classes par an, ou, au
moins, une et demie. Un Jésuite, le Père Nolin, nous écrit
d'Ontario, qu'il fut à ce collège, le répétiteur de Tardivel
et qu'il eut maintes fois occasion d'apprécier ses talents, de
louer son courage et de constater ses succès. « Au bout de
quatre ans, dit Tardivel, j'étais philosophe et mathéma-
ticien. Mais aussi que de lacunes dans un cours d'étude
enlevé si rapidement ! » Un tel aveu est la preuve du contraire : un élève qui n'est pas content de lui-même est un

oiseau rare ; s'il voit les limites et les lacunes de son savoir, c'est la promesse d'une prochaine maîtrise.

Ses études finies tant bien que mal, en juillet 1872, Tardivel retournait aux Etats-Unis avec l'intention de s'y fixer.
Là bas, il espérait se trouver comme le poisson dans l'eau.
Les quatre ans de séjour au collège de Saint-Hyacinthe et
les vacances passées dans la province de Québec avaient
réveillé son sang français et francisé complètement son
caractère. Aux Etats-Unis, il se trouva dépaysé comme le
poisson sur la paille ; il fut bientôt pris de nostalgie. En
1873, n'y tenant plus, il revint au Canada pour ne plus
le quitter. Un de ses condisciples du collège, Victor Côté,
à sa pressante sollicitation, lui avait trouvé un modeste
emploi dans un magasin. C'est tout juste s'il y gagnait
sa vie ; cette modeste condition lui suffisait : il était au
Canada.

Au Canada, l'ange de sa nouvelle patrie, qui l'avait
amené sous son aile, le pressait d'écrire. A la sortie du
collège, un jeune homme est volontiers enclin à prendre
une plume. Plusieurs résistent à la tentation ; d'autres en
sont détournés par les circonstances. Pour Tardivel, il ne
sut pas résister à l'entraînement : en cédant il suivait une
consigne de la Providence. Le directeur du *Courrier*, Chagnon, le pressait d'écrire ; son ami de collège, Victor Côté,
se chargeait d'écheniller un peu sa prose. Peut-être n'en
avait-elle pas trop besoin, car toutes les plumes naturelles
ont une inamissible grâce ; mais enfin son éducation anglaise ne l'avait pas beaucoup préparé au style courant de
notre littérature. Le premier article parut le 23 janvier 1873,
sous ce titre : *Le pape selon les idées protestantes.* En
l'insérant Chagnon le présentait comme les prémices
d'une bonne jeune plume, qui ne manquerait pas d'habileté,
puisqu'elle était *profondément catholique.* Littérairement
l'article n'était pas parfait ; mais il indiquait une idée et
disait le mot propre ; il énonçait la croyance à l'action civilisatrice du Pape, juste antagonisme aux idées anti-papis-

tes des protestants. Chagnon, ancien zouave pontifical, avait senti cela avec l'esprit du cœur ; plus tard, le vieux publiciste souhaitera que son dernier article soit également consacré à la défense du Pape.

En novembre 1872, parvenu à vingt et un ans depuis septembre, Tardivel était électeur aux Etats-Unis. La campagne Grant-Greeley était énormément passionnante ; Tardivel y prit une part beaucoup plus enthousiaste qu'efficace ; il vota conciencieusement pour Greeley, mais Greeley fut atrocement battu. Ce n'était pas la fin du monde ; pour les partisans de Greeley, la vie avait perdu beaucoup de son charme. En tout cas, ce fut pour Tardivel le sujet d'un second article, où il disait son fait à Grant et aux Etats-Unis : les Etats-Unis et Grant n'en ont pas sans doute éprouvé une émotion bien grande ; pour le jeune publiciste, c'était une attache de plus à sa nouvelle patrie.

Désormais Jules Tardivel avait touché à une plume et bu de l'encre : la plume est un outil divinatoire, plein de fascination ; l'encre ne rafraîchit pas, elle altère plutôt et grise facilement. Ce jeune homme avait fait ses *preuves* ; le lundi de Pâques 1873, il entrait au *Courrier* comme factotum. Son mandat, un tantinet latitudinaire, était d'aider Chagnon à la rédaction du journal ; il rédigeait les faits-divers, faisait des traductions et corrigeait les épreuves. Un tel travail n'a l'air de rien ; cependant il ne manque pas de difficultés ; mais une difficulté vaincue, c'est une force acquise et un échelon pour monter plus haut. En même temps, il s'occupait, avec l'administrateur Lussier, du matériel du journal. C'est moins encore que d'écrire ; si peu que ce soit, c'est un apprentissage. En étudiant la formation d'un homme, il ne faut pas négliger les plus petites choses ; c'est en faisant les petites choses à la perfection qu'on apprend à en faire de plus grandes. Je ne parle pas des honoraires : le salaire était aussi maigre que possible ; mais le jeune publiciste était heureux : il se croyait sur le chemin de la gloire, semé de croix inattendues, qui devaient, en effet, l'y conduire.

Au mois de septembre, Oscar Dunn, qui connaissait un peu Tardivel, le fit entrer à la *Minerve* dont il était un des principaux rédacteurs. Chez les anciens, cette *Minerve* était la déesse de la sagesse ; dans sa vieillesse, elle était bien déchue ; elle était devenue gallicane, le dernier degré de l'hébétude chrétienne. Pour lui faire expier son crime, Dieu avait semé sa voie de ronces et de cailloux. Les deux Duvernay, Denis et Napoléon étaient les propriétaires du journal ; Dansereau devait être rédacteur en chef mais on le voyait peu ; les deux chevilles ouvrières étaient Dunn et De Celles ; Beaulieu, Major et Tardivel étaient sous-rédacteurs, traducteurs, correcteurs, reporters et surtout souffre-douleurs des bureaux. Le salaire était de huit piastres par semaine ; mais on payait lorsqu'il y avait quelques fonds en caisse, et il n'y en avait pas souvent. Heureusement pour augmenter son maigre salaire, Tardivel avait la ressource des travaux *extra*.

Sur ces entrefaites, eut lieu une révolution à la *Minerve*. Dunn partit et fut remplacé par Aimé Gélinas. Gélinas et De Celles avaient pris Tardivel pour tête de turc, sans doute parce qu'il travaillait comme un nègre. La *Minerve* avait deux éditions, une du soir, qui se préparait de jour, l'autre du matin qui se préparait la nuit. Par la force des choses, on travaillait nuit et jour. Une fois, pendant l'enquête sur le scandale du Pacifique, les galériens de la *Minerve* travaillèrent trente-six heures consécutives. C'est à peine s'ils eurent le temps de casser une croûte. Pendant de pareilles corvées, vous imaginez quel genre de littérature on peut produire. Leur directeur était d'ailleurs un esprit sinon faux, du moins fort exagéré ; il était, pour la forme, un styliste et même un puriste, un éplucheur de diphtongues, le poursuivant d'un idéal grammatical, très correct, très froid, un peu gourmé ; dans le journalisme, ce n'est pas une qualité, c'est un défaut. La révision des articles

par le directeur n'était pas moins, pour ses frères servants,
un supplice quotidien, qui consistait à être écorché tout
vif une fois par jour, quelquefois deux. Comme compen-
sation, Major, Beaulieu et Tardivel s'entendaient entre eux
parfaitement ; le dernier arrivant, Tardivel, à cause de sa
jeunesse et de sa naïveté, travaillait un peu plus que les
deux autres. Mais qu'importe ? Les trois souffre-douleurs
étaient, en petit comité, comme frères, et, dans leur commune misère, passaient parfois d'heureux moments. La
misère, dans la jeunesse, n'est qu'un stimulant de plus à la
gaieté.

Dans cette situation inférieure, facile à compromettre, le
5 février 1874, Tardivel contractait mariage avec une jeune
fille de son choix. Le mariage fait époque dans la vie ; c'est
un grand changement dans l'existence : l'homme n'a plus
à subir l'épreuve de la solitude ; ils sont deux dans une
seule chair, comme dit l'Ecriture ; mais ils ne sont plus
qu'un par l'esprit, par le cœur et par la résolution. Leur
force commune se décuple et se discipline ; elle devient
plus intense et plus modérée ; elle atteint d'une fin à
l'autre avec suavité et bravoure. Grande merveille que
cette union, car l'épouse, pour être la femme forte, n'a
qu'à s'humilier et à se compter pour rien, secret mystérieux
pour centupler, par le dévouement et le sacrifice, les
forces de l'époux. Nous nous en souviendrons quand, dans
quelques années, nous verrons Tardivel, se dresser, dans
une grandeur, jusque-là inconnue, pour rappeler, à son
pays, les paroles de l'éternelle vie.

Au mois de juillet 1874, Chrysostome Langelier s'occupait à transformer le *Canadien* de Québec ; pour en faire
un journal quotidien il était allé à la *Minerve,* chercher
un sous-rédacteur. Par une disposition de la Providence,
le sort tomba sur Tardivel. Langelier promettait une
légère augmentation de salaire ; mais promettre et tenir
sont deux. Du reste, il ne fut pas nécessaire d'insister ;
deux jours après, Tardivel faisait, à la *Minerve,* des

adieux qui n'eurent rien de déchirant. Un temps, deux
mouvements, et le voilà installé dans les bureaux du *Canadien*, rue Saint-Pierre. C'est pour Tardivel la troisième
station du noviciat, j'allais dire du chemin de la Croix.

Un mystère planait sur le *Canadien* : qui en était le
véritable propriétaire et chef ? Tantôt on citait Huot, tantôt Blumhart, Hector Langevin, Demers. La multiplicité
des chefs est une peste partout : dans le journalisme, avec
quatre maîtres, c'est le supplice du tirage à quatre chevaux.
Pour comble, la situation de Tardivel était vaguement
définie; il faisait un peu de tout : traduction, reportage, faits
divers, commerce ; et quand la copie manquait, il se trouvait rédacteur. Enfin, preuve qu'il était un enfant gâté de
la Providence, on le critiquait à tout propos et souvent
hors de propos, du moins selon sa manière de voir. Mais
le directeur Blumhart, travailleur infatigable, n'était pas
un coupeur de fil en quatre, petit métier qui ne convient
qu'à de petites gens : il faisait travailler dur, mais il prê-
chait d'exemple, et, en homme qui voit les difficultés de
près, il savait conseiller et encourager. En examinant de
près toutes ces circonstances, en les pesant, comme on dit,
au poids de sanctuaire, l'organisation du *Canadien*, c'était
bien la commission des bâtons dans les roues. Du moins,
il est très avantageux d'être passé par ces tribulations.
L'homme heureux, dit le psalmiste, « boira de l'eau du
torrent ; c'est *pourquoi*, il relèvera la tête ».

En 1874, nouvel incident : un monsieur Tarte arrivait
de Saint-Lin et entrait au *Canadien*, comme rédacteur en
chef : c'était, dans tous les sens du mot, un maître ; mais pour
l'apprécier, il faut le couper en deux ou trois ; il faut
l'étudier en lui-même, et dans son rôle. En lui-même, c'est
un homme qui sait penser, qui sait écrire, qui aurait pu
atteindre à toutes les grandeurs de la profession ; dans son
rôle, c'est un aigle en cage, un prisonnier par choix ou
par force, qui a bien toujours ses qualités éminentes, mais
qui en fait un emploi déplorable. Ce n'est pas un docteur,

c'est un sophiste, il a même été un transfuge. A ce prix-là, on peut arriver à tout, mais pas à l'estime. Je le comparerais à notre Thiers, excellent dans l'opposition, nul au gouvernement, au besoin adversaire de lui-même. Cette rencontre devait donc être, pour Tardivel, la plus dangereuse épreuve ; il eût pu succomber, faire de sa plume un instrument d'adulation et de profit. Dieu lui fit la grâce de se sentir plus grand que la fortune : c'est un de ses inamissibles titres à l'estime, même de ses ennemis, s'il en eut.

Autrement, Tarte, par comparaison, était un excellent directeur. Sous son autorité, Tardivel cessait d'être un esclave ou un serf ; il devenait un frère d'armes et s'assouplissait aux exigences du combat. Pour ses subordonnés, Tarte était un aimable compagnon, un ami sincère et utile, voire agréable. Trois traits le peignent ; il permit à Tardivel de signer ses articles ; il fit augmenter ses appointements et l'emmenait même à sa maison de campagne. Dans le tête à tête on est bientôt cœur contre cœur ; l'éloignement du champ de bataille, le spectacle de la nature, le sans-façon, l'abandon, rapprochent les âmes et opèrent des soudures. Tardivel s'y prêta avec toute la délicatesse de ses sentiments et en garda toujours un excellent souvenir. Tarte, lui, au milieu de ses avatars de caméléon, voulut l'oublier ; il offrit trop souvent, à Tardivel, l'occasion de déjouer ses ruses, de percer ses manœuvres, de découvrir ses sophismes : il le faisait toujours avec l'intransigeance nécessaire et avec cette réserve qui donne aux coups plus de force, en les retenant.

Malheureusement le *Canadien* était toujours la cour du roi Petaud. Tantôt Blumhart et Tarte étaient copropriétaires ; puis Tarte tout seul ; puis Tarte avec Desjardins ; puis Desjardins tout seul ; enfin Demers : tantôt *solo*, tantôt *duo* et toujours *trio*. Ces changements dénotaient un manque de stabilité, propice aux cacophonies, funeste aux intérêts. La caisse manquait de fonds ; ou plutôt le fond

en était parti et en avait fait un trou perdu. Les honoraires étaient superbes, mais mal payés. Pour épargner l'hypocrisie des ajournéments, on rogna les honoraires. Tardivel passa là des jours sombres, mais pas stériles, ni
comme épreuves, ni comme enseignement.

Après la pluie le beau temps. Les *rouges* tombèrent du
pouvoir à Ottawa et furent remplacés par les *bleus* : il y
eut détente dans la pauvreté. Tardivel retrouva ses appointements et les vit même augmenter avec ses charges. Rédacteur à Québec, il fut délégué à Ottawa, comme traducteur et correspondant du journal. Lui et plusieurs autres
devenaient des journalistes en partie double. C'était irré-
gulier et les libéraux protestaient, mais en vain, puisqu'ils
avaient fait la même chose. C'est le propre, ou plutôt c'est
l'infirmité des partis de reprocher fortement à leurs adversaires, de justes griefs ; puis, quand ils ont pu prendre leur
place, ce qu'ils blâmaient dans l'opposition, de le trouver très bien au pouvoir. Contradiction, marque de bassesse et cause fatale d'impuissance pour le parti, de ruine
pour le pays. Les sept années que Tardivel passa au *Canadien*, furent d'ailleurs sept années agréables et même
fructueuses. Tarte, qui n'avait pas encore été gâté par les
libéraux, malgré ses défauts, excellait, j'aime à le redire,
par de précieuses qualités. Nous aimons à le louer, parce
que l'équité, un jour, obligera de porter contre lui, une
condamnation sans appel.

Ici, ce qui doit nous intéresser le plus, ce sont les progrès de Jules-Paul dans l'art d'écrire : il n'était pas né
poète, mais il sut le devenir ; il sut même acquérir dans le
style, cette forme mathématique de rigoureuse exactitude,
qui a fait dire : Le style, c'est l'homme même. Tarte lui
donnait l'exemple d'une souplesse merveilleuse, d'une
précision attachante et des plus heureux coups de plume.
Tardivel admirait cette riche fécondité. Mais il manquait
aux exemples de Tarte, outre la rigueur des principes,
cette bonhomie sévère et affectueuse qui sait en faire de

précieuses leçons. Le mentor de Tardivel ne fut pas Tarte, mais J.-O. Fontaine, ami trop tôt disparu, mais ami vrai, dévoué, dont Tardivel eut toujours l'image dans son cœur. Ensemble ils firent campagne, une campagne retentissante, contre la société d'admiration mutuelle. La meilleure épreuve, c'est le champ de bataille ; en combattant, on apprend beaucoup de choses qu'un livre ne dit point ; on apprend surtout à écrire, avec une belle négligence et un élan superbe, en dressant des bulletins de victoire. « Fontaine, dit Tardivel, était le critique littéraire le plus accompli que j'aie jamais connu ; son goût était très sûr ; rien ne lui échappait, ni des beautés, ni des défauts. Il avait aussi le talent de l'enseignement à un très haut degré. Le petit bagage littéraire que je possède aujourd'hui, je le lui dois en très grande partie. » En jugeant si bien son maître, Tardivel se peint lui-même. « C'est, ajoute-t-il, de 1871 à 1881 que ma fortune littéraire atteignit son apogée. J'avais alors un entrain et une verve que je n'ai plus. On n'est jeune qu'une fois dans sa vie, et pas longtemps. » Trait de modestie qui honore, mais erreur.

La destinée de l'homme ici-bas doit s'envisager sous deux aspects : *physiquement*, nous avons une jeunesse, un âge mûr, une vieillesse, une croissance et une décroissance qui nous font descendre, au dernier acte du drame, une pente désenchantée et nous mènent aux rivages glacés, d'où l'on ne revient plus ; *intellectuellement et moralement*, nous n'éprouvons pas de décadence, si nous sommes fidèles à la cause du vrai, du juste et du bien ; notre vie est une croissance continue ; si les fleurs se décolorent et disparaissent, c'est pour faire place à des moissons, à des récoltes de fruits toujours plus parfaits. « La voie des justes, dit l'Ecriture, est une voie toujours rayonnante de splendeurs » ; elle nous offre l'avant-goût d'une préparation dont la béatitude est le couronnement. Il n'y a point de désenchantement dans la vie des justes : mais qui l'est ?

CHAPITRE II

Tardivel a écrit lui-même l'histoire de la fondation de son journal à Québec. C'est en juillet 1881 qu'il prit cette initiative, trop courageuse pour avoir besoin d'approbation. Le vaillant publiciste arrivait à sa trentième année ; c'est l'âge des passions vaincues, de la raison mûrie, d'une volonté à la hauteur de toutes les résolutions. Huit ans de presse dans trois journaux différents, c'est plus qu'il n'en faut pour avoir l'expérience du métier. C'est très librement qu'il avait quitté le *Courrier* de Saint-Hyacinthe, la *Minerve*, et le *Canadien* de Québec. Libre de sa personne, lui-même va nous apprendre comment il fut amené par les circonstances à équiper une petite barque et à la lancer, contre vents et marées, dans la haute mer.

« Mon séjour de sept ans au *Canadien* n'avait pas été sans profit. J'étais rompu au métier, ou mieux peut-être, à la profession du journalisme. Je connaissais assez bien les hommes et les choses de la politique. Des polémiques retentissantes m'avaient fait connaître du public. J'avais appris à apprécier de plus en plus les solides principes philosophiques puisés au collège de Saint-Hyacinthe. Et grâce à mon regretté ami, J.-O. Fontaine, j'avais quelque peu amélioré mon style. Toutefois, en prenant congé de M. Tarte, je ne songeais pas à fonder un autre journal. Le journalisme m'avait donné à peine de quoi vivre. L'emploi de traducteur, à Ottawa, que j'avais rempli pendant les trois dernières sessions, m'avait permis de mettre de côté, en faisant des prodiges d'économie, la modique somme de trois cents piastres.

Sans doute, j'avais fait des rêves. Si j'étais riche, me disais-je parfois, je fonderais un grand journal, un journal nullement semblable aux autres, un journal indépendant, qui changerait bientôt la face du pays. Mais le capital ! Et les difficultés financières inhérentes au journalisme dont j'avais constaté l'existence chronique partout où j'étais passé ! En y songeant, je chassais ces rêves comme une tentation.

Je me proposais de faire une série de livres classiques. J'avais même eu des pourparlers, à ce sujet, avec un libraire de Québec.

Dieu me voulait-il ailleurs ? J'incline à le croire, et j'ai toujours pensé qu'il s'est servi de mon excellent ami, le R. P. Lacasse, O.-M.-I., pour me faire connaître la voie que je devais suivre.

Au moment où je quittais le *Canadien,* le Père Lacasse arrivait de je ne sais plus quelle mission lointaine. Apprenant que j'étais libre, il me dit : — Vous allez fonder un journal, pas grand, modeste, hebdomadaire, foncièrement catholique, militant, indépendant des hommes et des partis politiques.

— Mais, mon Père, je n'ai pas de capitaux. J'ai à peine de quoi vivre pendant quelques mois.

— N'importe. Commencez par un pèlerinage à Sainte-Anne, et lancez votre journal. Je vous donnerai ma collaboration et vous trouverai des abonnés.

J'ouvre ici une parenthèse pour dire que si le bon Père n'a pu tenir longtemps sa promesse, c'est que des causes indépendantes de sa volonté l'en ont empêché.

Je ne sais pourquoi, malgré les conseils de la prudence humaine, je me rendis sans trop de résistance à l'avis du Père Lacasse. L'amour-propre et la vanité n'ont pas dû être étrangers à ma détermination : il est si naturel à l'homme d'aimer à se mettre en évidence ! Le motif surnaturel, j'en ai bien peur, ne fut pas le motif dominant chez moi. Toutefois je puis me rendre ce témoignage : je

pris, dès lors, la ferme résolution de faire du journalisme
en conformité des lois de l'honnêteté naturelle et des préceptes de l'Eglise.

Je commençai mon entreprise selon le conseil du Père
Lacasse, et au mois de juillet 1881 le premier numéro de
la *Vérité* parut.

Tout d'abord, les choses allaient assez bien. Il m'arriva
un certain nombre d'abonnements payés d'avance. Je fai-
sais imprimer la *Vérité* aux ateliers de l'*Evénement*, ce
qui me coûtait quelque peu cher, il est vrai, mais je n'a-
vais pas à m'occuper de la partie matérielle du journal.
Au bout de trois mois, cependant, les ressources commen-
çaient déjà à manquer, et je voyais arriver l'époque où
je ne pourrais plus solder régulièrement les factures de
mon imprimeur ; moment de terrible angoisse dont je me
souviens encore, car ce jour-là la situation de la *Vérité*
me fit verser des larmes amères.

Il fallait trouver une autre *combinaison* qui me per-
mît de réduire les dépenses.

Un ami commun me mit en relations avec MM. L. Drouin
et frère, libraires, de Saint-Roch, qui se chargèrent de
l'administration de la *Vérité*.

L'œuvre périclitante s'installa dans un très petit local
dont MM. Drouin et frère pouvaient disposer, une manière
de hangar en arrière de leur magasin. J'achetai, avec le
peu de fonds qui me restaient, le *caractère* nécessaire pour
composer le journal, *l'impression* devant se faire ailleurs ;
car il ne fallait pas songer, nous semblait-il, à acquérir
une presse.

Force nous fut de nous contenter de jeunes *apprentis*
typographes pour faire la composition. Il y eut économie
de ce chef, mais quelle tâche que la correction des épreuves ! N'importe, mon œuvre me paraissait solidement assise, la joie et la confiance revinrent.

Hélas ! instabilité des choses humaines ! A peine le
nouveau régime commençait-il à fonctionner un peu ré-

gulièrement que nous apprenions qu'un *boycott* en règle contre la *Vérité* s'organisait parmi les imprimeurs de Québec. Déjà, sans savoir pourquoi, nous avions vu un tel et un tel refuser d'imprimer le journal. Nous nous étions, à la fin, réfugiés au *Chronicle*, lorsqu'un beau jour le prote de cet établissement nous fit savoir qu'il imprimait la *Vérité* pour la dernière fois, et que tous les imprimeurs de Québec, soit-disant pour *se protéger*, s'étaient entendus pour ne plus accepter l'impression de notre feuille.

Grande consternation au bureau de la *Vérité* ce jour-là, vous pouvez vous l'imaginer. Mais cette fois je ne pleurai pas. Je résolus de faire un suprême effort pour déjouer cette conspiration contre mon journal. Mais pour cela il me fallait une presse à moi, et j'avais à peine cinquante piastres en caisse.

Heureusement, une proche parente, quoique anglaise et habitant un pays étranger (1), s'intéressait beaucoup à la *Vérité*. Loin d'être riche, elle m'avait dit, cependant : « Si jamais la *Vérité* est menacée de mort, faute de quelques cents piastres, ne manque pas de me le faire savoir. »

Je lui exposai donc la situation, sans formuler, toutefois, aucune demande de secours. Par le retour du courrier je recevais sept cents piastres. Je montai aussitôt à Montréal. MM. Beauchemin et Valois avaient précisément une presse à vendre au prix de sept cent cinquante piastres. Je la payai comptant. C'était un samedi soir, le 10 décembre 1881. La presse fut démontée et expédiée à Québec, le lundi matin ; dès le jeudi, elle était installée dans une chambrette juste assez grande pour la contenir ; et la *Vérité* parut comme à l'ordinaire, au grand ébahis sement des adversaires.

C'est une presse à vapeur que j'avais achetée — c'est

______

(1) Cette personne de grand cœur et à laquelle la *Vérité* doit son salut était la tante même de son directeur, Mademoiselle Frances-Isabella Brent.

encore la même qui imprime la *Vérité* aujourd'hui — et nous n'avions pas de machine à vapeur pour l'actionner. Il fallait imprimer à bras d'hommes, au moyen d'une grande roue d'aire munie de deux manivelles. C'était un ouvrage tellement *forçant* que nous ne trouvions pas facilement les deux hommes voulus pour tourner la roue, même en payant le gros prix. Les journaliers de Saint-Roch et de Saint-Sauveur avaient peur de notre roue comme de la peste. Maintes fois, ne trouvant personne pour tourner la fameuse roue, je dus m'y atteler moi-même, avec M. Odilon Drouin. Excellent exercice et pour le corps et pour l'âme !

Enfin, moyennant finances — une somme assez forte — la municipalité nous permit d'installer une turbine pour faire fonctionner la presse. Mais l'eau manquait bien plus souvent alors qu'aujourd'hui, et le jour la pression n'était généralement pas assez forte pour alimenter la turbine Alors l'unique moyen d'imprimer la *Vérité*, c'était d'attendre la fin de l'arrosage des rues et la fermeture des grands ateliers.

En 1890, la *Vérité* passa par une dernière crise *matérielle*, la plus forte de toutes, peut-être.

A cette époque, l'honorable M. Mercier était au pouvoir, et il était tout puissant. La *Vérité* l'avait appuyé en plus d'une circonstance, mais elle était restée absolument indépendante à son égard et blâmait ceux de ses actes qui paraissaient dignes de blâme. Cette indépendance déplut-elle à M. Mercier lui-même et résolut-il de créer des embarras à la *Vérité* ? Je ne saurais l'affirmer. Toujours est-il que certains intrigants, qui tenaient de près au cabinet, réussirent à persuader à MM. L. Drouin et frère que leur commerce de librairie irait mieux, qu'ils recevraient de fortes commandes du gouvernement s'ils cessaient d'administrer la *Vérité* et même de lui donner l'hospitalité.

Mis au courant de la situation, et ne voulant nuire en rien à MM. Drouin et frère, à qui je devais beaucoup de reconnaissance pour l'accueil qu'ils m'avaient fait au moment de mes premiers embarras, je me rendis immédiatement à leurs désirs. La séparation se fit très amicalement, et j'eus bientôt le regret de constater que mes prévisions, dont j'avais fait part à M. Louis Drouin, s'étaient réalisées à la lettre : la *Vérité* partie de leur établissement, les commandes du gouvernement, au lieu d'augmenter, cessèrent tout à fait.

Ce fut avec crainte et tremblement que j'entrepris l'administration du journal. Mes amis m'avaient tant répété que je n'entendais rien aux affaires, que j'étais bon tout au plus à la rédaction, que j'avais fini par le croire. C'était, du reste, assez vrai : je commençai par un faux pas.

Dans l'espoir d'améliorer la situation du journal, toujours très précaire, je voulus agrandir le champ de mes opérations, en créant une imprimerie d'ouvrages de ville. Grâce à la générosité de quelques amis, à qui j'avais fait part de mon projet, je montai à Saint-Roch, à des frais assez considérables, un atelier d'imprimerie générale.

Me voilà donc directeur, rédacteur en chef et administrateur du journal, et, par surcroît, chef d'imprimerie.

C'était une folle entreprise.

Heureusement, saint Joseph, qui a toujours été le véritable *homme d'affaires* de la *Vérité*, me fit comprendre, à temps, qu'à vouloir conduire deux besognes à la fois je les gâcherais inévitablement toutes deux. Il m'inspira l'idée de me faire petit, au lieu de vouloir me faire grand. J'abandonnai donc, le plus tôt possible, mais non sans d'assez lourdes pertes, ma téméraire entreprise d'agrandissement qui eût fini par m'entraîner à la ruine complète ; et je résolus de m'occuper à l'avenir exclusivement du journal. Je transportai bureaux et ateliers à la maison que, grâce à la générosité d'autres amis, je venais d'acquérir sur les hauteurs de Sainte-Foy, près de la ville. J'installai la *Vérité* dans la cave et en fis une œuvre domestique, très modeste, mais solide.

Depuis le mois de février 1891 que la *Vérité* est ainsi *domestiquée*, tout va bien, sous le rapport matériel. Plus de crises financières périodiques, plus d'inquiétudes, plus de billets à négocier — les gérants de banque ne me connaissent seulement pas de vue — plus de créanciers à pacifier. Le journal durera nécessairement aussi longtemps que le bon Dieu me laissera la santé. Les *coups de vent*, les *affaires montées*, le mauvais vouloir de celui-ci ou de celui-là n'ont plus de prise sur la *Vérité*. En se faisant petite et en se retirant dans une *cave*, fort convenable du reste, elle est à l'abri de toutes les intempéries.

Par contre, si la *Vérité*, dans sa cave, est à l'abri des tempêtes, l'air tranquille et parfois un peu humide qui l'enveloppe, l'empêchera toujours de grandir. Elle sera nécessairement, jusqu'à la fin, l'œuvre modeste que l'on connaît. Et si elle me donne juste de quoi vivre, ce qu'elle ne faisait pas lorsqu'elle poussait en plein vent, elle ne me permettra certes jamais de réaliser cent écus. J'ai eu beau faire des économies, en cumulant à peu près tous les emplois, depuis celui de directeur jusqu'à celui de chauffeur de la machine à vapeur, jamais le budget de la *Vérité* ne se solde par le moindre surplus. Le journal ainsi organisé, me donne, avec la tranquillité nécessaire à tout travail intellectuel, le pain quotidien. C'est d'ailleurs tout ce qu'il faut demander au Père céleste ; et tous les jours je remercie saint Joseph de m'avoir inspiré ce plan, si simple en apparence, mais que je n'aurais pas pu trouver par moi-même.

CHAPITRE III

L'homme est un grain de poussière, mais de poussière qui pense et qui agit. La dignité d'un grain de poussière ressort de sa présence dans l'immensité de l'univers et de son rôle dans la gravitation universelle ; la dignité d'un homme résulte de son principe premier, de sa fidélité réfléchie à ce principe et de sa fonction dans l'histoire.

Ici-bas, chaque homme, savant ou ignorant, riche ou pauvre, jeune ou vieux, a un principe premier d'où procèdent, instinctivement ou par réflexion, tous ses actes. Principe de foi ou de raison, idée, préjugé, système, doctrine, appelez cela comme vous voudrez ; c'est toujours quelque chose de primitif, d'original, de spontané d'où découlent promptement, comme machinalement, toutes nos résolutions. L'homme, sans doute, est plus ou moins inconséquent avec lui-même ; il l'est même souvent, par excès de vivacité, défaut de réflexion, passion, entraînement. Les inconséquences, même nombreuses, n'empêchent pas qu'il a toujours, en lui, quelque chose qui semble le posséder, l'inspirer, lui commander, le déterminer de telle façon, qu'il est par là, dans l'opinion et à ses propres yeux, sans cesser d'être libre, l'homme de son principe.

Quel est, dans sa vie de publiciste, le principe premier de Tardivel ? Ce principe, je n'ai plus à le découvrir ; à sa mort, ses amis et ses ennemis, ou plutôt ses adversaires, — car, personnellement il n'avait pas d'ennemi, — l'ont désigné avec une unanimité frappante. Princes de l'Eglise et hommes d'Etat, bourgeois et hommes du peuple, publicistes canadiens et étrangers surtout, l'ont dit à haute voix : **Le principe premier de Jules-Paul Tardivel, c'est l'esprit de foi,** c'est l'entière adhésion à l'Evangile, c'est la soumission pleine et absolue à l'Eglise et à la Chaire du Prince des Apôtres. Sur chaque question qui venait solliciter l'activité de son esprit ou une décision de sa conduite, il se faisait, sans doute, des idées, comme tout le monde, par la méditation, par l'étude, par le conseil et aussi par la contradiction. Mais, dans tous les jugements qu'il devait produire, il n'était point l'homme qui tire de son fond, affirme, tranche et impose ses arrêts. Le moi haïssable n'était point son fait ; il n'avait pas cette faiblesse ; il n'était que l'humble, ferme et fier serviteur de la vérité catholique, c'est-à-dire de la vérité universelle.

Au milieu d'un monde jeune encore, mais en voie de rapide transformation ; dans une société dont chaque membre de la classe dirigeante est l'homme d'un parti, d'un système, d'une école, surtout l'homme d'une idée étroite, d'une passion ardente et d'un intérêt égoïste, Tardivel, personnellement désintéressé d'une façon absolue et exemplaire, était tout simplement l'enfant du catéchisme, l'interprète fidèle de l'Evangile, le zouave du Saint-Siège, le soldat de Dieu. C'était là son caractère ; ce fut son rôle ; c'est le titre original qui fixe les traits de sa physionomie et doit le plus honorer sa mémoire.

Que cette fidélité à la croix, que cette simplicité de foi et de vie l'aient laissé longtemps dans l'obscurité, nous le savons ; qu'elles lui aient suscité des difficultés constantes, parfois des obstacles énormes ; qu'elles l'aient voué à l'isolement, à l'abandon, à la raillerie, aux sévices ; qu'elles aient mis, dans son âme, des amertumes et valu à son journal des disgrâces, même de la part des gens d'Eglise et peut-être surtout d'eux, hélas ! nous ne pouvons guère le nier. Mais s'il a senti, douloureusement ou non, les coups et les contrecoups de l'adversité, ces misères n'ont rien changé à sa conduite, ni beaucoup paru sur son visage. Tardivel était l'homme juste et craignant Dieu, mais ne craignant que lui, très soumis, mais très attaché, par conviction, à la loi divine ; très convaincu qu'il n'y avait pas d'autre parti à suivre. Tardivel, plus que le juste d'Horace, était l'homme qui se cramponne à son symbole, et quand le monde entier serait tombé en ruine, il n'aurait ni beaucoup étonné, ni en rien ébranlé sa bravoure. — Tout était si simple chez lui que toutes les adversités de la terre ne pouvaient ni l'accabler, ni même lui faire sentir beaucoup leurs morsures. *Credo*, l'homme qui ne sait que ce mot là, mais qui sait le dire, est fort au-dessus des autres hommes, argile friable, qui se mouille et se dessèche facilement, pour tomber invariablement en poussière.

J'ai connu et aimé Tardivel ; je me complais d'autant plus à en parler que la similitude de nos destinées me prédispose davantage à le comprendre et à l'honorer. L'honneur qui lui est dû n'est qu'un tribut de stricte justice ; c'est aussi, je crois, d'un bel exemple et d'un grand enseignement.

Un regard jeté sur le monde nous convainc facilement de l'immensité de l'univers et de la petitesse, au moins relative, de l'homme. Par une inclination naturelle de notre âme et une induction non moins naturelle de notre logique, l'immense univers nous mène à la pensée de Dieu, à la conviction de son existence, à la magnificence de ses attributs. Nous ne sommes qu'un grain de poussière, mais Dieu nous illumine et veut nous transfigurer. Ce grain de poussière, la terre l'entraîne dans ses tourbillons ; la société l'agite par ses vicissitudes ; l'homme lui-même s'inquiète encore plus de ses destinées. L'homme s'inquiète, mais Dieu l'enveloppe comme une mère son enfant ; l'homme s'agite, mais Dieu le mène. C'est donc une pensée très simple et très profonde, très juste et très philosophique, que l'idée qu'il doit se remettre de son sort à la bonté et à la sagesse de Dieu ; qu'il doit pratiquement, se sachant créature de Dieu, destinée à se reposer en Dieu, s'abandonner à la divine providence. Sans doute, c'est une juste maxime : Aide-toi, le ciel t'aidera ; mais puisque le ciel nous aide sans cesse et sans fin, quoi de plus réfléchi et de plus prudent que de coopérer à ses desseins miséricordieux, par une fidélité constante et un courage qui ne sait pas fléchir.

Si vous le remarquez, rien n'est plus naturel à l'homme que la prière et la confiance en Dieu. Cette inclination se retrouve dans tous les temps, chez tous les peuples. Un homme à genoux, qui se relève avec résolution et agit avec fermeté : c'est le type synthétique de l'espèce humaine. Ouvrez maintenant le livre de prières de la Sainte Eglise, que trouvez-vous ? Chaque matin, l'Eglise met dans le cœur et sur les lèvres du prêtre, un psaume où David, avec une étonnante abondance et un non moins grand parti-pris de répétition, célèbre la loi de Dieu et les miracles de ses lumières. L'homme est un passager sur la terre ; son âme s'attache à son palais ; ses mains incertaines, au milieu des ténèbres qui l'enveloppent, ne savent à quoi se prendre dans ce monde de fantômes. La difficulté pour lui est moins de remplir son devoir que de le connaître. Lorsque les faiblesses de son esprit, les écarts de son imagination, la pusillanimité de son cœur, les défaillances de sa volonté l'ont mené à l'injustice, poussé peut-être à la révolte, il se sent tomber dans un abîme d'amertume. Bienheureux ceux qui marchent dans la voie sans broncher ; bienheureux les cœurs purs en tout soumis à la loi divine ; bienheureux ceux qui scrutent les témoignages de Dieu et les observent de tout leur cœur. Ce ne sont pas ceux qui font l'iniquité, qui marchent dans les sentiers du Seigneur. Oh ! plaise à Dieu que mes voies soient dirigées vers la garde de toutes les justifications. Dans la correction du cœur, je confesserai que j'ai appris les justes jugements de la justice. Soumettez-moi à votre loi, Seigneur ; donnez-moi l'intelligence et la force : je garderai toujours vos commandements. Hélas ! quoique j'aie mis, dans votre

verbe, toutes mes espérances, mon regard s'est troublé
devant vos discours, et je me suis dit : Comment Dieu
peut-il me consoler ? Je suis devenu comme une outre
desséchée même sous les formes de la grâce, quoique
je n'aie pas oublié vos préceptes. Mais où sont vos serviteurs et en reste-t-il encore ? Les insensés ont raconté des
fables et ont outragé votre loi. Du reste, vous m'avez
fait plus prudent que tous vos ennemis ; j'ai mieux compris que les savants, j'ai mieux agi que les sages ; votre
héritage m'attend. Cependant quelle lumière à mes pieds,
qu'elle douce éloquence à mes lèvres, quelle puissance à
mes mains. Toutefois j'ai été humilié ; mais j'ai juré de
garder toujours les jugements de la justice divine. Reposez
sur moi votre regard ; j'ouvrirai la bouche pour y attirer
votre inspiration ; et, dans l'humilité de ma personne, par
l'humilité de ma foi, la fermeté de mes espérances, les
miracles de votre charité, les hommes verront éclater,
dans une créature fragile, les merveilles de votre toute-
puissance.

J'abrège beaucoup, je cite à peu près textuellement, sans
me donner la peine de traduire les paroles et de coordon-
ner les pensées. Ce qui ressort de ces constatations, c'est
que l'homme doit soumettre son esprit à l'esprit de Dieu ;
c'est qu'il doit soumettre son cœur et sa volonté à la loi
de Dieu ; c'est que, par devoir de soumission au grand
Etre qui a créé le monde et réglé les siècles, l'homme
doit s'abdiquer, se sacrifier, s'immoler, pour entrer plus
parfaitement, par son concours nécessaire, dans le plan
de Dieu et y faire voir sa vraie force. En apparence, c'est
un anéantissement ; dans la réalité, c'est un triomphe, le
triomphe de la foi simple et de l'humble vertu.

Que si, maintenant, vous rentrez en vous-même et je-
tez un regard sur le monde, croyez-vous que cette dogmatique et cette mystique ont grande chance de crédit, d'espoir et de succès. Oh ! si vous regardez l'histoire avec un
œil d'enfant, vous ne verrez d'abord, dans l'espèce hu-

maine qu'une fourmilière et dans les siècles qu'une grande
confusion. Les hommes vont, viennent, se croisent, ramassent leur butin, se l'arrachent, s'exténuent à entasser
et parfois s'entretuent pour prévaloir. Si vous les observez
en pensant à Dieu, vous verrez qu'ils oublient le ciel et
s'attachent éperdument à la terre. Mais si vous vous en-
quérez des résultats, quel spectacle !

Les traditions du genre humain nous disent que les anges se sont révoltés contre Dieu pour le renverser de son
trône et prendre sa place : Dieu a foudroyé les anges rebelles et les a enfermés dans le noir cachot de la géhenne.
Les échos de la préhistoire nous disent que les fils de la
terre voulurent escalader le ciel et abattre Jupiter : Jupiter
les foudroya, attacha l'un d'eux sur le Caucase et mit à
son flanc le bec d'un vautour, pour éterniser sa vengeance.
Les grandes annales du genre humain nous parlent de rois
tout-puissants qui voulurent faire, de la terre, l'escabeau
de la puissance et mettre le pied sur la tête des autres hommes. L'histoire de ces grands empires, malgré la solennité
de ces souvenirs, nous montre invariablement un empire
que la sagesse de l'homme élève au sommet de l'autocratie la plus absolue, et que la sagesse de Dieu précipite, de
ces hauteurs, jusqu'au plus profond de la ruine. Babylone
tombe sur Ninive. Ecbatane tombe sur Babylone, Thèbes
renverse Ecbatane, Athènes se lance sur l'Asie, Rome se
rue sur l'univers :

> *Peuples, rois, vous mourrez et vous villes aussi :*
> *Là gît Lacédémone, Athènes fut ici.*

Tout ce que la sagesse et la puissance de l'homme ont
voulu dresser contre Dieu, a dû périr. Au contraire tout ce
que la sagesse de l'homme a voulu consacrer à Dieu, a eu
force de s'établir et puissance de durer. Je ne parle pas des
serviteurs de Dieu dans l'antiquité, les seuls qui aient fait
quelque chose de durable ; je parle de ces trois ou quatre
hommes de puissante foi et de non moins puissante vertu,

dont la parole et l'épée ont créé, constitué, étendu et affermi la civilisation chrétienne. Constantin avec l'édit de Milan, Charlemagne avec ses Capitulaires, Saint-Louis avec ses établissements de justice, les papes avec leurs moines, leurs évêques et leurs légats sont les génies constituants de l'Europe, les créateurs de toutes les institutions durables, les artisans de tous les solides progrès. Examinez bien ces thaumaturges de l'histoire ; ils ont tous un trait commun. Ce sont des hommes grands parce qu'ils sont humbles ; des hommes puissants parce qu'ils sont pleins de foi ; des hommes dont tous les efforts sont couronnés de succès, parce qu'ils sont au service de la loi de Dieu. Pendant deux mille ans, Dieu seul est grand, Dieu seul est puissant en Europe ; mais il n'agit que par des hommes humbles, croyants, intransigeants, et tout-puissants parce qu'ils ne se consacrent qu'à la vérité et ne s'immolent qu'à la justice. La devise de tous les grands hommes de l'Evangile est identique : à nous la croix, à Dieu la gloire !

De nos jours on revoit ce que virent les temps antiques, des hommes qui écartent Dieu et veulent prendre sa place. Depuis trois siècles, de prétendus grands hommes, de prétendus libérateurs de l'humanité, un Luther, un Descartes, un Louis XIV, un Mirabeau, un Proudhon veulent subordonner Dieu dans les sphères religieuses et l'expulser des sphères sociales. C'est l'homme maintenant qui doit se faire sa foi et sa morale ; c'est l'homme débarrassé du symbole et du Décalogue, qui doit régir le monde sans contrôle et sans conteste. Dieu, Jésus-Christ, l'Eglise, le Pontife romain, bons vieux mots, un peu lourds, mais qui ne représentent rien aux hommes de gouvernement et en tout cas, doivent céder le pas à l'humaine sagesse. Aussi voyez combien partout les nations sont troublées, combien les royaumes s'inclinent, combien les républiques sont déchirées par l'anarchie. Tous ces hommes qui se croient grands sans Dieu et qui veulent être tout-puissants sans religion, ne

sont quoiqu'ils en aient, que les artisans d'une universelle
et irrémédiable décadence. *Imus, imus praecipites* !

Le Canada n'est pas certainement le pays le plus malade du monde ; il a encore des mœurs et des institutions,
parce qu'il a encore des hommes de foi ; mais ses institutions sont ébranlées et ses mœurs vont périr parce que ses
soi-disant sages veulent subordonner, dans le gouvernement, leur foi à leur sagesse. A leurs propres yeux, ce sont
des sages ; dans la réalité, ce sont des insensés, qui fer-
ment les yeux pour mieux voir ; ils arrêtent le Canada dans
l'élan de sa foi et le placent, malgré sa jeunesse, sur le
penchant de la décadence. Un publiciste comme Tardivel,
unique d'ailleurs en son genre ou à peu près ; un homme qui
croit à Dieu, à sa vérité, à sa justice, pour eux, c'est un esprit étroit, un maniaque, un oiseau de mauvaise augure,
qu'il faut dédaigner ou abattre pour s'épargner ses présa-
ges funestes.

Le libéralisme impie, et il n'y en a pas d'autres, malgré les vantardises des sophistes et les illusions des mauvais chrétiens, — le libéralisme impie, anti-chrétien et
athée, c'est le fond et le tréfond de la politique au Canada.
Tardivel est l'antithèse de ces aberrations, l'antagoniste de
ces folies ; c'est le soldat de l'Eglise, le champion de la
Chaire Apostolique, l'homme de Dieu et de son Christ ;
c'est là le principe premier de sa pensée, la loi première de
ses sentiments, le résumé synthétique et compréhensif de
son action au Canada, par la presse militante, et, s'il le
faut, crucifiée.

En fait, c'est un homme plus inconnu qu'ignoré.
Notre devoir, c'est de révéler au monde, non seulement
le principe de son action, mais le secret de ses réelles
grandeurs.

CHAPITRE IV

Nous connaissons le principe premier de Tardivel ; nous devons maintenant, avant de tracer les grandes lignes de son action, étudier le théâtre où il va remplir un rôle, à peu près unique, longtemps solitaire, obscur et méconnu ; mais d'autant plus digne de notre considération que notre héros n'a pas voulu en sortir, mais s'est obstiné à en poursuivre toutes les espérances.

L'homme ne peut vivre sur cette terre, ni dans l'isolement, ni dans la confusion ; il doit vivre dans une société réglée par des lois. Toute société se compose de gouvernants et de gouvernés. Les gouvernés sont unis en famille, partagés suivant certaines catégories de producteurs, agriculteurs, industriels, commerçants ; les gouvernants comprennent à l'ordinaire un chef qui commande, des ministres qui exécutent ses ordres et certaines catégories de fonctionnaires qui en assurent l'exécution : administrateurs pour régler les services publics, magistrats pour maintenir les lois par des jugements, soldats pour veiller à une bonne police et défendre, au besoin, l'indépendance du pays par la force des armes.

Telle est, en substance l'organisme, le corps de toute société ; mais à cette société, il faut une âme et cette âme, c'est la religion. La religion unit les intelligences par des dogmes de foi ; règle les sentiments et ordonne les volontés par des lois morales ; assure enfin la profession de la foi, l'expression des idées et des sentiments, l'ordre moral, par deux choses : par les solennités du culte et par la hiérarchie des ministres sacrés.

La société est formée invariablement d'un Etat et d'une Eglise. L'Etat est l'ensemble harmonieux des services temporels ; l'Eglise est l'ensemble des ministères religieux et des fonctions spirituelles. L'Etat et l'Eglise, distincts, mais unis selon une loi nécessaire de subordination, coexistent et agissent simultanément dans une mutuelle concorde, pour la prospérité de la nation.

A l'origine, le Canada était une colonie française ; il se composait de sauvages convertis et de colons venus de France ; il était administré par des fonctionnaires dépendant du gouvernement français, et évangélisé par des religieux, puis par des prêtres séculiers, venus du même pays. En 1759, l'état civil et religieux de la colonie fut envahi par les Anglais ; le Canada devint une possession de l'Angleterre. Les fonctionnaires français furent remplacés par des fonctionnaires anglais ; mais le clergé catholique, français d'origine, resta, sous la domination de l'Angleterre, pour le gouvernement spirituel de ses ouailles, français comme lui ou convertis par ses soins.

Le Canada fut dès lors partagé entre deux puissances : une puissance temporelle, hérétique et schismatique ; une puissance spirituelle, catholique romaine, constituée en paroisses, gouvernée par des prêtres sous l'autorité des évêques et du Souverain Pontife.

Pour comprendre, dans cette société canadienne, le rôle d'un journaliste catholique, il faut dire par quelles vicissitudes morales et religieuses, elle a passé depuis son établissement. Un journaliste est l'homme de l'idée , il n'a d'autre arme qu'une plume et une feuille de papier ; mais, si dépourvu paraisse-t-il, il n'est pas moins l'arbitre des destinées d'une nation, s'il est uniquement l'organe de la vérité et de la justice, résolu, sinon à obtenir toujours leur triomphe, du moins à toujours revendiquer leurs droits, sacrés comme sont d'ailleurs tous les droits.

Si l'on veut comprendre le grand rôle de la presse, il faut dire que le monde ne dépend pas tant de son gouvernement extérieur, que des idées, des sentiments et des résolutions qui forment l'opinion publique et la conscience d'une nation. En dernière analyse, une société est régie par des gens qui la gouvernent, comme les anges, sans se montrer. Sur l'avant-scène de l'histoire, il y a toujours beaucoup d'hommes importants, qu'on voit tous les jours, parfois sans les distinguer ; à l'arrière, il y a des hommes qu'on ne voit pas, qui sont pourtant les vrais moteurs de la machine, s'ils ont bien le sens des situations, des remèdes à leurs maux et des lumières qui peuvent les orienter.

Le point décisif, ici, c'est de bien déterminer l'état de l'évolution des idées qui ont vivifié ou altéré l'âme de la nation.

A l'époque où se formait le Canada, la France, si pure dans sa foi jusqu'à S. Bernard, se laissait insensiblement aller à la dérive du gallicanisme. Le gallicanisme était une semence de schisme et d'hérésie ; dans son embryologie naturelle et sa gestation séculaire, il affectait la notion chrétienne de l'Eglise et de l'Etat ; il disait que l'Etat, séparé de l'Eglise, ne devait relever que de lui-même, des idées naturelles de travail, de justice et d'ordre ; il ajoutait que l'Eglise, au lieu de dépendre de la monarchie des papes, dépendait du corps des évêques, pasteurs souverains sans doute dans l'ordre de leur surnaturelle juridiction, mais soumis quant au temporel, à César et à son épée. Le gallicanisme corrompait ainsi tout l'ordre des institutions divines et humaines. En arrachant la société à l'empire de la religion, il détruisait les liens qui rattachent la société à Dieu et enfermait les hommes dans la sphère basse des intérêts et des passions. En soumettant l'Eglise aux évêques, il relâchait le lien qui les rattache au Pape de Rome ; il dépouillait le Pape de sa monarchie et de son infaillibilité ; il affublait les évêques d'une prépotence que ne leur a pas conférée Jésus-Christ. D'une part, il relevait en politique,

le type augustal des Césars et assurait, dans l'économie sociale, le droit absolu de la propriété quiritaire; d'autre part,
il faisait de l'Eglise, une oligarchie morcelée, où le prêtre
et le fidèle étaient dans la main de l'évêque. L'évêque
était pape ; le roi, un sultan.

Par le fait, le Canada, dès son berceau, a eu, à l'état de
dilution infinitésimale, du poison dans les veines. Pieux
comme sont les convertis, il avait, dans sa piété, une impression d'erreur lointaine, mais grave. L'état des terres,
l'état des personnes, l'ordre des jugements en reçurent une
première impression.

En 1789, la France tirait les dernières conséquences de
son gallicanisme et répudiait tout l'ensemble des institutions chrétiennes de l'ordre religieux et social. En religion, elle repoussait tout dogme, toute loi surnaturelle,
toute Eglise et admettait tout au plus quelques officiers de
morale publique dont elle se réservait de régler l'institution,
d'étendre, de restreindre ou de supprimer les pouvoirs.
Dans l'ordre social, Dieu, Jésus-Christ et l'Eglise écartés,
elle fondait la société sur l'individu. L'individu, le citoyen,
possédait la plénitude de ses droits, antérieurs et supérieurs à la constitution de la société. Les individus, pour
conserver leurs droits, se formaient en société et confiaient
à des mandataires, élus provisoires et toujours révocables,
le soin de garantir le plein exercice de leurs libertés. La
Déclaration des droits de l'homme et du citoyen était en
France le nouvel Evangile. La constitution et les lois or-
ganiques ne devaient qu'en déterminer l'application. Toutefois, il y avait deux manières de l'entendre : ou le droit
civique inaliénable pouvait toujours ramener à lui tous les
pouvoirs pour leur confier un nouveau mandat ; ou les
citoyens, en confiant ce mandat, avaient aliéné provisoirement leur liberté ou, au moins, l'avaient diminuée beaucoup ; et alors les mandataires du peuple, législateurs, ministres, présidents, directeurs, tribuns, dictateurs d'un jour,
souverains éphémères, mais enfin souverains absolus, dé-

passaient, dans l'exercice du pouvoir, même l'absolutisme des rois. La nouvelle société devait être, au nom même du droit nouveau, ballottée entre le despotisme parlementaire et l'anarchie de la multitude.

Cet absolutisme de la logique ne pouvait pas passer instantanément dans les mœurs et les institutions. Les mœurs d'un peuple ne se modifient qu'à la longue ; les institutions peuvent se modifier plus vite sur le papier, mais subissent dans leur évolution les lenteurs de la transformation des mœurs. D'ailleurs les faits, les mouvements historiques viennent, à chaque instant, se jeter au travers des exigences de la logique. En quelques années, la France avait pu promulguer les lois d'un ordre social déiste ou athée ; elle ne pouvait pas consommer si vite l'apostasie nationale d'un peuple catholique depuis quinze siècles et qui devait, au catholicisme, ses lois, ses mœurs, ses institutions, ses gloires. Au fond, l'entreprise réunissait même, toutes les conditions de l'impossibilité. Libéralisme, socialisme, athéisme, ce sont des mots faciles à proclamer, mais difficiles à établir. En présence de ces difficultés, il se trouva des hommes soucieux de les résoudre pacifiquement, plutôt que de s'obstiner dans un cul-de-sac ténébreux, fermé ou ouvert seulement sur les abîmes.

Alors fut inventé un nouvel expédient, une troisième formule, pour résoudre la quadrature du cercle social. On était sorti du catholicisme par la porte du gallicanisme ; on était allé logiquement du gallicanisme au libéralisme, on proposa de marier les deux erreurs, de rendre le libéralisme catholique gallican ou le catholicisme gallican libéral. Par ce nouvel amalgame on se flattait d'assurer, aux peuples, les bienfaits des deux théories ; mais, comme les deux théories étaient deux erreurs, diverses seulement par leur degré d'antichristianisme, il était impossible d'en tenir la prospérité et même d'en assurer l'union.

Sans perdre le temps à d'inutiles explications, le fait est qu'aujourd'hui la France, présentée en expérience aux autres peuples, en arrive à une quatrième révolution, cette fois franc-maçonne et strictement athée. Rupture complète, antagonisme irréductible, séparation de l'Eglise et de l'Etat, schisme avec le Pape, fermeture des couvents, confiscation des biens, proscription des personnes, églises interdites, écoles sans Dieu, divorce à volonté, grèves, pas d'armée, pas de patrie : l'œuvre de destruction est à point. On avait commencé par une déclaration des libertés gallicanes, on avait continué par la déclaration des droits de l'homme et du citoyen, on aboutit à la déclaration du néant : *Umbra mortis, nullus ordo, sempiternus horror.*

Telle est l'implacable logique, mais les faits ne vont pas si vite ; et tout le monde ne sait pas en discerner parfaitement l'origine, le but et le caractère. Or, si vous transportez au Canada cette succession d'erreurs religieuses et sociales, vous verrez clair dans la situation du pays. Les populations sont catholiques, sans addition, ni mélange ; les pasteurs des âmes sont aussi intelligents que zélés ; mais il y a sur les sommets, des principes d'erreur et des commencements d'aberration. A cause du grand nom de la France, on reçoit avec respect tout ce qui vient d'elle ; à cause des distances, il y a un peu moins de netteté dans les idées et moins de fureur dans les passions. L'influence des temps et des milieux donne, de plus, au Canada, certains traits de couleur locale, mais où vit d'ailleurs le très pur ou très impur esprit des gallicans et des libéraux. Si vous essayez de classer les personnes qui s'égarent ou de dresser la statistique des journaux qui les abusent, vous verrez qu'il y a, sur les rives du Saint-Laurent, des gallicans raccornis, des libéraux absolus, des modérés, des catholiques libéraux ; il y en a dans l'Eglise, il y en a dans l'Etat, et, comme tous les hommes que l'erreur abuse à des degrés d'ailleurs très divers, hommes plus ou moins ancrés dans leur aveuglement et obstinés dans leur fanatisme.

Le pire état d'un homme et d'une société, c'est l'état où

tout paraît correct, droit, juste ; mais où tout est entaché d'erreur et va, par ses extrémités, fatalement à la mort.

Ainsi les catholiques sont parfaitement libres de pratiquer leur religion dans la province de Québec ; ils la pratiquent effectivement avec autant de zèle que d'intelligence ; et s'ils le voulaient, ils pourraient s'organiser aussi catholiquement qu'au moyen-âge. Pratiquement le Canada est dans l'Eglise un oasis où s'épanouissent abondamment les fleurs et les fruits du Christ. La statistique de ses églises, de ses presbytères, de ses écoles, de ses maisons religieuses, de ses évêchés présente tous les caractères d'une prospérité sans exemple ; aucun ver rongeur ne peut y exercer ses ravages ; aucun loup dévorant ne peut attaquer la frontière ni la surprendre. Or, dans ce même pays, il y a toutes les ombres du gallicanisme, tous les poisons du libéralisme, toutes les menaces de la révolution. Le poison est distillé partout dans l'air ; la corruption paraît envahir partout les mœurs ; les illusions, les préjugés, les complaisances ne mettent personne en garde ou pas beaucoup de monde ; et si le serpent est caché dans les champs ou dans les jardins, il peut se promener à son aise et opérer sans craindre l'écrasement.

Là-bas, ils ont des légistes aussi aveugles ou aussi pervers que les nôtres. Par exemple ils croient au mariage civil et s'attribuent le droit d'y mettre des empêchements dirimants ; ils ne croient pas beaucoup à la propriété ecclésiastique et se réservent, si cela leur plaît, de mettre la main dessus ; ils placent les congrégations religieuses sous la coupe du pouvoir civil ; ils s'arrogent des droits sur les paroisses et sur la gestion des marguilliers ; en somme, ils ne sont pas loin de croire que leurs églises n'existent que sous le bon plaisir de César, et le jour où ce bon plaisir cessera, l'Eglise devra disparaître. C'est tout le poison du gallicanisme et du libéralisme dont les francs-maçons et les révolutionnaires peuvent réclamer demain la stricte application. *Dura lex, sed lex* diront-ils ; mais c'est le principe du schisme.

Dans les églises du Canada, nous ne connaissons pas assez l'état de l'enseignement des séminaires, les règles de l'administration des diocèses, ni les dispositions des esprits au regard de la monarchie des Papes. Mais nous savons qu'il a été enseigné longtemps, dans les séminaires, que le Pape n'est pas infaillible et que le Concile est au-dessus du Pape ; que l'enseignement de la théologie ne doit être ni trop étendu, ni trop profond, pour ne pas exposer les esprits au doute ; que la scolastique est surannée quant aux doctrines, aux méthodes et à la langue ; que la littérature, les arts, les sciences, les lettres, le droit, la médecine, sont choses d'où la religion peut être absente sans qu'elles en souffrent ; que le droit canon n'est pas reçu dans l'Eglise ; que le recours au Pape est un acte d'orgueilleuse révolte qui implique, *ipso facto*, l'interdit ; que les évêques jouissent d'une autorité à peu près absolue, que rien ne peut limiter, que personne ne doit contrôler. Nous parlons, ici, du passé.

Nous aimons à penser qu'il s'est fait dans ces derniers temps, surtout depuis le Concile du Vatican, dans les intelligences cléricales, les expurgations nécessaires et les francs retours aux plus pures doctrines ; nous ignorons dans quelle mesure nous pouvons caresser cet espoir. Nous ne saurions oublier que l'erreur est un poison ; que le poison de l'erreur débilite et énerve les esprits dans la profession de la vérité ; qu'il leur inocule je ne sais quel goût malsain pour les fausses doctrines ; qu'il caresse secrètement toutes les passions humaines ; qu'il suscite facilement des haines et des complots contre les gens d'Eglise, surtout contre les congrégations religieuses et contre la suprême autorité du Pontife Romain. Aussi sont-ils rares les hommes qui s'élèvent au-dessus des autres et brisent, d'une main résolue, le filet des aberrations nationales.

En tout cas et sans contester les rassérènements de l'esprit religieux et ecclésiastique, il tombe sous le bon sens qu'en présence du déchaînement des partis ; de leur opposition générale aux doctrines et aux pratiques du christianisme ; de l'exécrable esprit d'une presse franc-maçonne acquise, par trahison, à tous les écarts, il y a place, au Canada, non seulement pour les humbles bulletins ecclésiastiques, mis au service de la piété ; mais urgence d'une presse intègre et éclairée, catholique intransigeante, militante, surtout prête à signaler tous les précipices, à dénoncer tous les faux pas, à s'élever, comme un mur d'airain, contre toutes les prévarications de la politique.

CHAPITRE V

Le pays le plus catholique du monde, si vous considérez la belle ordonnance de ses évêchés, de ses cathédrales, de ses églises, de ses presbytères, de ses hôpitaux, de ses orphelinats, de ses écoles, de ses maisons religieuses, des preuves matérielles de sa vitalité surnaturelle ; — le pays le moins catholique du monde si vous considérez l'assemblage contradictoire de ses provinces, l'antagonisme irréductible de ses confessions religieuses, les cacophonies de sa politique, le servilisme de sa presse, la bassesse de ses publicistes et de ses histrions : tel apparaît de loin le Canada.

C'est une terre vierge, qui possède de grands lacs et d'immenses forêts, un pays qu'arrose un grand fleuve, que les chemins de fer sillonnent, où la population pullule. Le pays recèle dans ses flancs des trésors ; à sa surface, des champs, des eaux, des bois, dont l'aménagement se poursuit. C'est un grand peuple qui commence ; mais ce grand peuple, comme la femme du patriarche, porte dans son sein deux hommes, deux hommes qui se battent pour s'exterminer, ou qui s'énervent réciproquement, s'ils s'accordent. D'un côté, ce peuple franc par son origine, chrétien par ses croyances, peut jouer dans le nouveau monde le rôle de la France en Occident, être la tête et le foyer de la civilisation catholique ; de l'autre, ce peuple, métisé par l'hérésie, divisé par le philosophisme, agité et volé par le parlementarisme, énervé par le sensualisme, peut n'être qu'un agent de discorde et de dissolution, un foyer de ci-

vilisation matérialiste et libre penseuse, s'il fait la guerre
à l'Eglise romaine et à l'Evangile de Jésus-Christ.

Il y a, au Canada, quelque chose de virginal, de vivant,
de vivifiant ; il y a quelque chose de confus, de volup-
tueux, d'énervé, de pourri au Canada. L'étonnant n'est pas
qu'il y ait, dans ce pays, la coexistence du bien et du mal ;
c'est que ce mal et ce bien restent mélangés ; que la naïveté des bons favorise la perversité des méchants ; et que
des catholiques, des prêtres même, parce qu'ils sont libéraux ou se croient tels, soient précisément sans le soupçonner des traîtres ou des hypocrites, qui conspirent, à la
fois, contre leur Eglise et contre leur nationalité.

Ce qu'il faut, à ce pays, pour son salut présent et futur,
c'est la pleine affirmation de la vérité catholique ; c'est
l'absolue répudiation de toutes les erreurs de la pensée et
du libre examen ; c'est l'application, intelligente et résolue, à tirer de l'Evangile, les fruits de grâce et de salut ;
c'est la docilité à coopérer au ministère de la Sainte Eglise, pour assurer, au Canada, dans l'ensemble de la chrétienté, ce rôle d'initiation salutaire qui en fasse le flambeau
du monde.

Mais, pour opérer cette œuvre de discernement et poser
ce principe d'action civilisatrice, il faut une adhésion plus
ferme à la foi et à la loi de l'Evangile ; il faut un jugement
solennel qui sépare les bons et les méchants, fût-ce même
pour les mener à la bataille ; il faut une répudiation
irrévocable de ce conciliatorisme, absurde et stérile, qui
ne sert qu'à énerver les bons et à favoriser l'audace des
méchants ; il faut enfin un branle-bas, un entraînement qui
décide les incertains, et en fasse bloc, pour créer une puissance collective et conjurer le péril de la tour de Babel.

En présence de ces tragiques alternatives, il est facile de
comprendre l'importance d'une presse croyante et intransigeante qui jugule tous les préjugés, dénonce tous les faux
pas, s'insurge contre les défaillances et déploie sous les
yeux de la foule, le drapeau immaculé de l'orthodoxie.

En entrant dans la presse canadienne, Jules-Paul Tardivel, s'inspirant des consignes d'En Haut, intitula simplement et crânement son journal : *La Vérité*. La vérité, rien
que la vérité, mais toute la vérité ; voilà son titre, emprunté
aux procédures de la justice. Non pas la vérité abstraite,
philosophique, spéculative, mais la vérité vraie, totale,
absolue, inspirant les pensées, réglant les volontés, dictant la conduite. La vérité, non pas selon les théories, les
systèmes, les écoles, les partis ; mais la vérité de Dieu, la
vérité de la révélation divine, la vérité proclamée au Calvaire, arrosée du sang de Jésus-Christ, rédemptrice de
l'humanité par la Croix. La vérité, concrétée, organisée,
vivante et puissante dans l'Eglise ; le Symbole et ses douze
articles, la loi de Moïse et ses dix préceptes, les conseils
de l'Evangile ; le *Pater*, l'*Ave Maria*, le *Confiteor* et les
actes de vertu théologale : voilà la constitution divine du
genre humain ; voilà le programme et le mot d'ordre de
La Vérité. C'est aux évêques et au Pape qu'a été confiée la
garde de ce dépôt ; c'est à eux, selon l'ordre hiérarchique,
à le défendre, à le conserver, à le faire valoir, à proclamer
ses droits. Mais sans empiéter sur leur juridiction, le plus
humble fidèle, le dernier des chrétiens, a le droit, plus que
cela, le devoir de professer et de défendre la vérité, pour
assurer, par ses humbles, mais généreux efforts, la plénitude de son triomphe.

Ce point de vue paraît étroit, il est grand comme le
monde ; ce programme paraît sévère, et il est le plan
même de la charité de Jésus-Christ, la forme la plus humble de l'apostolat. Un chrétien s'est demandé, devant Dieu
et devant sa foi, ce qu'il pouvait faire de mieux et de meilleur pour remplir sa mission en ce monde et assurer son
salut dans l'éternelle vie. Dans son humilité, sans trop
mesurer peut-être l'étendue et les difficultés de la tâche,
il s'est promis de mettre une plume au service de l'Evangile et d'en faire une épée contre les mécréants, les impies
et les libertins. Sans rien demander au monde, ni conseil,

ni appui, il s'est senti la pensée assez grande, le cœur assez
fort pour lutter contre toutes les corruptions. Débiteur de
tous, par l'effet de sa vocation littéraire, il saura dire leur
fait aux esprits orgueilleux qui s'abusent, aux esprits faibles qui s'emportent, aux esprits aigris, qui se ruent au
mal avec une espèce de désespoir. Pour ne pas s'abuser,
s'illusionner lui-même, il ne franchira jamais les étroites
lisières de l'orthodoxie. Son zèle ne le poussera jamais aux
soupçons, ni aux exagérations ; il dira plutôt bien du bien,
mais mal aussi du mal ; et il croira que c'est charité de
crier : Au loup ! quand le loup est dans la bergerie.
« Qu'est-ce qui triomphe, si ce n'est la vérité, demandait
saint Augustin ; et qu'est-ce que la victoire de la vérité,
sinon le triomphe de la charité ? »

Par cette humble profession de christianisme, Tardivel
sera un soldat dans la vie civile. Mais ne voyez-vous pas
que cette entreprise va soulever contre lui toutes les passions du monde ? Sans doute, et peut-être ne le dissimule-
t-il pas tout à fait ; le mode d'exercice de son talent le voue
même particulièrement à toutes les disgrâces. Faites des
compliments, même sans mesure, on vous trouvera toujours aimable et juste ; dites rondement la vérité, vous
prendrez facilement la tournure d'un censeur désagréable ;
mais si vous prenez à partie nominativement tel ou tel
dans un papier public ; si vous lui reprochez ses excès ou
ses sottises, alors vous ne serez plus qu'un calomniateur
ou un assassin. Mais vous avez cité textuellement le passage
incriminé ; vous avez relevé un tort certain. Tant pis ! plus
vous avez eu raison, plus vous avez tort. Les autres ont
le droit de chanter selon leur goût, de vocaliser sur toutes
les gammes, de se permettre tous les tons : ce sont les oiseaux du bon Dieu. Mais vous, si vous sifflez qui chante
faux ; si vous arguez contre les mensonges des impies ; si
vous lancez l'anathème contre les hennissements des cœurs
lascifs, c'est vous qui êtes l'oiseau de mauvaise augure, le
hibou rechigné, l'être atrabilaire et insupportable que tou-

tes les petites passions veulent honnir, que tous les petits
égoïsmes veulent écraser. Le journaliste a beau être un
confesseur; ce n'est pas assez, il faut qu'il soit martyr.

Nous n'exagérons point ; Tardivel n'était pas quinteux,
mais plutôt froid ; Tardivel n'était pas susceptible, mais
plutôt condescendant et facilement aimable. Tardivel
n'ignorait certes pas que la politique est, sinon l'art de
mentir quarante fois par jour, certainement la nécessité
de faire de petites concessions, de se résigner aux petites
misères, d'accorder beaucoup à la faiblesse humaine et, à
cet égard, il savait compatir aux embarras de ceux qui
tiennent la queue de la poèle. Mais, par exemple, lorsque
les ministres se permettaient des accrocs à la justice, il
tombait dessus à bras raccourcis, sans se départir pourtant des égards dus à leur fonction. Lorsque leurs porte-
plume glissaient sur la pente de l'impiété, il faut voir comme il les redressait avec rudesse. En présence des méfaits,
des forfaits et même des légèretés de la presse, il ne connaissait plus personne. Sa plume se précipitait sur l'insul-
teur du jour et le marquait au front avec le fer rouge. Je
ne cite pas les noms propres, mais je pourrais les énumé-
rer en y ajoutant les épithètes de menteurs, de satyres, de
saltimbanques. Pendant qu'ils menaient, dans les journaux,
leurs sarabandes, Tardivel les affublait de ces qualificatifs à
l'emporte-pièce. Et quand on sait quelle importance ces
messieurs de la petite et grande presse attachent à leur personne, on ne peut se faire une idée de l'exaspération qu'ils
éprouvaient à se voir brimer avec de pareils pompons. Alors
leurs colères n'avaient plus de bornes ; ils traitaient Jules-
Paul Tardivel et Anselme Trudel, comme on traite les derniers des hommes et je vous prie de croire que ni l'un ni
l'autre n'en éprouvait ni étonnement ni chagrin.

« Mange ce volume, disait le Seigneur ». « J'ai mangé le
volume, continue le prophète, et mes entrailles en ont été
amariquées. » C'est l'effet ordinaire de cette médication. La
presse agit comme l'ellébore ; elle purge, non pas le ventre

de ses humeurs peccantes, mais la tête de ses funestes
folies. Les bienfaits de la presse sont en raison des disgrâces qu'elle inflige et aussi des disgrâces qu'elle doit subir,
en récompense de ses services. Le débordement d'injures
à son adresse est l'étiage indicateur de sa bienfaisance, le
thermomètre d'après lequel elle doit apprécier ses efforts.
Si ses discours passaient inaperçus, ce serait signe d'insigni-
fiance. Du moment qu'ils vous font ranger dans la catégorie
des hommes impossibles, des intransigeants, des ours
blancs ou noirs, c'est penser que vous êtes à votre place et
que vous remplissez bien votre fonction de veilleur en
Israël ; c'est que votre ellébore agit avec force et que
votre petite baguette frappe comme un fouet.

Notez que ces adversaires de Trudel et de Tardivel se
traitaient entre eux de Turcs à Mores. Tous hommes politiques ou se croyant tels, tous attachés à leur petit drapeau et à leur étroit système, ils ne savaient guère que s'exalter aveuglément et déprécier non moins aveuglément leurs
antagonistes. Le trait caractéristique de tous ces champions
politiques, c'est l'esprit de haine, proportionnel à toutes
les étroites passions de leur parti. Entre eux donc, blancs,
bleus ou rouges, conservateurs ou progressistes, tous poli-
ticiens libéraux, leur exercice ordinaire, c'était de se passer
réciproquement leur plume à travers le ventre. Faibles pour
faire valoir leurs propres mérites, ils étaient très forts
pour trouver aux autres des démérites et des torts. L'art
grossier de la presse c'est de grossir d'un côté, de diminuer de l'autre, d'employer alternativement le microscope
et le télescope. Mais aussitôt que ces paladins voyaient
paraître les articles de *la Vérité* et de *l'Étendard*, articles
impartiaux, justes, fermes, qui réclamaient les droits de
Jésus-Christ, rédempteur des âmes et roi des nations, aussitôt ils formaient bloc conre les deux soldats de la Sainte
Eglise et distillaient tous les poisons de leur encre pour
leur façonner des crimes.

Nous en parlons savamment Nous-même, malgré notre

éloignement et notre obscurité, nous avons pris part aux combats de *la Vérité* et de *l'Etendard*. Ami personnel de Trudel et de Tardivel, leur frère par l'identité des convictions, leur compagnon de luttes dans les colonnes de leurs journaux, nous n'éprouvions certes aucune des passions de la politique canadienne et notre humble personne ne pouvait exciter le moindre ombrage. Mais nous combattions avec franchise et résolution le libéralisme ; nous le combattions là surtout où il est plus funeste, dans les têtes ecclésiastiques. Il n'en fallut pas davantage pour nous attirer des horions des journaux de droite et de gauche ; et bien plus encore pour nous attirer une interdiction d'écrire, sous notre nom, sur les rives du Saint-Laurent.

Ces temps sont loin déjà ; mais ces rigueurs nous étonnent toujours. L'Eglise condamne les mauvais livres ; mais elle les condamne tous indistinctement ; et si elle ne sait pas ménager l'erreur, elle sait, du moins, ménager les personnes, surtout quand ces personnes sont défendues contre les rigueurs, par leur caractère ou par leurs services. Or, comment expliquer, comment justifier ces gens d'Eglise, invariablement muets et impuissants contre la mauvaise presse ; mais susceptibles d'épiderme au point de sauter en l'air et de frapper, dès que la presse catholique dit un mot qui leur paraît empreint d'une ombre d'exagération. Frapper dans ces conditions, c'est supprimer l'antidote et favoriser les ravages des mauvais journaux : c'est trahir l'Eglise en présence de l'ennemi.

Les sympathies des évêques pour les journaux catholiques doivent être proportionnelles à la pureté de leurs doctrine et à la vaillance de leurs résolutions. Plus les coups qu'ils portent sont forts, plus grands sont les services que rendent ces braves feuilles. Leur créer des obstacles dans ces conjonctures, c'est renverser toute logique, toute morale, tout patriotisme.

Notez que ces vaillants soldats de l'Eglise Romaine ne demandent rien pour eux, ni honneur ni profit. Pourvu qu'ils aient, comme l'apôtre, quelques pauvres aliments, quelques pauvres hardes, il n'en faut pas plus ; plus l'é-quipement est léger, plus on est fort sur l'arène. Et c'est à ces héros que vous allez porter vos coups ; et quand ils font face à l'ennemi, vous les frapperez par derrière. Eh bien ! non ; c'est indigne et pour agir ainsi, il faut n'avoir, de ses obligations, aucun sentiment éclairé et noble.

L'équité de l'histoire m'oblige à dire que ces violentes iniquités se produisirent jusque dans la chaire chrétienne. Un jour de Noël, jour où le berceau de Bethléem devrait inspirer d'autres accents, un orateur distingué, dans une chaire de cathédrale, osa bien attribuer à *la Vérité* et à *l'Etendard*, le trouble de la paix religieuse. Tardivel et Trudel ne savaient pas se renfermer dans leur rôle ; ils se donnaient le tort d'attaquer les erreurs sociales ; ils osaient au Canada, dont la foi est pure comme le cristal, attaquer les francs-maçons, les libres penseurs, les laïciseurs, les libéraux. Haro donc sur ces quelques voix discordantes qui ne paraissent nombreuses que parce qu'elles parlent seules ; parce que quelques-uns leur prêtent attention et semblent les encourager.

Quoique ce discours, rendu public, ne soit plus qu'un mauvais article de journal, nous nous abstenons de le cri-tiquer. Il nous suffit de dire qu'il fut flétri par les éloges des journaux protestants de Québec, et puisque les héré-tiques en furent satisfaits, c'est dire que l'Eglise n'en devait éprouver aucune satisfaction.

CHAPITRE VI

LA DÉFENSE DE LA RELIGION CATHOLIQUE ET DE L'ÉGLISE ROMAINE.

Que représentera dans la presse, que défendra, au Canada, le fondateur de *la Vérité* ? La Religion catholique et l'Eglise Romaine. La Religion et l'Eglise, voilà le commencement, le milieu et la fin de tous ses discours ; voilà le premier moteur, la pensée vivifiante, la résolution intelligente et courageuse de tous ses articles. Rien, pas une phrase, pas un mot, pas une syllabe pour ce que les enfants des hommes entendent par les grands mots de politique et d'économie sociale. L'ordre des institutions, l'ordre du travail et des intérêts, en tant que les philosophes et les hérétiques les ont séparés de Dieu, il les dédaigne, il les réprouve. Mais il veut que Celui qui règne dans les cieux, de qui relèvent tous les établissements des hommes, soit le grand Etre auquel les hommes ramènent leurs efforts ; il veut qu'il soit le Seigneur des seigneurs qui fasse, par dessus toutes les institutions et tous les hommes, respecter son inamissible empire. La religion embrasse tout dans sa lumière et dans son amour ; elle doit régler tout par ses enseignements et ses lois. L'Eglise est le couronnement divin de toutes les institutions sociales ; le cœur plein de miséricorde et les mains pleines de grâces, elle doit les appuyer sur son roc et les surnaturaliser par son ministère.

Aussi des hommes clairvoyants et justes ont-ils appelé Tardivel, le Veuillot du Canada. Non pas qu'il possède la hauteur de vues, la profondeur de pensée, la perspicacité

énergique et éloquente du publiciste français ; mais il part
du même principe, il procède avec la même logique, il
subordonne aussi savamment l'erreur, il résout avec la
même habileté les sophismes. Intransigeant comme
Veuillot, moins ironiste que lui, aussi grand par l'âme et
par la foi, il ne pense pas qu'il y ait rien de mieux à défendre sur la terre que les intérêts des âmes et l'honneur de
Dieu. Simple laïque comme Veuillot, soumis comme lui
à la Sainte Eglise, inamovible à son humble place, il ne
met rien en ce monde, au-dessus des espérances de l'éternité. Le lien divin qui rattache tout à Dieu ; l'institution divine qui ramène tout à Jésus-Christ, voilà le thème éternel
du Veuillot canadien. Et puisque l'homme est grand ici-bas,
suivant la grandeur de la cause qu'il sert, je ne pense pas
qu'aucun homme sensé puisse contester à Tardivel ni la
grandeur de sa cause, ni la noblesse de son dévouement.

Mais quelles raisons particulières a eues Tardivel pour
s'obstiner si dignement à la défense de ces deux causes,
dans un pays dont la foi et les vertus ne paraissent pas réclamer un si exclusif héroïsme ? Deux raisons : la première
c'est que le Canada est partagé entre deux confessions : le
protestantisme et le catholicisme et que, chez les catholiques, la pureté de leur foi, la droiture de leur conduite, la
probité même de leur gouvernement sont mises en péril
par les sirènes du libéralisme.

Les hommes de notre temps, infatués comme ils sont la
plupart, ne paraissent pas comprendre la perversité spécifique du protestantisme. Sans doute, parmi les protestants, il y a des gens honnêtes et braves ; parce qu'ils sont
protestants comme nous sommes catholiques, par principe
d'autorité et selon les usages de la tradition ; ils sont nés
protestants, ils ont été instruits et élevés dans le protestantisme ; ils ne connaissent rien que le symbole étroit et les
lois fragiles de leur secte ; et, s'ils sont de bonne foi, s'ils
pratiquent toutes les vertus possibles à leur faiblesse, ils appartiennent à l'âme de l'Eglise. Mais le protestant qui s'est

fait lui-même, qui s'est formé lui-même sa foi par la lecture de la Bible, qui se flatte d'en avoir pénétré le sens
juste, sans doute ni illusion possibles ; c'est d'abord un
homme qui règle lui-même ses rapports avec Dieu et qui
se donne le double tort : de faire sans titre une chose que
Dieu a ordonnée souverainement, et de faire lui-même, à
Dieu, sa part d'adoration, plus ou moins grande, selon
son bon plaisir, quand Dieu s'est expressément réservé,
comme un Dieu jaloux, tout honneur et toute gloire. Ensuite
le protestant qui se permet, contre la divinité, ces deux
empiétements monstrueux, c'est un homme, qui croit
tellement à la supériorité de son génie, à l'infaillibilité de
son esprit, qu'il ne peut pas être dans l'erreur ou qu'il n'y
a pour lui que des croyances provisoires ; dans le premier
cas, il est fou, dans le second, c'est au moins un sot. Enfin,
le protestant, le vrai protestant, qui a opéré cette double
merveille d'un symbole irréfragable et d'une loi parfaite,
ou d'un symbole vacillant et d'une loi sans force, tombe,
quelle que soit sa persuasion, en lui-même, dans le néant
contre les autres dans le fanatisme. Indifférent à tout,
excepté à sa morgue il se met très au-dessus des autres
hommes et ne peut prendre qu'en immense pitié, ceux qui
refusent d'adhérer à ses chiffons de doctrine. Simple citoyen, il se cloître dans son néant orgueilleux ; détenteur
du pouvoir, il persécute. La tolérance qu'ils réclament
tous pour s'établir, ils la foulent tous aux pieds dès qu'ils
sont les maîtres.

Trait singulier mais très réel. Les sectes protestantes, si
elles sont irréductibles entre elles, ne sont autre qu'un état
de guerre civile ; et, quelle que soit, entre elles, leur manière d'être, haïssent d'une haine inextinguible la religion
catholique et l'Eglise Romaine. Même quand ils n'ont rien
dans l'âme et c'est le cas ordinaire, étant tous, sous le rapport spirituel, extraordinairement pauvres, les protestants
ont toujours, contre les catholiques, une âpreté de haine
qui ne le cède qu'au fanatisme judaïque. Hérétiques et

schismatiques, rebelles à Jésus-Christ et au Dieu des deux
Testaments, ils vouent tous à l'abomination le doux vicaire
de Jésus-Christ ; et s'ingénient, *per fas et ne fas*, à pervertir
ses coreligionnaires ou à confisquer leurs droits. Imaginer
une coexistence pacifique entre la religion et l'hérésie, entre
le protestantisme et l'Eglise Romaine, cela ne se peut concevoir que par l'abâtardissement des croyances de part et
d'autre et par la dégradation réciproque des mœurs. Si
les catholiques sont de vrais croyants, ils cherchent à faire
des prosélytes et à museler les bêtes féroces ; si les protestants croient eux-mêmes à leur religion personnelle, ils
cherchent à pervertir les chrétiens ou à les dompter.

Donc publiciste dans un pays où le protestantisme est
une croyance et une puissance, Tardivel, comme catholique
de marque, devait le combattre ; il ne devait pas moins
combattre le libéralisme, qui est aussi, au Canada, une illusion très répandue, caressée surtout des hommes au pouvoir.

Le péril du protestantisme provient, pour les catholiques,
de ce que le protestantisme n'a ni prêtres, ni évêques, ni
pape ; il n'a pas d'église enseignée, puisque tout protestant est son propre pape, par conséquent, il n'a pas besoin
d'Eglise enseignante : il est l'antithèse du catholicisme.
Un catholique, qui le voit fonctionner ainsi, est incliné à
croire qu'il n'y a point d'Eglise ; c'est une inclination à
l'apostasie. Or, le libéralisme est en politique la même
chose qu'est en religion le protestantisme. Le protestantisme niait absolument l'Eglise enseignante ; le libéralisme
la nie seulement dans son rapport avec l'ordre civil et politique. Le libéralisme coupe l'homme en deux : il admet
que l'homme, en tant qu'être baptisé, en tant que chrétien,
dépend de la hiérarchie ecclésiastique ; il exige que l'homme, en tant que citoyen, ne relève ni du pape, ni des
évêques. D'après lui, on peut être, on doit être chrétien
en religion et non-catholique en sociabilité. Partout où
le libéralisme est reçu comme vérité sociale ; partout où

la Déclaration des droits de l'homme et du citoyen est oppo-
sée au devoir du chrétien et du catholique, c'est l'anti-
christianisme qui règne dans le gouvernement d'un peuple.
Et quand l'antichristianisme, l'antipapisme est la charte
d'un gouvernement, il est fatal que, dans un délai plus
ou moins long, ce gouvernement conduise la société à
l'apostasie.

Lorsqu'une société est catholique en masse, comme la
province de Québec, si le gouvernement civil est antica-
tholique, ou si vous l'aimez mieux, libéral, c'est le devoir
strict de tout catholique, dans cette province, de combattre ce gouvernement, toutes les fois que ce gouvernement fait acte de sectaire libéral ; autrement, si le catholique se prête aux agissements sectaires du gouvernement,
il va tout droit à la révolte ; comme chrétien il s'achemine
à l'apostasie.

La présence simultanée du protestantisme et du libéralisme au Canada offre donc pour le salut des âmes, un
double péril. Ce qui aggrave ce péril, c'est qu'il reste, dans
le clergé, quelques résidus des erreurs gallicanes, et qu'il
y a, dans les partis politiques, une égale infatuation de
libéralisme. Dans la province de Québec, rouges ou
bleus, progressistes ou conservateurs, ils se disent tous
catholiques, mais ils nient qu'ils soient libéraux ou, s'ils le
sont, ils affirment que c'est d'une manière innocente, ce qui
est bien la pire façon de l'être, puisqu'on l'est sans le
savoir peut-être, et certainement sans l'avouer. A entendre ces intrigants, on ne peut trouver, au Canada, une
seule des erreurs modernes. La peste libérale n'a pas tra-
versé l'Atlantique ; ou si elle est passée dans l'Amérique du
Sud, l'Amérique du Nord en est indemne. A la rigueur, on
pourrait concéder que les Etats-Unis ne l'ignorent pas tout
à fait : mais la province de Québec est un pays merveilleux où le diable n'a jamais mis le pied, où le vent pes-
tilentiel de l'enfer n'a pas soufflé, où tout le monde est
parfait catholique. Seulement dans cet heureux pays,

si exemplairement catholique, dès que l'épiscopat demande quelques corrections aux lois civiles, pour s'y refuser, on prétexte immédiatement le danger de la guerre sociale. On est aveugle ou contradictoire au Canada et ce double malheur n'est qu'un voile pour l'hypocrisie ou pour la lâcheté, à moins que ce ne soit pour les deux à la fois, un banal prétexte.

Tardivel sonde d'une main courageuse les plaies de son pays. Nous avons, dit-il, d'abord le gallicanisme *politique*. La religion catholique est une institution bonne pour certains journaux, pour certains hommes publics, mais bonne seulement tant qu'elle peut servir à leurs fins. Ces hommes sont pour l'Eglise toujours, mais à une condition, c'est que l'Eglise leur serve de piédestal et ne fasse jamais rien qui les contrarie. Sous prétexte de ne point faire, de la religion, la servante de la politique, ces hommes en sont arrivés à séparer complètement les affaires publiques de la religion, à séculariser la politique, à la soustraire à toute influence spirituelle. — Il y a parmi nous le gallicanisme *religieux* qui a fait tant de ravages en France et qui s'est manifesté surtout pendant le Concile du Vatican. C'est un esprit *national,* or le nationalisme en religion est aux antipodes du catholicisme. Invoquant hypocritement le respect et l'obéissance dus aux autorités religieuses du pays, il cherche sans cesse à créer des obstacles à ceux qui vont à Rome. Empêcher les catholiques de communiquer librement avec le centre de la catholicité, c'est, pour certaines gens, œuvre pie. Du moment qu'un catholique, fidèle, prêtre ou évêque, a recours au Saint-Siège, on l'accable d'injures, on le traite de mauvais catholique, de révolté.

Sur le terrain de l'éducation, l'esprit maçonnique travaille avec une grande facilité. Le choix des livres par le gouvernement, le peu de cas qu'on fait des désirs du Comité catholique, les thèses hardies sur l'enseignement de l'Etat et l'instruction obligatoire : tout cela indique un pays travaillé par l'idée maçonnique. Le Canada doit étudier l'histoire de la Belgique en 1842 ; il y verra projeté, comme dans un miroir, le péril qui le menace. Enfin les endormeurs, les endormis, les tièdes, les indifférents contribuent beaucoup à entretenir le malaise. Partisans d'une fausse, paix, d'une paix qui laisserait le mal maître du terrain, ils s'élèvent sans cesse contre ceux qui troublent leur quiétude. Non contents de ne point lutter, ils veulent empêcher les lutteurs. Ne voulant pas voir le mal, ils prétendent qu'il n'existe pas. Leur torpeur ne se dissipe que pour crier haro sur les pessimistes, les pourfendeurs de moulins à vent, les gens plus catholiques que le pape. Crier au loup, selon eux, c'est l'appeler.

Pourtant si nous voulons la paix, il faut nous préparer à la guerre. Si l'on veut épargner à notre pays les maux qui désolent le vieux monde, il faut repousser les premières attaques de l'ennemi. La Providence veut que nous fassions ici ce que la France a fait si longtemps en Europe et dans le monde entier : défendre et propager la vérité de l'Evangile. Dieu veut que nous soyons un peuple apôtre. — Nous extrayons ces lignes des *Mélanges religieux* de Tardivel, t. III, p. 40. On voit combien son ferme coup d'œil élevait cet humble publiciste au-dessus des aveugles et des malfaiteurs de la politique.

En présence de ces maux dont il vient de dresser la formidable énumération, Tardivel recourt à la seule puissance qui puisse ici-bas les guérir ; à la puissance unique, souveraine et infaillible des Pontifes Romains. Cette puissance est incarnée dans Léon XIII, le moins combatif des Papes, mais combatif pourtant, car un Pape ne peut pas ne pas l'être. Pour marque ordinaire de sa pleine et entière soumission, Tardivel reproduit invariablement, en tête de son journal, les actes du Pontife régnant. Encycliques, allocutions, brefs, lettres, rescrits, tout le Bullaire de Léon XIII se retrouve, à sa date, dans *la Vérité* de Québec. En présence de cette reproduction textuelle, étant donnée la précision de l'enseignement pontifical, il semble qu'il

n'y aurait qu'à s'incliner. Mais les catholiques libéraux du
Canada, comme les catholiques libéraux de tous les pays
ne manquent jamais, par des exagérations voulues ou par
des restrictions arbitraires, d'altérer les oracles de la Chaire
du Prince des Apôtres. Tardivel est obligé, sans cesse et
sans fin, de ramener ces traducteurs traîtres, à l'autorité
du texte original et au sens obvie qu'il peut présenter.
L'hérésie est comme le caméléon ; en présence du soleil
de Rome, elle se teint de toutes les couleurs qui cadrent
avec ses passions ou ses fantaisies. Au risque de s'exposer
aux horions des latitudinaires, Tardivel tient toujours
ferme ; il se cramponne à la vérité de l'enseignement pontifical. Au lieu de s'iriser, comme eux, de toutes les couleurs, plus modeste dans sa tenue, plus humble dans sa
résolution, il se tient dans la simplicité évangélique : *Est,
est ; Non, non.*

Pour tirer, de la parole pontificale, meilleur profit, il
propose la chose la plus certainement voulue, la plus solennellement exigée de Léon XIII, l'union des catholiques,
une ligue du bien public, un parti du centre, comme en
Allemagne. « Les catholiques, dit-il, doivent s'entendre
pour la défense de la vérité, de la justice, des grands intérêts de la religion, dans la sphère *politique*. Léon XIII demande avec instance cette union depuis longtemps. C'est
une idée sur laquelle il revient souvent ; il en montre à
chaque instant l'urgence. Car le Pontife actuel, pas plus
que son prédécesseur, ne veut séparer la religion des lois
civiles, du gouvernement des peuples, du développement
des sociétés, de la politique enfin. Loin de là, il demande
aux catholiques, de mettre de côté les querelles de parti,
de s'élever au-dessus des questions secondaires et de s'unir
sur un terrain commun : la défense des droits de l'Eglise.

« On appellera cette union des catholiques le *parti catholique*, si l'on veut ; il n'y a rien d'odieux dans le mot
parti, si on l'entend comme il doit être entendu. Ce ne
doit pas être un parti de catholiques *contre d'autres ca-*

tholiques ; mais bien la réorganisation de l'armée catholique, dans les rangs de laquelle doivent entrer tous les
vrais soldats du Christ, tous les vrais lutteurs pour la cause
du bien, tous les adversaires déclarés *des erreurs modernes*, tous ceux qui ont le courage de secouer la torpeur,
tous les catholiques sincères et courageux.

« Ce n'est pas seulement le *droit* des catholiques de se
concerter pour faire triompher les enseignements de l'E-
glise dans la vie *sociale* ; c'est leur *devoir* de le faire. C'est
leur devoir parce que le Pape demande cette action *sociale*
des catholiques. C'est le devoir parce que les circonstances
actuelles l'exigent impérieusement. En face de l'unité maçonnique, en face de cette secte *puissante* qui fait *partout* une guerre *acharnée* à la vérité catholique, tantôt
ouvertement, tantôt à la sourdine, en face des formidables
assauts que l'immense armée du mal livre, dans *tous les
pays*, au nom chrétien, les catholiques peuvent-ils se
croiser les bras ? Evidemment non. Pour repousser les
attaques de l'ennemi, il faut l'union, il faut le groupement
de toutes les forces. Une sortie par-ci par-là ne fera pas
reculer l'armée hostile ; il faut un mouvement d'ensemble ;
une résistance commune et bien nourrie.

« Le libéralisme, en éliminant Dieu de la vie sociale, a
tué les Etats catholiques ; mais s'il n'y a plus d'Etats catholiques, il y a des catholiques encore nombreux. Le Pape
leur demande de s'unir, de se concerter dans une politique chrétienne, pour former dans chaque pays une influence favorable aux droits et aux intérêts catholiques.
En se liguant pour le bien de l'Eglise et pour le bien de
l'Etat, les catholiques de chaque pays entreront dans la
politique du Saint-Siège ; ils constitueront la force politique
destinée à remplacer l'ancien système qui s'est écroulé. A
tout prendre, c'est une reconstitution de la république
chrétienne » (1).

______

(1) *Mélanges religieux*, t. III, p. 53.

Pour donner corps à cet enseignement, pour venir à une pratique immédiate, Tardivel avait proposé, aux catholiques du Canada, un appel en faveur du pouvoir temporel du Pontife romain. C'est une vérité absolument certaine que le Pape, dans le gouvernement de l'Eglise, a besoin d'une véritable indépendance. Il ne suffit même pas qu'il soit indépendant ; il faut encore qu'il le paraisse d'une manière si évidente, que personne n'en puisse douter. Le pouvoir temporel avait été considéré par Charlemagne comme le gage et la marque de cette indépendance ; il a duré mille ans, ce pouvoir ; il vient d'être détruit, sous nos yeux par Victor-Emmanuel II et Napoléon III, le Ponce-Pilate de la Papauté. La nécessité de ce pouvoir temporel, tous les catholiques l'admettent en théorie ; mais, depuis qu'il est détruit, non seulement les méchants triomphent et poussent la sape contre le pouvoir spirituel, mais les faibles, les égoïstes, les repus s'accommodent de cette ruine et ne voient pas que la subir, sans protester, c'est marcher à l'abîme. Léon XIII, personnellement si pacifique, il faut lui rendre cette justice, ne manqua jamais de sonner la cloche d'alarme, pour secouer les endormis et couvrir la voix des endormeurs. Instruit par sa propre expérience, blessé des limites et des injures imposées à son ministère, il voulait au moins essayer de briser ce cercle de Popilius qui l'enserrait dans ses lignes de feu. Cette persistance de Léon XIII pendant tout son pontificat, est un des traits caractéristiques de son histoire. Aux appels du Pape tous les catholiques devaient répondre, même les catholiques italiens, ceux-ci avec plus de mesure, ceux-là avec plus de force. Le Pape est le Père commun de tous les fidèles, tous doivent l'entourer d'un même amour et d'une égale affection. L'action n'est point impossible. Il y a, dans le monde, trois cents millions de catholiques ; un soupir poussé par trois cents millions de poitrines doit produire un souffle capable de renverser tous les trônes.

Tardivel proposait donc que les deux millions du Cana-

da fissent une pétition aux Chambres et que cette pétition,
dûment discutée, noblement appuyée, fût envoyée à la
Couronne d'Angleterre, avec prière de songer à l'intérêt
public, dont l'indépendance du Pape est le meilleur ga-
rant. L'affaire était tellement simple, tellement facile,
tellement légitime qu'elle eût dû passer comme une lettre
à la poste. Qui croyez-vous qui y mit obstacle ? La presse
libérale, sans doute, cette presse acquise par principe à
toutes les illusions et à toutes les bassesses. Mais il y eut
un autre personnage, très inattendu, c'est l'archevêque de
Québec, le cardinal Taschereau. Par quoi ce prélat prou-
vait deux choses : que l'Eglise avait eu tort de le revêtir
de la pourpre, et que, malgré sa pourpre, il manquait du
sens de l'Eglise.

Mais si un cardinal n'a pas voulu pousser, pour l'affran-
chissement de l'Eglise, même un soupir, les évêques du
Canada n'ont donc rien fait contre le libéralisme ? Pardon.
Le 22 septembre 1875, les évêques de la province de Québec ont publié une pastorale collective, où ils exposent
magistralement l'autorité de l'Eglise, son indépendance,
sa suprématie sur le pouvoir civil, toute la constitution
divine de l'Eglise. En parlant de la dangereuse erreur du
catholicisme libéral, ils disent : « Cette erreur tente
de se glisser imperceptiblement dans les lieux les plus
saints ; le libéralisme fascine les yeux les plus clairvoyants ; il empoisonne les cœurs les plus simples, pour peu
que l'on chancelle dans la foi à l'autorité du Souverain
Pontife.

« Les partisans de cette erreur subtile concentrent toutes
leurs forces pour briser les liens qui unissent les peuples
aux évêques et les évêques au Vicaire de Jésus-Christ.
Ils applaudissent à l'autorité civile chaque fois qu'elle en-
vahit le sanctuaire ; ils cherchent, par tous les moyens, à
induire les fidèles à tolérer, ou à approuver les lois iniques. Ennemis d'autant plus dangereux que souvent même
sans en avoir conscience, ils favorisent les doctrines les

plus perverses, que Pie IX a si bien caractérisées en les appelant une *conciliation chimérique* de la vérité avec l'erreur.

« Le libéral catholique se rassure parce qu'il a encore certains principes catholiques, certaines pratiques de piété, un certain fond de foi et d'attachement à l'Eglise ; mais il ferme soigneusement les yeux sur l'abîme creusé dans son cœur par l'erreur qui le dévore en silence. Il vante encore à tout-venant ses convictions religieuses, et se fâche quand on l'avertit qu'il a des principes dangereux... »

La pastorale explique ensuite, d'après S. Thomas, ce que doit être la politique catholique et revendique avec force les droits des ministres de l'Eglise : « Des hommes qui veulent vous tromper, vous répètent que la religion n'a rien à voir avec la politique ; qu'il ne faut tenir aucun compte des principes religieux dans la discussion des affaires publiques ; que le clergé n'a des fonctions à remplir qu'à l'Eglise et à la sacristie ; et que le peuple doit, en politique, pratiquer l'indépendance morale. *Erreur monstrueuse* et malheur au pays où elle viendrait à prendre racine. »

Cette pastorale avait été mise sous les yeux de Pie IX par l'évêque des Trois-Rivières ; Pie IX, par bref, l'avait revêtue de la plus haute approbation. « Nous nous sommes particulièrement réjoui, dit le Pontife, du soin que vous prenez d'inculquer au peuple la sainte doctrine et de lui expliquer ce qui regarde la nature, la constitution, l'autorité, les droits de l'Eglise, dont on a coutume de pervertir très subtilement la notion pour tromper les fidèles ; et nous avons dû louer le zèle avec lequel vous vous êtes efforcés de prémunir le même peuple contre les erreurs astucieuses du *catholicisme libéral*, d'autant plus dangereuses que, par une apparence *extérieure* de piété, elles trompent beaucoup d'hommes honnêtes, et que les portant à s'éloigner de la saine doctrine, nommément dans les questions qui, à première vue, semblent concerner plutôt le pouvoir civil que l'ecclésiastique, elles affaiblissent la foi, rompent l'unité, divisent les forces catholiques et fournissent une aide *très efficace* aux ennemis de l'Eglise, qui enseignent les mêmes erreurs quoique avec plus de développement et d'impudence et amènent insensiblement les esprits à partager leurs desseins pervers ? Nous vous félicitons donc et nous souhaitons que vous travailliez à dévoiler leurs pièges et à instruire le peuple avec une semblable ardeur, un pareil discernement et avec cette concorde qui montre à tous notre charité mutuelle et prouve que chacun de vous ne pense, ne dit et n'enseigne qu'une seule et même chose. »

La lettre des évêques et l'approbation du Pape constituaient deux actes à insérer dans le corps du droit canadien. Le libéralisme, si manifestement condamné, devait disparaître. Mais lorsque l'erreur se sent serrée de trop près et que la vérité catholique, proclamée haut, est sur le point de recevoir l'adhésion universelle, un libéral, un opportuniste est là pour réveiller des terreurs imaginaires et des appréciations gratuites touchant les actes de ces affreux ultramontains. Ici la manigance s'étala à ciel ouvert et triompha si facilement qu'il faut croire à quelque complicité secrète. Une pastorale collective de 1877 avait expliqué et déterminé l'application de la pastorale précédente. Les libéraux s'en emparèrent pour dire que la seconde détruisait la première et que, condamner le libéralisme, c'était se révolter contre l'épiscopat. Non, l'application d'une loi n'en peut pas détruire le principe, parce qu'elle rendrait alors inutile l'application elle-même. Il n'en fallut pas davantage pour tomber à bras raccourcis sur Tardivel, ce pelé, ce galeux d'où venait tout le mal. On a dit que ce jeu de colin-maillard avait eu un tel succès, parce que, au fond, l'archevêque de Québec l'avait approuvé. Pauvre Taschereau ! par faiblesse d'esprit, par pusillanimité de sentiment, par recherche de la popularité, esprit de famille, haine peut-être contre quelqu'un, il aurait admis l'étranglement de la condamnation épiscopale et pontificale du libéralisme. Cela étant, c'est une tache dans sa vie et un opprobre pour sa mémoire.

Mais on devine quel sort, sous un pareil régime, pouvait attendre un journaliste intransigeant de Québec. Imperturbable dans son flegme, il continua de mettre en relief le fond de la vraie question libérale ; il constata les menaces produites contre le clergé ; il opposa la sagesse chrétienne à la sagesse païenne ; et répondit avec autant de fermeté que de calme, à tous les sophistes des feuilles libérales, je veux dire aux empoisonneurs publics du Canada.

Défenseur intègre, perspicace et courageux de la religion catholique et de l'Eglise Romaine, c'est le premier fleuron de la couronne de Tardivel.

CHAPITRE VII

Le second thème de Tardivel, c'est l'Ecole. La défense de l'école catholique, c'est son deuxième champ d'opération. Par la défense de la religion révélée, il voulait maintenir les adultes dans l'ordre surnaturel ; par la défense de l'école, il veut y introduire les enfants et les former de façon à assurer leur persévérance. Entre ces deux entreprises, il y a une solidarité naturelle, une connexion nécessaire. L'église est la grande école de tout le monde ; l'école est le noviciat des enfants. Dans la suite des siècles, on les voit toujours cheminer de compagnie, l'Eglise couvrant l'école de sa protection, l'école florissant à l'ombre de l'Eglise. Cette connexité est une loi de nature et la mise en pratique du grand principe qui veut que l'éducation de l'homme soit religieuse et que cette éducation soit confiée à l'Eglise. La raison première de cette loi, c'est que l'homme est un être déchu, mais racheté, et pour le tirer de l'abîme de ses misères, pour l'élever sur les hauteurs de la dignité humaine, il faut la lumière de la religion et le concours de l'Eglise. La famille, sans doute, est l'école et l'église dans leur premier linéament ; le père et la mère doivent préluder et préparer à leur service. Quand la famille a rempli sa tâche, l'Eglise continue et complète sa fonction, et, si la société civile peut offrir ici utilement quelque concours, ce ne peut être, en aucun cas, pour contredire la famille et l'Eglise, encore moins pour supplanter, au profit de l'industrie des hommes, des maîtres qui ont reçu, de Dieu, l'institution divine.

L'école, dans son évolution historique a, sans doute, subi les vicissitudes de la société contemporaine. Une société, à un certain degré de civilisation, a toujours cherché à pénétrer dans l'école, pour former, à son image, les jeunes générations. Dans les sociétés antiques, toutes placées sur le penchant de la déchéance, avec l'insuffisant concours de la tradition, l'idéal de l'éducation reste bas ; l'école s'occupe moins de discipliner les âmes que de durcir les corps, moins de vivifier le fond que de vernir la forme. A Athènes, on veut, à l'école, faire du citoyen, un philosophe disert ; à Sparte, un vaillant lutteur ; à Rome, un soldat. L'école est d'ailleurs étroite, ouverte seulement à quelques privilégiés ; la multitude n'y entre pas, mais végète dans la poussière ou se roule dans la pourriture. Jupiter ôte l'âme à tous ceux qui ont perdu la liberté. Toutefois, il y a, chez les Anciens, un trait remarquable ; c'est que l'école est une école de religion d'abord ; les philosophes exposent qu'il n'en peut être autrement ; et si l'impiété pénètre dans l'école, les philosophes proclament que c'est l'intoxication des âmes, la perte de la patrie. Socrate lui-même, pour avoir voulu déroger aux traditions religieuses, fut, comme empoisonneur d'âmes, condamné à boire la ciguë.

C'est l'Eglise catholique qui est la vraie, la seule fondatrice de l'école, revêtue pour l'enseignement d'un caractère sacré, et ouverte, sans distinction, à tous les enfants des hommes. Avec l'Evangile, nous sortons des étroitesses et des turpitudes du monde païen ; nous entrons dans le monde que pénètre progressivement la civilisation de l'Evangile. L'Eglise ne se contente pas de fonder l'école, elle en fait l'apanage de sa puissance, la pierre d'attente du salut des âmes. Depuis le missionnaire mérovingien qui fonde une école à côté de son église, jusqu'au missionnaire qui suit le même ordre d'institution, dans tous les pays sauvages ou barbares, la procédure est la même et l'ordre identique. Les malotrus d'aujourd'hui crient à l'envahisse-

ment, à la tyrannie. Mots vides de sens, clameurs d'une
abominable ingratitude ou d'une insondable ignorance.
Dans ces îles de l'Océanie où les hommes se mangent
entre eux et ne connaissent que le régime du casse-tête,
je voudrais bien savoir sur qui empiète l'Eglise, si ce n'est
sur des idoles absurdes, et quel pouvoir elle peut bien dépouiller de sa juridiction, puisque, dans ces sociétés rudi-
mentaires, n'existe aucun pouvoir respecté et respectable,
La vérité historique, la vérité universelle, c'est que l'Eglise
fonde l'école à ses frais ; que le missionnaire enseigne gra-
tuitement ; que la foi seule lui donne des élèves ; et que
les bienfaits de son enseignement sont les seuls soubasse-
ments de sa puissance.

Or, il ne faut pas nous le dissimuler, il faudrait même
se crever les yeux pour ne point le voir, l'éducation religieuse, première loi de l'école depuis deux mille ans ; l'enseignement religieux, premier moyen d'éducation dans
toutes les écoles catholiques, on est en train aujourd'hui,
plus ou moins, partout, de l'attaquer, pour le supprimer.
Ce qu'on veut sous prétexte de sécularisation, de laïcisation, nous le voyons en France à l'heure actuelle, c'est la
destruction totale de l'enseignement religieux et la déchristianisation du monde civilisé par Jésus-Christ. On s'est
acheminé à ce but sacrilège et scélérat, en tapinois, en se
cachant, à grand renfort d'hypocrisie. On voulait seulement un peu plus de lumière, pour élever le genre humain un peu plus haut. Si l'on parlait de neutralité, c'était
par délicatesse de conscience et par respect pour les âmes.
Maintenant que la neutralité a produit son fruit naturel,
on sort des entortillages d'une phraséologie mensongère
pour proclamer l'école sans Dieu, vestibule d'un monde
sans Dieu. La neutralité était une comédie ; la liberté, une
vieille guitare. Le monde sans Dieu, c'est le monde qui se
livre à Satan.

Le Canada et la Belgique n'en sont pas là ; ce sont encore
des sociétés foncièrement chrétiennes, où le clergé a gardé

les immunités de son ministère et l'Eglise, son empire. La
paroisse est florissante ; les âmes s'y dilatent sous le rayonnement miraculeux des grâces de Jésus-Christ. Mais le
démon, jaloux du bonheur de l'homme au paradis terres-
tre, est particulièrement jaloux de la part de félicité qu'il
conserve encore au Canada. Son objectif, pour renverser ce
bel ordre, c'est d'entrer dans l'école ; et, par l'école, réfor-
mée insensiblement, c'est-à-dire corrompue, de détruire
la famille et la paroisse chrétiennes. C'est là le fait flagrant au Canada ; malgré tous les mensonges et les hypocrisies dont on enveloppe le complot, c'est là le but. Je
veux croire que tous les fonctionnaires ne coopèrent pas
sciemment à cette conjuration diabolique ; mais, ici,
comme dans la franc-maçonnerie, il y a les inconscients et
les bandits à froid. Les inconscients servent le dessein sans
le connaître ; les bandits le poursuivent avec toute l'âpreté
de la haine, avec tous les emportements de la passion, avec
tous les raffinements de l'hypocrisie. *Et jusqu'à je vous
hais, tout se dit tendrement*, ajouterait Boileau.

Le rôle de Tardivel au regard des écoles canadiennes est
tel qu'il ne peut qu'honorer beaucoup sa clairvoyance, son
dévouement et son patriotisme.

D'abord il exerça une vigilance à toute épreuve sur le
choix des livres. Il faut beaucoup de livres dans toutes les
écoles ; mais les bons livres sont rares et les mauvais pul-
lulent. Dans le choix des livres, il faut donc un grand
discernement et une exacte police. Cette police et ce discernement s'exercent à peu près toujours sur les livres
absolument mauvais ; mais c'est le petit nombre. Les plus
funestes ne sont pas ceux que composent les scélérats de
basse presse ; ce sont ceux qu'élaborent des gens qui jouissent d'une bonne réputation, qui possèdent une certaine
compétence, mais qui, de parti-pris, veulent instiller aux
intelligences, le poison ou le préjugé, pire parfois que le
poison lui-même. Ces livres sont difficiles à caractériser
plus expressément, à moins de les examiner par unités ;

mais ils excellent à se répandre, à braver la police et à tromper même la vigilance des pasteurs, quoiqu'ils doivent être, par état, moins faciles à tromper. On leur fait, à ces livres suspects, un crédit, une réputation. Les libraires s'en mêlent pour en précipiter la vente à bas prix. On a d'ailleurs, en fin d'année, des distributions de récompenses, dont les livres, venus de France, trop souvent, réalisent à qui mieux mieux le proverbe : « A beau mentir qui vient de loin. »

Tardivel eut souvent à exercer, contre les mauvais livres, cette police de presse, qui vient trop tard et qui a toujours le désagrément de mettre en cause les maîtres d'école, les inspecteurs et tous les surveillants naturels des écoles. Chaque fois qu'il le faisait, la presse libérale lui tombait dessus avec le plus beau zèle. C'était à qui l'accablerait *unguibus et rostro*. Mais il avait bec et ongles pour se défendre. Je cite de lui une page immortelle :

« On prétend, dit-il, que les livres que nous avons critiqués sont propres à être mis entre les mains des instituteurs et des institutrices. C'est une doctrine monstrueuse. Un mauvais livre n'est propre qu'à être brûlé. Personne, à moins de grâces spéciales, ne peut le lire impunément. Autant vaudrait dire qu'un homme, parce qu'il jouit d'une bonne santé, peut absorber du poison sans péril. La lecture est la nourriture des intelligences ; elle doit donc être saine, si l'on ne veut point donner la mort, au lieu de la vie. Quel est l'homme qui voudrait soutenir qu'on doit manger du pain et boire du vin empoisonnés, sous prétexte que ce pain et ce vin ont du bon. A plus forte raison un livre empoisonné doit être évité avec horreur, car il peut causer la mort à l'âme. A moins d'être insensé, personne ne voudrait toucher à un pain dans lequel il aurait vu mettre un grain d'arsenic. Et cependant quand il s'agit des choses de l'ordre spirituel, on trouve une foule de gens qui tiennent une conduite aussi dépourvue de logique et de raison, que serait celle d'un homme qui mangerait sciemment un pain empoisonné.

« On donne en prix, à des élèves, un livre dont le fond est mauvais, dont la base est un poison violent, sous prétexte qu'il s'y trouve quelques idées vraies, quelques renseignements utiles. On n'a même pas l'excuse de l'homme qui mangerait un pain en grande partie bon. On absorbe d'immenses quantités de poison intellectuel, sous prétexte d'attraper quelques bribes de nourriture saine. Et que veulent dire ces paroles : qu'on peut mettre de tels livres dans les mains des instituteurs ? S'il y a une classe d'hommes qui ont plus que les autres l'obligation de ne pas lire les mauvais livres, c'est bien celle des maîtres. Un individu qui s'empoisonne lui-même commet un grand crime ; mais un maître d'école à qui l'on fait sucer le poison de l'erreur, peut en communiquer la contagion à des milliers d'âmes. De là, stricte obligation pour les instituteurs de ne point s'exposer à contracter une maladie qu'ils transmettront ensuite aux élèves confiés à leurs soins.

« Qu'on ne vienne pas nous dire que les jeunes instituteurs et institutrices, qui sortent des écoles normales, ont besoin de ces livres pour se tenir au courant des progrès de la pédagogie. Parler ainsi, c'est *insulter l'Eglise*. Peut-on s'imaginer que cette sainte mère l'Eglise qui a tout fait pour l'éducation, ne se tient pas au courant des véritables progrès pédagogiques ? Croit-on sérieusement qu'on ne peut pas trouver dans les ouvrages catholiques, tout ce qu'il faut pour former les hommes et les femmes à l'enseignement de la jeunesse ? Faut-il avoir recours aux libres penseurs, aux hérétiques, pour apprendre à faire l'école ? Si l'on professe de telles idées, qu'on le dise tout de suite, afin que les positions soient bien tranchées, afin que l'on sache que nous avons parmi nous des hommes qui prétendent que l'Eglise n'est pas leur véritable mère, qu'elle ne pourvoit point aux besoins de ses enfants et que ceux-ci, pour avoir le pain de la science, sont obligés de le demander aux livres empoisonnés du libéralisme (1).

(1) *Mélanges*, t. III, p. 158.

A la police des livres, Tardivel ajoute la surveillance des écoles. Ces écoles sont tenues par des maîtres ; ces maîtres sont formés par des écoles normales et surveillés par des inspecteurs. On ne pourrait pas dire que, dans ces services d'administration et dans la tenue de ces écoles, tout soit mauvais ; on peut même croire le contraire ; mais cette persuasion équitable n'empêche pas qu'on y discerne certaines influences libérales, certaines tendances maçonniques. Par exemple, des écoles normales avaient répandu des conférences pédagogiques, faites en France, aux instituteurs, pendant l'Exposition universelle de 1878. Or ces conférences avaient été organisées par la franc-maçonnerie elle-même ; c'était le programme des Loges, essentiellement mauvais, essentiellement hostile à l'Eglise. « La franc-maçonnerie, dit-il, a entrepris de déchristianiser la France, au moyen d'une éducation impie. Avec cette habileté satanique, qui la rend si dangereuse, elle procède par degrés, cachant ses desseins pervers, ne les faisant connaître que quand elle a obscurci et fourvoyé les intelligences. Par ces conférences, la franc-maçonnerie préparait les voies à la loi de malheur qu'elle faisait voter, sous prétexte de neutralité, pour chasser Dieu de l'école, du cœur et de l'esprit de l'enfance, loi que Léon XIII a qualifiée d'entreprise criminelle » (*Op. cit.*, p. 155).

Tardivel avait trop raison ; les inculpés cherchèrent, non pas des excuses, mais une justification ; mais l'approbation donnée à ces écarts, par les feuilles protestantes, prouva que Tardivel ne pouvait pas avoir tort. En vain, l'on prétendrait que le Canada n'est point si malade, qu'il garde ses couvents et ses écoles catholiques. Tardivel réplique que la Belgique avait tous ces avantages et que cela ne l'a pas empêchée de tomber sous le joug de la franc-maçonnerie. Pour épargner à son pays, un pareil malheur, le publiciste québecquois poursuit, dans tous ses essais, la manifestation de l'école maçonnique. Le Canada n'a pas de communards dans son sein ; on n'enfonce pas à coups

de hache, les portes des couvents. Cependant, et cela est
prouvé, il existe surabondamment, au Canada, des germes
de toutes les misères religieuses et sociales. Les idées qui
ont causé tant de ruines en Belgique et en France, ont cours
au Canada. Faut-il porter remède au mal, pendant qu'il
en est temps encore, ou attendre pour agir l'éclat des ca-
tastrophes ? Quel est l'homme qui, pour réparer sa maison,
attendrait que les murs soient écroulés? Faut-il moins s'occuper de l'édifice social que de nos demeures ? A de si
pressantes questions, il ne se peut objecter rien de juste ;
c'est être déjà pervers que d'asticotter là-dessus.

Toutes les idées fausses en matière de pédagogie obsè-
dent le Canada. Pour le choix des livres, pour l'administration des écoles, la formation des maîtres et l'éducation
des élèves, les Canadiens sont sous la séduction des mira-
ges du laïcisme. L'homme est un être moral. Pour le former, il faut le connaître, le respecter, le guider, le mora-
liser. Si l'on veut réussir à l'œuvre difficile de l'éducation,
il faut la grâce de Dieu, l'enseignement de l'Eglise et le
concours de son ministère. Or, il est beaucoup plus facile
de faire un misérable que de faire un homme. En tout cas, il
est sûr que le libéralisme est antipédagogique parce qu'il
est antimoral ; partant il est corrupteur ; mais à l'école, plus
que partout ailleurs, il ne peut être qu'un bill d'amnistie
octroyé, sans titre, à toutes les passions.

L'idée la plus funeste qui vole au-dessus du Canada,
c'est la création d'un ministère de l'instruction publique.
Le ministère de l'instruction publique a été géré, en
France, pendant quinze siècles, par la Sainte Eglise et c'est
sous son autorité, que la France a poursuivi ses quinze
siècles de gloire historique ; c'est par l'influence de sa lumière et de son amour, qu'elle a cultivé les sciences, créé
les arts, perfectionné les lettres, accompli mille progrès,
produit mille chefs-d'œuvre. L'autorité de l'Eglise en matière d'enseignement était tellement sacrée, que, pour en
exercer la fonction, fût-on laïque, il fallait porter le cos-

tume ecclésiastique et entrer par l'habit dans l'ordre des clercs. Clergie était synonyme de savoir. Le pouvoir civil, il est vrai, ne se désintéressa pas de l'enseignement ; mais le premier usage qu'il fit de son pouvoir, en la personne de Charlemagne, fut de s'incliner devant la principauté enseignante de l'Eglise. Plus tard pour cette raison que les sciences d'ordre naturel doivent jouir d'une certaine indépendance, il avait voulu participer à la suprématie de l'Eglise, mais sans contester jamais, en matière dogmatique, sa compétence exclusive, et en tout cas, l'autorité de son contrôle. Ce n'est qu'à partir de 1789, que l'Etat réclama le ministère de l'instruction publique, et, sur les motions de Talleyrand, Condorcet, Lakanal, parla de laïcisation. Or, pour s'autoriser à cette création, l'Etat se donnait le double tort de confisquer le droit sacré des pères de famille et le droit divin de la Sainte Eglise. L'enfant n'appartenait plus, du chef de sa naissance, à la famille, et, du chef de son baptême, à l'Eglise ; il appartenait à l'Etat qui s'attribuait le droit exclusif de le mouler à son effigie. Le monopole de l'enseignement consacrait ainsi l'absolutisme de l'Etat en matière d'enseignement et, sous le régime de l'individualisme inauguré par 89, instituait, sur les débris du droit individuel, un absolutisme pire que celui de tous les despotes ; un absolutisme qui, non content d'être le maître des biens et des corps, voulait exercer sa tyrannie jusque sur les âmes. Prétention impie, usurpation sacrilège ! Dieu n'a concédé à personne, sauf à son Eglise, la charge d'enseigner les nations ; ou si cette prérogative appartient à tout le monde, on ne voit plus, par quel sophisme, on peut refuser la liberté d'enseignement et investir des hommes d'Etat des pouvoirs de Dieu.

Une autre idée qui flatte l'orgueil au Canada, c'est la laïcité de l'école et la neutralité de l'enseignement. Ici, comme ailleurs, on se sert d'un prétexte juste pour aboutir à d'iniques et funestes conséquences. Que l'alphabet, le livre de lecture, le cahier d'écriture, la table de

numération n'aient aucun caractère confessionnel, j'en
conviens ; ce sont les éléments naturels du savoir humain ; mais ils ne possèdent, non plus, aucun caractère
d'impiété. Au reste, même dans l'école primaire, on doit
enseigner aussi la doctrine et la pratique de la religion ; c'est
même la partie essentielle de l'enseignement ; et puisque
cette partie essentielle appartient à l'Eglise, il faut lui laisser sa place à l'école. On ne le conteste pas, et pour faire
acte de probité, on accorde, à l'Eglise, une part d'école,
pour l'enseignement religieux. Mais ce n'est qu'une ruse et
un chemin couvert pour aboutir à l'exclusion de cet enseignement. D'abord on lui accorde la dernière heure du
jour, l'heure où les élèves fatigués n'écoutent plus ; puis
on charge les programmes et on n'admet plus l'enseignement que hors de l'école. L'école primaire est alors complètement neutre ; mais cette idée fausse, fatalement, ne
tarde pas à déposer son masque et à devenir funeste. Une
école est une affirmation ou une négation ; elle affirme une
doctrine et nie, au moins implicitement, toutes les doctrines contraires. Une école neutre est une antilogie et une
contradiction dans les termes. A chaque instant, les instituteurs en franchissent les inadmissibles lisières. Puis ils
s'enhardissent et vous déclarent tout rondement que la
neutralité est impossible, mais qu'elle ne peut être qu'un
acte de poltronnerie, tranchons le mot, une lâcheté. Alors
cette école neutre qui avait réclamé le droit de n'être plus
confessionnelle, devient confessionnelle à rebours ; elle
n'a plus rien de positif, et devient fanatiquement négative.
Alors l'instituteur proclame qu'il n'y a pas de Dieu, que
l'homme n'a point d'âme, pas d'immortalité en expectative ; il déclare le mariage un contrat rescindible ; la famille, une charge ; l'Etat, une tyrannie ; le divorce devient
une loi d'universelle dissolution, même de l'Etat. La neutralité aboutit, comme nous le voyons en France, au nihi-
lisme. Il ne reste plus qu'à planter le drapeau national sur
un tas de fumier. Bel aboutissement, mais nécessaire abou-

tissement de la passion aveugle qui dépouille l'Eglise de son droit divin d'enseignement.

La neutralité, qui met l'école hors de l'Eglise, a produit, dans le catholique Canada, une conséquence qu'il n'a produite en aucun pays chrétien ; elle a mis hors de l'Eglise, non seulement l'école, mais la société tout entière. Sous le nom d'*influence indue*, elle a déclaré que toute élection législative due à l'influence des ministres de la religion, était entachée d'un vice qui devait amener sa cassation. Que le ministère pastoral s'exerce en dehors et en dessus de la politique strictement dite, cela est hors de doute ; pour l'Eglise et l'Etat, il y a une sphère d'action, propre et distincte ; le pouvoir religieux et le pouvoir politique doivent opérer chacun dans sa sphère. Mais quand la politique est irréligieuse ; quand elle sort de sa sphère pour empiéter sur le domaine de l'Eglise et altérer l'économie de la religion, alors ce n'est plus de la simple politique, c'est une impiété formelle, une attaque positive à l'Eglise. Dans ce cas, le prêtre n'a pas seulement le droit, il a le devoir de défendre l'Eglise, partout où il a le droit de parler avec autorité aux consciences. De plus, le prêtre n'est pas seulement prêtre, il est encore citoyen, et comme tel, il en doit exercer toutes les prérogatives, en revendiquer tous les droits, non pas dans son église, mais dans les réunions publiques, dans la presse et à la tribune. Les prêtres ont toujours eu leur place marquée dans l'assemblée des peuples ; les évêques, un rôle actif dans les conseils et le gouvernement des rois. On ne voit pas que ces souvenirs fassent tache en histoire. Attacher, au Canada, une disgrâce publique à l'action du prêtre et frapper d'une exclusion sa personne, c'est une double dérogation à la tradition, au droit et au bon sens. Penser qu'une telle innovation a pu être inventée par un professeur d'Université, il faut, pour expliquer un fait si énorme, dire que cette Université, annexe de la Tour de Babel, admet, parmi ses professeurs, les protestants et les rationalistes et présente ainsi un type achevé de libéralisme. Ajouter que cette énormité scandaleuse a été consacrée par des votes parlementaires, sanctionnée par des tribunaux, quasi-subie par le clergé, il faut dire que cette résignation n'a été subie que par contrainte et sous la menace. Quand les drôles du Canada veulent faire triompher une injustice, au détriment de l'Eglise, ils prétendent qu'il faut céder, sinon ils mettront, sur les catholiques, la dent de Luther ou de Calvin. Allégation d'ailleurs menteuse, car la reddition ne peut conférer à l'injustice aucune légitimité et, si la menace suffit pour faire passer le crime, ce facile triomphe prouve au moins que le pouvoir est, ici, prévaricateur. Que me fait, à moi, que le chef du pouvoir soit une guenille éloquente, si, au lieu d'être une barre de fer, c'est un roseau ? Le pouvoir n'est tel que par le devoir, non pas de favoriser secrètement l'iniquité, mais de la réprimer au besoin par la force. Ce n'est pas sans cause que vous portez le glaive du soldat et le bâton du constable ; si vous ne savez pas vous en servir à propos, c'est que vous commettez, contre le devoir, une scandaleuse forfaiture. De la part du catholique si ce n'est pas un acte de faiblesse excusable par la folie, c'est un crime.

Aussi ne nous étonnons-nous pas que le *Journal de Rome*, sous Léon XIII, ait parlé de toutes les compromissions qui, au Canada surtout, découragent les fidèles du Christ, étonnent et scandalisent le reste de l'Univers. Nous ne nous étonnons pas non plus que les feuilles libérales, confites en hypocrisie, aient déchiré leur vêtement comme Caïphe et aient crié à la calomnie. Le *Journal de Rome* ne contestait pas les excellentes dispositions des populations rurales, dont la foi est encore vive et la pratique exemplaire. C'est justement parce que le peuple est croyant, au Canada, que les scandales donnés par les journaux et les classes dirigeantes sont plus pernicieux et dignes de toute réprobation. Ici le mal-faire n'a pas d'excuse. Ceux qui gouvernent, ceux qui font les lois, ceux qui forment

l'opinion publique n'auraient qu'à se conformer aux sentiments des masses pour agir catholiquement. Pour faire
entrer peu à peu, dans les populations canadiennes, le poison libéral, l'esprit rationaliste et la haine maçonnique,
il faut violenter les convictions des cultivateurs, endormir
le sens des masses catholiques et surtout mettre un bâillon
au clergé.

« La province de Québec, dit Tardivel, jouissant d'une
autonomie politique presque complète, catholique dans
l'immense majorité de ses habitants, aurait pu non seulement se gouverner toujours selon les lois de l'Eglise, mais
servir de foyer catholique dans l'Amérique du Nord, de
digue contre le flot des erreurs modernes. Si, depuis un
certain nombre d'années, nous y manquons gravement ; si,
au lieu d'être le sel de ce continent, nous nous corrompons
au pas accéléré, ce n'est ni la faute du peuple, ni la faute
du clergé. Si nous avons à déplorer aujourd'hui un grand
malheur, il faut en rendre responsables un certain nombre de nos hommes publics et de nos journalistes, qui, les
uns par malice, les autres par ignorance, agissant sous
l'influence des loges, ont entretenu, propagé ou laissé pro-
ger la peste du libéralisme » (*Op. cit.*, p. 117).

Les scandales qu'a donnés le Canada depuis que le libéralisme et la franc-maçonnerie le travaillent, qui peut
les compter ? Nous citons en première ligne cette guerre
inique faite au clergé pour le chasser de la vie sociale et
le verrouiller dans la sacristie, suivant la formule du libéralisme. Nous citons, en seconde ligne, tant de tentati-
ves et d'efforts pour laïciser l'instruction, empiéter sur les
droits de la famille et écarter même la surveillance de
l'Eglise. Nous citons les abus scandaleux de l'autorité du
Saint-Siège, invoqué d'une part, comme protégeant par
ses décrets le libéralisme et de l'autre présenté comme ne
reconnaissant plus le droit de recours et d'appel, qui
appartient de plein droit aux catholiques dans tout l'univers. Et les scandales des journaux francs-maçons soutenus

par des milliers de catholiques ! Et les mauvais livres de
l'ancien institut canadien de Montréal, un centre d'impiété !
Et le livre abominable de Sulte transporté à la bibliothèque Fraser, qui vient insulter la foi des ancêtres du
Canada ! Et les œuvres de philanthropie humanitaire, et les
théâtres et les conférences impies, sous prétexte de science,
placés vainement sous la tutelle de l'art, qui pourra les
nombrer ?

Les feuilles libérales et francs-maçonnes n'admettent pas
ces imputations. Prétendre que les erreurs modernes, l'in-
différentisme, le libéralisme, le naturalisme, le matérialisme, l'esprit maçonnique aient pu pénétrer la province
de Québec, c'est, à leurs yeux, faire preuve d'une ignorance
crasse et d'un aveugle fanatisme. Mais voici qui contredit
solennellement leur optimisme ; le Pontife Romain du
haut de son trône, publie des encycliques contre toutes
ces erreurs et s'élève spécialement contre le libéralisme et
la franc-maçonnerie. Eux, les journaux libéraux, qui sont
tous des anges, ou ne publient pas les encycliques du Pape
ou les publient en rendant grâce à Dieu, qu'ils ne sont pas
comme le reste des hommes. Par contre, ces pharisiens
traitent d'ultramontains ces catholiques sans épithètes, qui
professent, sans arrière-pensée, les doctrines romaines et
cherchent à appliquer ces doctrines autant que les circonstances le permettent. Ce ne sont pas les libéraux qui sont
galeux, ce sont les catholiques ; voilà qui est entendu. Les
mauvais catholiques du Canada ce sont ceux qui marchent
à la lumière des doctrines du cardinal Gousset, de dom Gué-
rangé, de Rohrbacher, du docteur Bouix, de Parisis, de Salinis, de Veuillot, de Pie, de Freppel, de Fava, de Lucien
Brun et de tous les vaillants serviteurs de l'orthodoxie.

On ne saurait trop bafouer l'impudeur de ces extrava-
gances ; ces folies sont la preuve des aberrations que les
publicistes sans vergogne essaient de révoquer en doute.
Et Tardivel qui a dénoncé toutes ces comédies libérales,
qui a défendu vaillamment les écoles catholiques, a mis,
par cet exploit, un second fleuron à sa couronne.

CHAPITRE VIII

Défenseur ardent de l'Eglise catholique, défenseur ardent de l'Ecole catholique, Tardivel est, en plus, l'adversaire ardent, l'agresseur résolu de la Franc-maçonnerie au Canada et particulièrement dans la province de Québec ; c'est le troisième trait du caractère officiel du rédacteur en chef de *la Vérité*. Ses adversaires, pour ce fait, le présentaient comme un esprit atteint de monomanie, voyant des francs-maçons partout ; et pour prouver cette observation, ils citent, en éclatant de rire, que Tardivel ait donné dans le panneau de Léo Taxil. Le fait est vrai, mais n'autorise, en aucune manière, les conclusions qu'on en tire.

Léo Taxil, *alias* Jogand, était un jeune publiciste méridional qui écrivait, comme tant d'autres, pour tirer des pièces d'or de son encrier. Pour que la production aurifère de son encre fût plus copieuse, il avait fait assez grossièrement, ce qui dispense de tout ; il avait exploité la veine anticléricale. Dans l'exploitation de cette veine absurde, il avait choisi le genre qui n'exige qu'un défaut ou deux, le défaut de talent et le défaut de vertu ; il avait choisi le genre obscène, ordurier. A telle enseigne que, dépassant même les limites de la vraisemblance, il avait osé écrire un roman intitulé : *Les amours de Pie IX* ; il avait trouvé un éditeur pour le publier, un gouvernement pour le permettre et la canaille pour le lire.

Au cours de ses exploits de Sodome, Taxil avait entrepris une histoire de Jeanne d'Arc, pour traîner dans la boue, après Voltaire, la libératrice champenoise de la patrie française. Or, en étudiant Jeanne d'Arc, il s'était heurté au surnaturel, et ne pouvant ni l'escamoter, ni le tourner en dérision, il s'était soi-disant converti. Converti, il entendait adorer ce qu'il avait brûlé et brûler ce qu'il avait adoré. Mais cela, il ne le faisait pas franchement : sa femme, qui n'était pas convertie, continuait de vendre ses livres anticléricaux ; et lui, devenu clérical, publiait des livres, pour ménager impudemment la chèvre et le chou.

Au fond, Léo Taxil était plutôt un farceur, un fumiste ; il avait vu, de ses propres yeux vu, des requins dans le port de Marseille et vu, toujours de ses propres yeux vu, des cités lacustres dans les lacs de Suisse, et il s'était trouvé de bonnes gens pour le croire. Or, pour continuer son jeu, en changeant d'*avatar*, il avait poussé à l'extrême les accusations contre la franc-maçonnerie ; il l'avait présentée comme plus criminelle encore qu'elle n'est. Son invention consistait à dire que la Franc-maçonnerie était le satanisme tout pur ; qu'il avait son pape à Charlestown ; ses fabriques d'objets irréligieux à Gibraltar ; son culte, ses rites, ses cérémonies ; qu'une certaine Diana Vaughan, convertie comme Taxil, rencontrée par un docteur Bataille, avait révélé ces secrets pleins d'horreurs.

Ces allégations étaient assez vraisemblables pour être crues, sous bénéfice d'inventaire. Tous les catholiques n'admirent même pas cette hypothèse ; ils disaient que l'auteur des *Amours de Pie IX* n'avait qu'à rentrer sous terre ; et qu'il ne fallait pas admettre, même à vérification, l'auteur mercenaire de tant d'infamies. D'autres, voyant là un argument formidable contre la franc-maçonnerie, voulurent bien croire provisoirement, mais, suivant la formule, pour y aller voir. En attendant, Taxil ramassait l'or à la brassée. Avec des livres pondus à la vapeur, il exploitait la crédulité des bonnes gens. Mais tant va la cruche à l'eau qu'elle casse. On voulut voir ce docteur Bataille, cette Diana Vaughan ; et quand il fallut les montrer, il se trouva que tout ce personnel se réduisait à la seule et unique personne de Jogan comme devant. Ce fut son arrêt de mort.

Dans ces conjonctures, Tardivel avait fait ce que font, tous les jours, tous les savants ; il avait admis l'hypothèse, mais sous bénéfice d'inventaire. Quand la farce fut éventée, naturellement il ne l'admit plus ; mais ne cessa pas, pour si peu, de poursuivre sa campagne contre les francs-maçons. Peut-être Taxil n'avait-il eu recours à ces expédients bas, que pour servir la secte. La découverte de son truc n'impliquait pas de désarmement. Quand les faits contemporains prouvent si manifestement le satanisme de la franc-maçonnerie, il ne faut pas faire tort à Tardivel d'avoir été un instant crédule ; il faut l'honorer, après cette déconvenue, d'être resté sur la brèche, jusqu'à son dernier soupir.

La franc-maçonnerie est une société secrète dont les origines sont assez obscures. Le secret dont elle s'enveloppe suffit à l'explication de ces obscurités ; mais on ne peut s'abuser sur les actes qui révèlent sa présence et sur les crimes qui accusent sa perfidie. Par exemple, l'histoire de Weishaupt, professeur à Ingolstadt, créateur de la secte des Illuminés, est un fait contre lequel la dénégation n'est pas admissible. Un autre fait, c'est l'établissement de la Franc-maçonnerie en Angleterre au xviiie siècle, son introduction en France, ses apparitions diverses, enfin son grand rôle dans la révolution de 89. Un fait à contrefil, non moins éclatant que ces deux-là, c'est l'opposition constante de la papauté à la conjuration franc-maçonne ; ce sont les actes solennels de Benoît XIV, de Clément XIII, de Pie VI, de Léon XII, de Pie VIII, de Grégoire XVI, de Pie IX et de Léon XIII. A quel homme de sens fera-t-on croire qu'une secte dénoncée publiquement, persévérément, par huit papes, est une invention d'esprits faibles, une chimère ? Et pour un catholique, devant cette constance improbative de la papauté, devant les anathèmes séculaires du Saint-Siège, est-ce qu'il n'y a pas fait acquis et chose jugée ?

En présence des faits actuels, cette question est parfaitement inutile au 1er janvier 1906. Aucun homme instruit, sensé ne peut avoir l'ombre d'un doute sur la puissance formidable de la Franc-maçonnerie, sur son immoralité et sur son caractère criminel. Je cite le *Journal de Rome* : « D'après les journaux maçonniques, le rapport présenté au Grand-Orient de France, par le président du conseil de l'ordre, au convent de 1883, aurait une importance des plus grandes. — La Franc-maçonnerie commence à se démasquer. Les divulgations faites par le rapport présidentiel, jettent une grande lumière sur le rôle que s'attribue la secte et constatent que jamais peut-être, malgré quelques divisions, ses affaires n'ont été plus florissantes.

« A l'heure actuelle, la franc-maçonnerie traite avec les puissances européennes, non d'égal à égal, mais de supérieur à inférieur : elle donne des ordres, impose des plans et se fait obéir sans doute ; le document en question proclame que ses rapports avec toutes ces puissances sont excellents. Cet aveu doit être retenu ; la franc-maçonnerie domine les couronnes ; elle tient les rois et les empereurs dans sa main, de même, hélas ! qu'elle tient une grande partie des peuples.

« Qui donc niera encore son *existence*, sa *puissance*, son *action* dans la vie politique et sociale du monde !

« Une *seule puissance* ne courbe pas le front : elle condamne hautement la franc-maçonnerie, ses œuvres et ses doctrines ; c'est que l'Eglise est immuable et que les puissances de l'enfer ne prévaudront pas contre elle. Mais les puissances qui se séparent de l'Eglise, pour suivre les ordres de la franc-maçonnerie, à quels malheurs irréparables elles s'exposent. »

Le *Times* de Londres, qu'on dit être le premier journal du monde, ajoute : « Si le public croyait réellement que la franc-maçonnerie n'est qu'un ordre et une institution de charité et de secours, il s'en occuperait bien moins. Personne ne peut être très curieux de connaître les règlements particuliers d'une société de bienfaisance et de secours mutuels. La franc-maçonnerie doit être quelque chose *de plus,* si

elle veut conserver le prestige dont elle jouit actuellement.
A certaines *époques* et dans certains *pays*, elle a été *beaucoup plus*. Sur le continent, elle a adopté quelquefois un
p rogramme tout à fait *anti-clérical*, qui a servi de masque
à des projets *révolutionnaires*. Quelle que soit la *nature* de
la franc-maçonnerie, quel que soit l'*objet* pour lequel elle
a été fondée, quel que soient les projets auxquels on la fait
servir, il y a un avantage très réel et très tangible, qui
résulte de son caractère *international*.Devenir franc-maçon,
c'est devenir membre d'une société qui a des ramifications
dans le *monde entier*. Ses *signes* et ses *insignes* sont les
mêmes partout. Les membres des nouvelles loges qui
viennent de se fonder à Tunis, à Malte, à l'ombre des Pyra-
mides, font partie de la fraternité maçonnique *universelle*.
La franc-maçonnerie existe partout. Aux Etats-Unis, dans
l'Amérique du Sud, en Asie, en Afrique, on trouve des
loges et ses signes ont cours. »

Ces deux citations de feuilles bien placées et trop bien
informées ne laissent aucun doute. L'antagonisme irréductible entre la Franc-maçonnerie et l'Eglise n'est pas
contestable. La franc-maçonnerie, c'est la religion de
l'homme déchu, qui réclame tous les honteux bénéfices de
la déchéance ; le catholicisme c'est la religion de l'homme
racheté,qui veut maintenir, par le renoncement de l'Evangile, sa vocation à la béatitude. La franc-maçonnerie, c'est
l'Eglise de Satan,dont le chef est le prince des malfaiteurs de
tous les pays ; l'Eglise catholique Romaine, c'est l'Eglise
de Jésus-Christ, dont le Pontife Romain est le Vicaire. La
guerre est entre Dieu et Satan ; l'enjeu du combat, c'est
l'empire du monde.

Ce qui se passe en France depuis vingt-cinq ans le prouve
avec la dernière évidence. Voilà vingt-cinq ans que les con-
vents annuels de la franc-maçonnerie préparent les projets
de lois que votent chaque année les députés et les sénateurs ; voilà vingt-cinq ans qu'ils abattent toutes les appar-
tenances de l'Eglise, qu'ils empoisonnent toutes les écoles,

qu'ils confisquent et proscrivent les biens et les personnes,
hier dans les congrégations religieuses, aujourd'hui dans
les églises séculières. La déchristianisation de la France,
autrefois fille aînée de l'Eglise, touche à son terme ; plus
forts que Dioclétien, les francs-maçons croient avoir vraiment détruit le christianisme. Satan est le vainqueur de
Dieu ! — Le fait, dis-je, ou plutôt je me reprends, le crime
crève les yeux et l'incrédulité au regard des forfaits de la
franc-maçonnerie ne peut plus être qu'un ridicule.

Conçoit-on que les beaux esprits de la grande presse
canadienne aient, dans cet état de choses, le front de soutenir que la franc-maçonnerie n'existe pas, ou que, si elle
existe, ce n'est qu'une entreprise de fraternelle bienfaisance. Un journal protestant de Montréal allait jusqu'à dire
que le Pape, distinguant entre fagots et fagots, allait inno-
center la franc-maçonnerie du nouveau monde : « Quant
à la réhabilitation de la franc-maçonnerie, dit-il, de la
franc-maçonnerie anglaise et américaine, nous sommes certains qu'elle serait bien vue de beaucoup d'Irlandais. Elle
serait aussi, croyons-nous, particulièrement agréable à
beaucoup de Canadiens *français*, qui appartiennent maintenant aux loges *maçonniques* et à beaucoup *d'autres* qui
voudraient en faire partie, si cela *plaisait* à l'Eglise. » Autrement pour le français, pour pousser à la franc-maçonnerie le pâle troupeau des imbéciles du Canada, on leur
clamait que le Pape n'y mettait pas d'opposition. Léon XIII
répondit à ce mensonge en édictant l'Encyclique *Humanum
genus*, charte libératrice de la catholicité, Canada compris,
si le Canada voulait s'affranchir.

Je prie mon lecteur de se mettre en présence de sa foi,
de sa raison et de sa conscience. Voilà la franc-maçonnerie, c'est une société secrète et universelle ; elle se super-
pose à tous les peuples, à tous les gouvernements ; à la
société publique dans laquelle nous entrons tous, pour
nous assurer contre tous les périls de la vie, elle oppose
une société qui détruit toutes les garanties de notre assu-

rance sociale ; à la famille qui se constitue sur le droit divin, elle oppose la famille rescindible par le divorce, déclarée inutile par l'amour libre ; à l'Eglise qui nous reçoit dans son giron pour nous préparer au ciel, elle oppose une congrégation athée qui nous réduit tous à la même part de fumier. La franc-maçonnerie n'est pas seulement anti-chrétienne ; elle est anti-humaine ; elle anéantit tous les cultes, elle résout toutes les patries. Le franc-maçon est donc, par état, un conjuré, un émule de Catilina, caché, hypocrite, qui médite d'abord, puis perpètre, quand il le peut, tous les crimes contre Dieu et contre le genre humain. La franc-maçonnerie a donc une criminalité spécifique ; le franc-maçon est donc un scélérat avant la lettre, un scélérat en expectative, qui n'attend pour perpétrer tous les crimes que l'occasion et la facilité de les commettre. Par conséquent, la société a le droit et le devoir de se prémunir contre la franc-maçonnerie ; et le simple fait d'être franc-maçon, s'il est prouvé, constitue un crime de lèse-majesté divine et humaine, un crime deux fois digne de mort.

Par rapport à la franc-maçonnerie, les journaux de la province de Québec se partagent en trois catégories : les journaux *anti-maçonniques*, comme l'*Etendard* et la *Vérité*; les journaux *maçonniques*, savoir : la *Patrie*, la *Gazette* de Montréal, le *Herald*, le *Star*, le *Chronicle*, l'*Electeur* et l'*Union* de Saint-Hyacinthe ; et les journaux *endormeurs*, comme le *Minerve*, le *Monde*, le *Canadien*, le *Quotidien* et l'*Evénement*. En présence de l'Encyclique du Pape, qui porte une condamnation solennelle ; dans l'impossibilité logique et morale d'attaquer cet arrêt de l'autorité souveraine, sans se trahir et mettre à nu sa scélératesse ou son imbécillité, ces feuilles, j'entends les plus dépravées, avaient imaginé ce truc. Maçons ou endormeurs, ils frappent à bras raccourcis sur les feuilles anti-maçonniques. Pour se soustraire à leur condamnation, ils accusent ceux qui ont toujours combattu la secte et ses funestes doctrines ; ils accusent de révolte ceux qui puisent dans l'Encyclique, leur programme, leur règle de conduite et leurs inspirations ; et pour comble de perversité, ils se révoltent eux-mêmes contre l'arrêt du Pape, se couvrant de citations habilement découpées dans un mandement d'archevêque. Oh ! les misérables !

Tardivel leur répond avec une patience de saint ; il découvre habilement leurs sophismes ; il découd leurs menteuses allégations ; il met toujours les choses au point, soit en citant les documents, soit en produisant des preuves qui n'admettent pas de réplique. Mais plus il a raison, plus ses adversaires, forts de leur nombre, de la complicité des passions humaines, des faiblesses de parti et des aberrations du gouvernement, s'obstinent à le caricaturer. Seul il a raison contre tous ; mais sa pleine raison, voilà son crime.

A un journal qui lui avait opposé les divisions entre adeptes de la franc-maçonnerie, il répond : « Sans doute, ces gens là sont divisés entre eux sur des questions de détail, sur l'opportunité de certains moyens à employer, sur la manière de tendre vers leur but ; mais le sont-ils sur le but même et sur la rage qu'ils mettent à attaquer l'Eglise catholique, toujours, dans toutes les occasions, sourdement, lorsqu'ils ne peuvent le faire ouvertement ? La maçonnerie qui a préparé et accompli, en la dirigeant, la révolution au siècle dernier, est-elle détruite ? N'a-t-elle pas, au contraire, continué à grandir au milieu des ruines, à étendre son influence jusqu'aujourd'hui, où nous la voyons enlacer le monde entier ?

« Certes, il ne saurait y avoir d'ordre véritable, d'harmonie, d'union vraie, que là où règnent la justice et la charité. Sous l'empire de la passion et de l'intérêt doit se trouver la confusion, avec la haine, plus ou moins, comme chez les démons. Ce qui n'empêche pas cependant une certaine entente de s'établir, quand il s'agit de se ruer sur

le Christ, sur son Eglise, sur les fidèles, objets de la haine
commune.

« Pour ce qui est du nombre plus ou moins considérable des catholiques appartenant aux loges, ce n'est pas
là ce qui nous occupe davantage. Quand même il n'y aurait
pas, dans les loges, un seul catholique, il n'en serait pas
moins utile de faire connaître la franc-maçonnerie telle
qu'elle est :

1° Pour que les catholiques continuent à en avoir
horreur ;

2° Pour donner l'intelligence de l'histoire contemporaine, qui est un profond mystère, sans la connaissance
intime de la franc-maçonnerie ;

3° Pour faire comprendre aux catholiques, les graves
raisons qu'a l'Eglise de condamner toutes les sociétés secrètes ;

4° Pour faire comprendre aux fidèles, le besoin pressant
que nous avons d'être guidés par l'Eglise, dans cette matière, comme dans tant d'autres ;

5° Pour justifier les demandes de prières et les anxiétés
si souvent exprimées, dans des documents solennels, par
les Papes, à la vue des dangers dont la secte maçonnique menace les enfants de l'Eglise ;

6° Pour bien faire connaître à tous l'*esprit*, les *idées*,
les *ruses*, la tactique de la secte, afin que l'on ne voie pas autour de soi, des catholiques, par ignorance, prêter main-
forte aux œuvres maçonniques, œuvres de *laïcisation*,
œuvres humanitaires, philanthropiques, scientifiques, littéraires, etc. »

« C'est là la *grande plaie sociale* de notre pays : de bons
chrétiens qui ne voudraient pas, pour tout l'or du monde,
travailler ouvertement *contre la religion catholique*, faute
de connaissances suffisantes sur la secte, poussent constamment à la roue, lorsque des entreprises portant le cachet
maçonnique sont mises sur pied, et cela au risque de cau-

ser un tort irréparable à la foi, aux mœurs, aux familles, aux institutions du pays. — Cet aveuglement n'est malheureusement pas rare parmi nos compatriotes. Depuis quelques années nous avons fait un pas immense dans cette voie funeste » (1).

(1) *Mélanges*, t. III, p. 203.

CHAPITRE IX

Défenseur de la Religion catholique et de l'Eglise Romaine ; défenseur de l'Ecole catholique et de sa constitution traditionnelle ; antagoniste intransigeant de la Franc-maçonnerie : Tardivel fut, en outre, l'antagoniste résolu de l'anglicisme et le défenseur intelligent de la langue française au Canada. Ces quatre sphères d'action sont unies entre elles, par une solidarité et une opposition de principes, qui ramènent cette noble vie à la plus honorable unité. La religion est la loi divine qui doit tout régler ici-bas ; l'Eglise est l'institution divine qui doit appliquer la religion à tout ; l'école catholique est le noviciat de la religion et de l'Eglise ; la Franc-maçonnerie est la religion de Satan et l'Eglise du diable, qui veut corrompre l'Ecole et remplacer l'Eglise ; la langue française est une des puissances naturelles de l'orthodoxie catholique ; et toute guerre faite à cette langue, est inspirée, au fond, par la haine du Christ et de son Eglise.

L'usage de la langue française n'avait pas été garanti aux Canadiens par les capitulations de Québec et de Montréal. Par le traité de 1763, il fut stipulé seulement que les Canadiens jouiraient du libre exercice de la religion catholique. Si la langue française s'est maintenue au Canada, si elle est devenue la langue officielle du pays, c'est une conquête pacifique du peuple canadien, du clergé et de la bourgeoisie. Les fonctionnaires anglais ne s'y prêtèrent pas d'abord avec beaucoup de grâce ; mais dès 1765, lord Murray, gouverneur pour le compte du roi d'Angleterre, n'hésita

pas à dire que, pour empêcher l'émigration des colons
français, il fallait au moins respecter leur langue. En 1774,
en présence du grondement de l'insurrection des colonies
américaines, l'acte de Québec, pour s'assurer leur loyalisme, leur octroya un commencement d'autonomie, leur
assura le maintien des lois françaises et l'usage de la
langue française dans les cours de justice. L'acte de 1791,
qui divisa le Canada en deux provinces, maintint les droits
du français comme langue officielle. Aux jours néfastes de
l'Union, en 1840, le parlement anglais avait essayé d'abolir l'usage officiel du français ; grâce à la fermeté de La
Fontaine, qui eut le courage de prononcer en français son
premier discours au parlement canadien, l'ostracisme ne
dura pas longtemps. Dès 1849, la langue française repre-
nait légalement, au Canada, un pied d'égalité avec l'anglais. En 1867, lors de la confédération des provinces, la
langue française fut déclarée officielle, non seulement
pour la province de Québec, mais pour tout le Dominion.

Depuis, la langue française prévaut au parlement de
Québec, mais décline au parlement d'Ottawa. Ce double
mouvement s'est accentué dans ces derniers temps, plutôt
dans le sens anglais, dans les pays d'En-Haut. Une tendance, surtout protestante, voudrait exclure le français
non seulement comme langue mais même comme matière d'enseignement. Les populations catholiques, formées
par les missionnaires français, pourraient garder l'usage
domestique du français ; mais la pratique des écoles s'in-
génierait à en restreindre l'usage. L'exclusion progressive
du français préjudicierait à la ferveur de la foi catholique
et par la complicité des gouvernements, on viserait,
dans ces provinces, à l'unité, mais au profit du protestantisme. Le triomphe de l'anglais serait un échec à l'orthodoxie ; quant à l'unité, avec le libre examen et ses effets
de dissolution, il est interdit d'y prétendre. L'unité n'est
pas compatible avec la Tour de Babel.

En présence de ces actes d'hostilité contre la langue

française au Canada, la province de Québec avait un devoir
de préservation et un devoir de prosélytisme à remplir.
Plusieurs catholiques de marque en conçurent le dessein ;
Tardivel fut leur porte-drapeau, et, autant qu'il le pouvait, leur orateur.

Un premier point d'opposition, ce fut la guerre à l'anglicisme. Un anglicisme, c'est une façon de parler, propre à
l'anglais, introduite dans une phrase française, soit en anglais soit en traduction. Pour ceux qui connaissent les
deux langues, cette fantaisie n'offre aucun inconvénient ;
pour ceux qui n'en connaissent qu'une, c'est peu intelligi-
ble ; en tout cas, l'anglicisme ne peut pas être une adjonction
louable à la langue française, c'en est plutôt la corruption.
Pour maintenir l'idiome français dans sa pureté, Tardivel,
qui était styliste, fit donc la guerre à l'anglicisme. Tantôt
par des articles de son journal, tantôt par de petites brochures, il mena campagne contre l'anglicisation de la langue française, et il eut raison. L'usage contraire de l'anglicisme, cette manie, ce travers eût pu amener, par voie
de corruption graduelle, l'effacement de notre langue.

Guerre donc à l'emploi de mots français auxquels on
donne une tournure anglaise ou un sens propre à des
mots semblables de langue anglaise : c'est, pour conserver la pureté du français, la première partie de la tâche
de Tardivel. La seconde, c'est la campagne qu'il voulut
mener pour garder la langue française elle-même, en
honneur au Canada. Cette seconde partie fut spécialement
l'objet et l'œuvre d'une conférence que Tardivel donnait le
16 mars 1901 devant *l'Union catholique* de Montréal, conférence qui eut deux ou trois éditions et qui mérite ici plus
qu'une honorable mention.

Dans cette conférence, Tardivel prouve : Que le français
en usage dans la province de Québec est bien le pur français de notre grand XVIIe siècle ; que les Canadiens parlent la langue même de Louis XIV ; qu'ils la prononcent
de la même façon ; et que cette langue, restée populaire,

est même plus pure sur les lèvres des paysans que dans les façons de parler des Canadiens instruits, plus enclins aux nouveautés et à toutes les mollesses d'une ridicule infatuation. Nous n'avons pas à reproduire ici cette démonstration. Comme conclusion, il dit : « Ne méprisons pas notre langage canadien. Au contraire, aimons-le, respectons-le, faisons-le respecter. Mais n'allons pas croire qu'il soit sans défaut ! Reconnaissons franchement qu'il a des taches et travaillons courageusement à faire disparaître tout ce qui en ternit l'éclat. Gardons le juste milieu en cette matière comme en toute chose.

« Aimons et respectons notre langue française. Ne craignons pas de la parler en toute circonstance. La langue française, c'est notre drapeau national. C'est elle qui fait que nous sommes une nation distincte sur cette terre d'Amérique et que l'hérésie a si peu de prise sur nous.

« Ne mettons jamais notre drapeau dans notre poche.

« N'y a-t-il pas une tendance parmi nous à nous servir *trop facilement,* sans nécessité *réelle,* de la langue anglaise ? Je le crains. Réagissons contre cette tendance.

« N'y a-t-il pas aussi une tendance à exagérer l'*importance,* pour tous les Canadiens français, de savoir parfaitement l'anglais ?

« Quelques-uns des nôtres voudraient faire du peuple canadien-français, un peuple *bilingue.* Que nous serions puissants, dit-on, si tous les Canadiens français parlaient également bien le français et l'anglais ! Prenons-y garde ! C'est un piège qu'on nous tend, un piège doré, peut-être ; mais un piège tout de même. Connaissez-vous beaucoup de peuples bilingues ? Pour moi, je n'en connais aucun. Je connais, par exemple, un peuple qui a perdu sa langue nationale, parce qu'on lui a fait apprendre, de force, une autre langue. N'allons pas, de notre plein gré, tenter une aussi dangereuse expérience.

« Que ceux des nôtres qui ont réellement besoin de savoir l'anglais l'apprennent ; qu'ils l'apprennent bien.

Mais qu'ils apprennent d'abord le français et que le français reste toujours leur langue maternelle, leur vraie langue.

« Faisons respecter notre langue. Elle a ses ennemis en ce pays, n'en doutons pas. La guerre que l'on fait à la langue française au Canada est sans doute moins ouverte aujourd'hui ; n'en est-elle pas plus dangereuse ? Notre langue est une des langues officielles du Dominion. Cela sonne bien ; cela nous flatte ; mais aussi cela nous endort. Veillons sur les mille et un détails, souvent insignifiants, pris séparément, mais qui forment un tout formidable. C'est par là que se ferait graduellement silencieuse, la proscription du français en ce pays.

« Ne nous berçons pas d'illusions : on n'a pas renoncé au projet de faire, du Canada, un pays exclusivement de langue anglaise. Un journal, plus audacieux que les autres, disait naguère qu'il faudrait abolir l'usage officiel du français, non seulement à Ottawa, mais même à Québec (1) ». Les Anglais, avec la complicité de tristes français, feraient dans ce pays ce que les Russes ont fait en Pologne.

Dans le cadre étroit d'une conférence, Tardivel n'a pu que poser les jalons, affermir les bases de son discours ; il a moins développé qu'indiqué les raisons qui militent en faveur de l'universalité et de la suprématie de la langue française. Ces raisons n'en subsistent pas moins dans toute leur force, impérieuses pour tout le monde, même pour les Allemands, même pour les Anglais, jaloux aujourd'hui de ressusciter concurremment l'empire de Rome, mais à qui manque, pour une telle entreprise, le verbe d'une épopée.

Les ennemis de la langue française ont cru écarter son empire en disant : Les Français n'ont pas la tête épique. Et les autres, les Allemands avec Klopstock, les Anglais avec Milton, est-ce qu'ils ont, eux plus que les autres, la tête épique. Non, ils ne l'ont pas et ne peuvent pas l'avoir ;

____

(1) *La langue française au Canada*, p. 63.

jaloux de la conquête du monde par les armes ou par la ruse, cramponnés à la terre qu'ils veulent subjuguer, ils sucent, si j'ose ainsi dire, le grain de poussière, pour se griser de leur règne d'un moment. Ce n'est pas là le noble Français, dédaigneux du monde, qui ne songe pas à l'escamoter par la ruse ni à le soumettre par les armes, trop heureux s'il réussit à l'éclairer par les illuminations du prosélytisme et à l'enrichir par les grâces de l'Evangile.

Le français est la première langue sortie des limbes après les invasions des barbares. Pendant les quatre siècles de gestation du monde moderne, elle naît graduellement du latin, avec un mélange du celte et du franc. Encore latine à Charlemagne, elle naît au soleil de son empire et balbutie ses premiers accents sous Louis le Débonnaire. Le grand empereur, avant de se coucher dans la tombe d'Aix-la-Chapelle, a été, pour le français naissant, son parrain et son philosophe. Les Français d'alors ont si peu la tête épique, qu'ils mettent leur histoire en épopée ; le cycle de Charlemagne en offre la matière. Léon Gautier pour en synthétiser les Iliades et les aventures, n'a rien trouvé de mieux, pour titre, que les *Épopées françaises* Les épopées au pluriel, car tout alors est épopée, même l'histoire avec Villehardouin et Joinville. Nos grands chroniqueurs, comme Froissart, ne dérogent guère à cet élan de grandeur.

Le poème épique est une forme de jeunesse, un élément de rénovation religieuse et politique. A Charlemagne, il est la forme unique de la littérature française. Aucun peuple n'a eu, comme la France, quatre siècles d'épopées. Dirons-nous, avec les rhéteurs, que depuis, l'imagination française a faibli ; que l'histoire, la philosophie, la théologie, le droit, la raison, la science ont pris toute la place. Mais, ici, il y a progrès et non pas décadence, accroissement merveilleux et non pas diminution. Chose merveilleuse, si vous y regardez bien, ce n'est pas le génie poétique qui a baissé en France ; c'est l'idéal, agrandi, incarné dans les choses mêmes qui a rendu impuissants et inutiles, les chants du poète. Ou plutôt ces chants mêmes se sont bornés au drame, forme mieux appropriée à des grandeurs, dont le cycle d'ailleurs peut s'exprimer aussi heureusement dans la plus humble prose.

Ici la France a devancé et surpassé toutes les nations. Avec un instinct merveilleux, elle juge insuffisante la langue de ses vieux troubadours. Cette langue, d'une parfaite régularité dans les formes, a été exhumée récemment et glorifiée par une philologie savante. Monument de la naïveté gauloise elle ne pouvait, telle qu'elle, lutter contre le grec et le latin et porter dignement la pensée de la civilisation chrétienne. Les Français ont donc remis leur langue sur l'enclume et de Rabelais à Malherbe, de Corneille à Fénelon, se sont remis à forger la langue qui doit, avec le grec et le latin, devenir le verbe de l'humanité.

Je ne sache pas qu'aucune nation s'y soit reprise à deux fois pour former sa langue ; les autres se sont contentés de débarbouiller un peu leur idiome barbare ; nous, comme saisis d'une inspiration divine, après avoir, les premiers parmi les races chrétiennes, créé notre langue et chanté l'épopée, nous avons mis trois siècles à refaire notre idiome national. Nous avons poursuivi cette œuvre de grammaire et d'intelligence, au milieu des pires gâchis de notre histoire. De François Ier à Richelieu, tout semble, en France, conduit par le diable : politique, guerre, religion, finances, commerce, agriculture, navigation, tout branle, tout périclite : une seule chose prospère, la littérature. Au moment où l'on ne sait ce qui est descendu le plus bas, la royauté, la noblesse, le tiers, s'élabore la plus belle des langues. Nous sommes en plein siècle de Louis XIV, et la grande affaire est encore de parler Vaugelas.

Les créateurs de la langue française au XVIIe siècle s'inspirent trop peu de la tradition catholique et de la tradition nationale ; ils restent trop confinés dans l'ordre de la nature et ne négligent pas assez de dédaigner ses dé-

chéances ; mais ils donnent à la langue française un tour
magnifique, et si les moyens ne sont pas toujours assez
purs, on ne peut assez s'extasier sur l'excellence des résultats. Sous la plume de Corneille et de Racine, elle écrit les
plus beaux vers qu'ait entendus le monde poétique ; elle
atteint le sommet du beau dans la littérature et dans l'art.
Sous la plume de Pascal et de Bossuet, elle atteint cette
admirable prose, qui paraît l'expression parfaite du verbe
humain. Le français a revêtu, dans sa perfection la plus
haute, ce caractère d'universalisme qui le prépare à être
la langue du monde, l'organe obligé de la civilisation.

Dans l'idiome savant que créent nos auteurs du XVIIe siècle, dans les sujets qu'ils traitent et les chefs-d'œuvre
qu'ils multiplient, ils s'assimilent, ils absorbent tous les
auteurs hébreux, grecs, latins, italiens, espagnols, tout ce
que les langues civilisées offrent de plus beau en fait de
tours, de figures, de pensées, de construction. C'est là leur
catholicité. Où vont-ils ? quelle est leur pensée, et quel
est leur but sinon de préparer, au monde, à l'avenir, la
langue universelle.

Chose étrange, cette prédestination de la langue française avait été pressentie dès le XIIIe siècle. Les grands
auteurs l'avaient célébrée ; malgré son humilité, saint
François d'Assise lui avait emprunté son nom, que d'autres
voudront honorer. Et au XVIIIe siècle, un Frédéric de
Prusse, malgré son impiété et ses mœurs viles, malgré son
philosophisme destructeur, sera, par un trait de génie,
frappé de l'universalité croissante de la langue française.
Avant la formation de l'impérialisme d'outre-Rhin et
d'outre-Manche, ce Prussien voudra écrire en français, estimant sa langue indigne, et mettra au concours de l'Académie de Berlin, cette question d'universalité, que ne
savent même plus soupçonner les petits esprits qui se gon-
flent sur les rives du Saint-Laurent.

Boileau avait pressenti cette disgrâce et demandait
plaisamment si ce mépris ridicule venait des Topinam-

bous. Ce français que préférait saint François d'Assise, qu'admirait justement Frédéric de Prusse, que les missionnaires français ont porté en Chine, que les missionnaires français ont appris aux Hurons et aux Iroquois, c'est la langue qu'on veut proscrire au Manitoba, à l'Alberta et au Saskatschewan. C'est ainsi qu'en use l'Anglais, tarifant les livres étrangers à trente fois leur valeur, repoussant toute idée et toute littérature venues du dehors, comme si, déjà propriétaire en imagination de la moitié du globe, il n'avait plus, pour consolider son capitalisme, qu'à abolir autour de lui, toute pensée et toute langue.

L'œuvre de transfiguration de la langue française au XVIIᵉ siècle peut se définir une transfusion, dans la phrase française, du génie des anciens peuples, et une expression pour l'âme française et chrétienne, des lumières et des grâces de l'Evangile. Ainsi avaient fait, à chaque époque de leur histoire, les Grecs, prenant à chaque peuple, pour matière et pour forme de leur pensée, les expressions des autres peuples ; ainsi avaient fait les Romains en s'assimilant les produits de l'âme grecque ; ainsi avaient fait les peuples modernes en s'inspirant des lettres d'Athènes et de Rome. C'est ainsi qu'a procédé la France au XVIIᵉ siècle, empruntant pour les transformer les langues de tous les peuples et s'inspirant de la pensée chrétienne pour lui créer un organe, qui pût, après le latin, parler au monde.

« Le français, dit Proudhon, est la forme la plus parfaite qu'ait revêtue le verbe humain. — Une articulation nette, ferme, posée, débarrassée des aspirations, des sons gutturaux, des sifflements, de tous ces jeux de larynx dont se compose le chœur de l'animalité bêlante, mugissante, grognante, soufflante, hurlante, miaulante et croassante ; une prononciation, comme les anciens la rêvaient pour les dieux, qui parlaient sans grimace, *ore rotundo* : voilà ce qui distingue notre langue parlée. — Quant à la grammaire, une correction sévère, la limpidité du diamant ; une phrase qui, sans exclure l'inversion, va de préférence du sujet à l'objet, du moi au non-moi, image vivante de la souveraineté de l'esprit sur la nature, par suite de l'indépendance de l'homme vis-à-vis de l'homme. On nous a reproché, comme une infirmité de langage, cette direction habituelle du discours, propre à notre nation ; il suffit d'en rappeler la raison métaphysique et le caractère universel pour mettre l'imputation à néant. La philosophie allemande, sur ce point, nous rend justice. »

Personne, j'imagine, ne contestera que nos prosateurs sont sans rivaux ; on n'accorde pas le même avantage à nos poètes ; pourtant le vers français est préférable au vers latin et au vers grec. On ne peut juger de la beauté des choses, si l'on n'en connaît la raison ; l'application de ce principe assure la supériorité du vers français.

« Le vers latin, continue Proudhon, je parle surtout du grand vers, identique au vers grec, est, de sa nature et nonobstant l'enjambement, solitaire ; le vers français, grâce à la rime, va par couple. Je n'ai pas besoin d'en savoir davantage pour affirmer, *à priori*, l'excellence de cette dernière combinaison.

« En logique, toute proposition isolée semble boiteuse ; elle laisse l'esprit en suspens. Il faut un commencement de série, deux formes au moins, deux idées, couplées, balancées, une dualité, une polarité. Là est la condition positive, réelle, pratique, plastique, de toute création, la physique pourrait dire, de toute force, de tout mouvement. La monade n'est qu'un atome, un concept, un absolu, une non-phénoménalité.

« La poésie hébraïque avait entrevu cette loi ; elle la suivait dans son parallélisme, qui produit parfois des effets puissants.

« Là est aussi le nœud de la poésie française, ce qui fait sa magnificence et sa force ; des couplets redoublés, deux hémistiches égaux pour le vers, deux vers couplés par la rime pour le distique, puis encore deux couples de sexe différent, pour former le quatrain. » La pensée a de quoi

pénétrer jusqu'aux profondeurs, se dilater jusqu'aux frontières, s'élever jusqu'au pinacle. Notre vers français est une
forme de l'empire par la pensée.

Cette philosophie du vers français est peu goûtée des
contemporains. Nos soi-disant poètes lui reprochent la
monotonie et se donnent un mal énorme pour appauvrir la
rime, rompre l'hémistiche, laisser enjamber le vers, dissimuler, en lisant, tout ce qui fait l'essence de la versifica-
tion. A quoi bon rimer alors ? — Il faut avouer que si les
méchants vers sont, en tout pays, presque la prose, la
langue française, sous ce rapport, est incomparable. Mais
j'y vois aussi la preuve de la supériorité de notre versifi-
cation sur celle des anciens. Bien entendu que je laisse le
bénéfice de la comparaison aux langues modernes qui sui-
vent la même critique ; seulement, puisqu'elles ne sont ici
qu'imitatrices, c'est, au moins, une preuve d'infériorité.

Je ne peux pas me détacher de cette merveilleuse langue. J'ai dit les péripéties de sa formation et l'excellence
de ses conquêtes. Je n'appuie pas sur son antiquité relative, sur sa perfection technique, sur sa prose, sur son vers,
sur ses œuvres immortelles ; mais j'admire sincèrement
ses progrès. D'abord, en empruntant à l'antiquité, ses
mots, ses phrases, ses genres, elle se plonge dans le dogme, la morale et le culte du christianisme ; elle en tire,
pour l'individu, pour la famille et la société, la règle de
conduite et l'ordre des institutions ; elle rayonne sur le
monde comme un flambeau. Ensuite, elle s'abandonne, un
instant, aux intempérances d'une philosophie sans foi,
d'une économie politique sans vertu et aux fantaisies d'un
dilettantisme périlleux pour les mœurs. Expérience faite,
instruite par ses propres malheurs, elle revient au principe
catholique ; elle suscite des hommes comme Chateaubriand, J. de Maistre, L. de Bonald, Lamennais ; elle
confie à des savants comme Gousset, Guéranger, Rohrbacher, Bouix et vingt autres, la consigne d'expurger ses
traditions, de la délivrer du jansénisme, du gallicanisme,

du libéralisme et du socialisme. Napoléon lui rend hommage comme Louis XIV. Portalis, Maine de Biran, Royer-Collard, Cousin et son école la maintiennent dans les doctrines du pur spiritualisme. Des historiens comme Guizot, les deux Thierry, Thiers, Michelet, Mignet, de Barante et une foule d'autres, l'élèvent à la science de l'histoire. Des philologues comme Abel Rémusat, Burnouf, Letronne, Champollion, Littré, Pauthier, Stanislas Julien, Guignault et leurs dignes continuateurs ne lui permettent point d'ignorer aucun mystère de la philologie. Des savants comme Lavoisier, Laplace, Monge, de Jussieu, Arago, Ampère, Cuvier, Saint-Hilaire, Richer, Gall, Elie de Beaumont, Leverrier, Pasteur l'initient graduellement aux mystères de la nature. La langue française est, au pied de la lettre, l'illumination progressive de l'univers.

Je n'ai point à louer ceux qui la cultivent ; mais le génie français a, en eux, de dignes représentants et la magistrature de la langue française n'a rien à redouter dans leur main. Le talent ne leur fait pas défaut ; du goût, ils en ont à revendre ; des études, ils connaissent tous les trésors. Histoire, langues, mœurs, antiquités, littératures anciennes et modernes, du nord et du midi, de l'orient et de l'occident; croyances religieuses, systèmes philosophiques, légendes, tout a été fouillé, recueilli, mis en lumière. La philologie et l'érudition ont rempli leurs devoirs ; à aucune époque, elles n'ont mérité de plus glorieuses palmes. L'humanité, ce semble, ne peut avoir aucun reproche à adresser à la langue française ; et je me demande quels vœux elle pourrait bien former, que le génie français n'ait savamment prévenus ou noblement comblés.

J'ajoute, à l'honneur de la langue française, qu'elle est une langue *classique* ; elle partage cet honneur avec le grec et le latin ; et, comme le latin et le grec, elle doit s'introduire dans tous les pays civilisés, comme véhicule et gage de civilisation. On n'en peut dire autant ni de l'anglais, ni de l'allemand, qui ne sont pas des langues faites, qui commencent même à se défaire, sous prétexte de s'universaliser. Cette tendance est un défaut ou une défaillance, non une perfection. Quant au perfectionnement du français, car on veut toujours perfectionner, nous n'admettrions pas le retour à un passé quelconque, encore moins l'idée de s'enfermer dans le type d'un auteur, fût-ce Pascal ou Voltaire. La fécondité linguistique et littéraire gît dans le laisser-aller de Montaigne et dans les exemples plus sévères de Bossuet.

Ne cherchons pas à attraper le bien dire des grands maîtres ; appliquons-nous seulement à bien penser comme eux. Le reste nous sera donné par surcroît. Ce n'est point l'universalité de la langue française qui a procuré ou préparé seulement l'universalité de la littérature, mais au contraire, c'est l'universalité de la littérature qui a fait l'universalité de la langue française... Si la langue française est devenue plus claire et plus logique, plus précise et plus polie qu'une autre, elle ne l'était pas à l'origine, et elle n'avait pas en soi de raison intérieure de le devenir. Tout l'honneur en appartient à nos grands écrivains. Ce sont ceux qui l'ont rendue telle...

La langue française sera perfectionnée, tout au moins dans une certaine mesure, le jour où les écrivains français, secouant enfin le joug romantique, mettront leur gloire à penser conformément aux traditions de leur race, c'est-à-dire conformément à l'esprit catholique et classique. Ce qui ne veut point dire qu'ils négligeront la grammaire et la correction du style. Mais ils se persuaderont qu'en littérature l'essentiel est de rechercher « le fond et la fin de tout ». Ils liront Bossuet, non pas avec l'ambition secrète de lui dérober quelques tours de phrase, mais avec la préoccupation constante d'observer les faits psychologiques ou historiques et de les juger, selon l'esprit de sa méthode.

Maintenant, quelles seront les conséquences littéraires de ce retour aux véritables traditions intellectuelles de la France ? Il serait sage de ne les point exagérer. Le rythme

organique de la phrase française est perdu pour longtemps.
D'aucuns pensent que Rousseau et Chateaubriand le re-
trouvèrent, puis, surent l'adapter à un ordre d'idées nouvelles. Mais ils pourraient se tromper. Rousseau créa des
mélodies oratoires qui ne se soutiennent pas d'ailleurs, et
qui ne sont pas dans le génie de notre race. Ses successeurs
n'ont pas su opter définitivement entre sa période trop so-
nore et les tours de phrase plus légers, dont Voltaire fut
l'auteur. N'espérons pas que les grandes formes périodiques du XVIIᵉ siècle redeviendront vivantes.

> *... Verborum vetus interit ætas,*
> *Nedum sermonum stet honos et gratia vivax.*

Une génération d'écrivains comme celle qui illustra le
règne de Louis XIV, est « un accident immortel ». Les
historiens n'en découvrent que trois dans l'ensemble des
siècles littéraires.

Mais une langue qui a l'honneur insigne d'être appelée
classique peut rendre de grands services à l'humanité, même après qu'elle a perdu de son éclat, de sa pureté, de sa
force et de son charme. L'histoire de la langue latine en
est la preuve. La langue française se différencie nettement
des langues modernes ses rivales, en ce que, seule, elle est
classique, c'est-à-dire capable d'exprimer aisément l'universel et de servir de truchement aux peuples, à tous les
peuples cultivés. Que les maîtres de notre vie intellectuelle renoncent à parler anglais et à penser allemand, qu'ils
demandent le secret des raisonnements justes, aux grands
métaphysiciens du moyen âge et à leurs héritiers. Ils assu-
reront ainsi, à notre langue française, de glorieuses destinées.

La langue française n'a-t-elle pas aussi son public et
même ses missionnaires ? Les cent hommes de goût pour
lesquels Voltaire se vantait d'écrire, sont cent mille aujour-
d'hui, quoique nous n'ayons ni Voltaire, ni Pascal. Tout Français est un prosélyte de sa langue. Quoique le français ne se
répande pas dans le monde comme l'anglais pour picorer ,

il est néanmoins partout, mais pour prêcher : c'est un peu plus noble. Tout missionnaire est un propagateur de la langue française. Pour évangéliser les peuples infidèles, il apprend leur langue et leur fait balbutier la sienne. L'ensemble des missionnaires répandus dans les cinq parties du globe, forme une société d'élite, pour la propagation de la langue française. Et si le Canada possède aujourd'hui, dans ses neiges, au milieu de ses glaces, quelques millions d'hommes, les missionnaires ont été les précurseurs des uns, et ont su élever les autres à la dignité d'hommes.

La langue française aspire à vivre complètement et exclusivement de l'idéal chrétien ; elle aspire à régler la raison humaine et à faire triompher partout la civilisation de l'Evangile. Les conceptions de la philosophie, les découvertes de la science, les merveilles du travail, les lauriers de la guerre : tout lui est moyen, même l'obstacle. C'est un nouveau millenaire de paix, de grâce et de grandeur qu'elle entr'ouvre à l'humanité, en déployant le labarum du Christ.

Le principe anti-chrétien a donné tout ce qu'il pouvait produire ; en le produisant, il n'a rien su vivifier par sa vertu ; il a vu son orgueil humilié par toutes les preuves de son impuissance. La grammaire française, au service de l'Evangile, couronnée de mille chefs-d'œuvre : conçoit-on que quelqu'un veuille lui faire la guerre et menacer de l'éteindre ! J'ai ouï dire que cela s'était tenté, dans un coin du Canada, chez les Topinambous ; on m'a dit que des catholiques et des français étaient entrés dans ce complot. Je ne prononcerai ni le nom de bassesse ni les reproches de trahison ; mais c'est une contradiction et un contre-sens. Et si vous me parlez de lauriers, je vous dirai ici qu'il n'y en a que pour l'opprobre et la honte.

En résumé, la langue française est la langue d'une province du Canada, de deux millions de Canadiens nés sur ce sol merveilleux ; écarter la langue de ces autochtones, c'est jeter dans la famille une division au profit des nouveaux venus, des étrangers et des envahisseurs, profit illusoire, diminution du savoir et de l'intelligence nationale : *Diminutio capitis*, disgrâce empruntée au code pénal des Romains, qui s'entendaient en grandeur.

La langue française est l'une des deux langues officielles du Canada ; l'écarter dans les nouvelles provinces, c'est créer un schisme dans la nation, c'est mettre à part ces nouvelles provinces, en y installant une diminution de droits et de devoirs, gant de provocation à en faire autant, jeté aux vieilles provinces, rescission virtuelle du pacte fédéral.

La langue française est la langue diplomatique de l'univers, la langue à laquelle le genre humain a confié la garde des intérêts et des gloires de toutes les nations ; l'écarter, c'est rejeter la langue qui doit libeller, pour le Canada, la constitution de l'indépendance nationale ; c'est se mettre une chaîne aux mains et se river un boulet aux pieds.

La langue française est, après l'hébreu, le grec et le latin une langue mère de l'humanité, le véhicule de la civilisation chrétienne, l'instrument d'ascension des sciences, des lettres, des arts, la lyre et le compas de l'esprit humain dans l'avenir ; l'écarter, c'est se claquemurer dans un coin du monde, s'enfermer dans une prison étroite et obscure, se ratatiner dans une chiourme de l'intelligence pour s'y rétrécir et y vivoter. La déclaration du discours français illumine l'âme humaine, l'agrandit et donne, même aux petits, l'intelligence.

Impossible de trouver l'ombre d'un motif, l'ombre d'une excuse à l'ostracisme local de la langue française au Canada. C'est une iniquité à faire disparaître pour l'honneur, le bonheur et la grandeur du Canada. *Attollite portas, principes, vestras et elevamini portæ æternales.*

CHAPITRE X

L'ACTION D'ENSEMBLE DE JULES TARDIVEL

Défenseur de l'Eglise catholique, défenseur de l'Ecole
catholique, défenseur de la langue française ; adversaire
irréductible du libéralisme et de la franc-maçonnerie : tel
nous paraît, dans ses traits principaux, le fondateur de la
Vérité. Nous pourrions ajouter beaucoup d'autres traits à
sa physionomie. Le publiciste, tel qu'il existe de nos jours,
est un homme qui a charge d'âmes ; il doit être un homme
universel, une encyclopédie vivante. A chaque événement
qui se produit, à chaque discussion qui s'élève, il faut
qu'il discerne la minute propice, le point central de tout
problème, le mot propre qui en offre la solution. Tâche
relativement facile pour un croyant, mais obscure, au milieu des disputes des partis. D'autant plus que se tenant
à l'écart, non pour maudire, mais pour enseigner, sans
attachement aux doctrines de la politique humaine, il n'accepte d'autre bannière que la croix.

Tardivel n'a pas entrepris de devancer le jugement de
Dieu sur les causes en litige ; ni de leur faire violence, pour
arracher les secrets de l'avenir. Dépouillé de toute préven-
tion contre les opinions licites, persuadé que tout ce qui est
honnête peut concourir à l'ordre social, il n'est entièrement
hostile qu'à la source première de tout désordre, l'impiété
et à l'hypocrisie libérale qui favorise ses desseins. Juste
envers tous, soumis aux lois, dévoué à l'Eglise, il entend
se consacrer exclusivement au service de sa patrie, en
suivant les consignes de la Chaire Apostolique.

L'histoire ne peu pas rendre compte d'un journal.

Chaque numéro d'une feuille publique est un tableau abrégé du monde. Pour faire connaître exactement les *Mélanges* de Tardivel, il faudrait en transcrire les litres, en énoncer les doctrines, indiquer le lien qui les rattache à la politique du pays. Quoique Eugène Veuillot l'ait fait dans l'histoire de son illustre frère, nous ne marcherons pas sur ses traces. Une notice ne peut pas être en abrégé l'histoire du Canada. D'autant plus que nous nous réservons de l'écrire et que nous l'avons déjà esquissée dans un paragraphe de notre continuation de Rohrbacher. Ce dernier travail avait été écrit en quelque sorte sous la dictée de Tardivel.

Nous indiquerons seulement quelques points de repère, par où se peut mieux connaître le champ d'action de la *Vérité*.

Tardivel donnait une attention particulière aux opérations électorales et parlementaires ; il avait eu même, quelque temps, comme spécialité de collaboration, le compte rendu des Chambres. Par état et par situation, il était initié à tous les secrets des conflits électoraux. Ce qui le frappait, ici et là, c'était cette corruption qui se dégage du parlementarisme, à toutes les phases de son évolution. Ce régime libéral qu'on appelle, par antiphrase, le gouvernement libre, n'est guère que l'incognito de la mort et un élément actif de dissolution sociale. Je lisais naguère, dans la *Vérité*, un bout de citation, où l'un des vieux fricoteurs et grignoteurs de croûtes politiques, confesse que, pour bien mener une élection, il faut dépenser dix mille piastres. Cinquante mille francs, voilà la pluie d'or nécessaire pour faire éclore un champignon sur le fumier parlementaire : c'est-à-dire pour acheter les suffrages, tromper les électeurs et pourrir la nation. Timon, dans ses *Mercuriales*, revenait souvent sur cette fatalité logique : la corruption électorale amène la corruption parlementaire ; la corruption dans le gouvernement met le peuple en putréfaction. Les mots sont crus ; l'action se fait plus en douceur ; pour cinquante

mille francs, on doit acheter beaucoup de remèdes émol-
lients. Mais prenez les choses sommairement et regardez.

En cinquante ans, la France, tête de colonne de la civilisation, après quinze siècles de gloire historique, est devenue, par le parlementarisme, admis plus ou moins sous
tous les régimes, un peuple qui n'a plus de nom, ni de forme. Ce qu'on appelle la France n'est plus qu'un organisme incohérent, dont tous les ressorts agissent contre sa
constitution. De pouvoir et de responsabilité, il n'y en a
plus nulle part ; la noblesse n'existe plus que de nom ; la
bourgeoisie, autrefois si florissante, est en butte aux plus
sauvages attaques ; le peuple de nos cités ne diffère guère,
dans ses grèves, des invasions barbares qui abattirent
Rome, et c'était Rome, au IVe siècle. Je ne parle pas du
clergé ; il a été si sage, il s'est effacé si prudemment qu'on
ne le voit plus guère que pour le fouler aux pieds.

La France sous Louis-Philippe en était à peu près au
point où se trouve le Canada. La pratique religieuse est
encore vivante ; la politique pratique est atteinte de
tous les vices d'une alarmante dissolution. C'est par son
clergé que le peuple canadien s'est maintenu depuis la
perte de son indépendance ; c'est par sa religion seule
qu'il peut parer aux difficultés de son histoire. Le Canada
va, à la civilisation par l'Eglise, à la barbarie par le libéralisme.

Tardivel autrement n'était pas pessimiste ; il était trop
homme de foi pour n'être pas homme d'espérance. Les
causes qu'il défendait, lui paraissaient suffire, par la
grâce de Dieu, à l'expurgation des idées et des mœurs, au
relèvement et aux progrès de la chose publique. Dans cette
conviction, tout en admettant le loyalisme britannique
et son drapeau, il voulait un drapeau pour le Canada, un
drapeau bleu, croisé de blanc, couronné de fleurs de lys,
au centre l'emblème du Sacré-Cœur. Un vieux missionnaire, l'abbé Dugas, écrit pour ce drapeau un chant national en s'inspirant de lui-même :

Ah ! bientôt puissions-nous, ô drapeau de nos pères
Voir tous les Canadiens unis comme des frères !
Puisse des souvenirs la tradition sainte
En régnant sur nos cœurs, garder de toute atteinte
Et leur langue et leur foi.

Père d'une nombreuse famille, polémiste épuisé à la tâche, dans les dernières années de sa vie, Tardivel s'était occupé de colonisation. La province de Québec possède une réserve forestière qui paraît, à première vue, inépuisable. Avec un si riche fonds d'exploitation, un pays est toujours riche et ne pourrait pas, aisément, faire des dettes. Quand il vint à cette question, moitié par patriotisme, moitié par intérêt personnel, Tardivel crut s'apercevoir de deux choses : la première que cette richesse forestière était livrée à d'égoïstes et maladroits exploiteurs ; la seconde, que ce fonds d'exploitation, au lieu d'être un champ ouvert aux familles pauvres, était pour la colonisation, moins un secours qu'un obstacle. Plus d'une fois, il s'en exprima en termes attristés, plus que surpris de voir un pays, jusque là honnête, livré à de pareils galvaudages, et une ressource, si féconde en applications, devenue presque une cause de démoralisation et d'appauvrissement. Nous ignorons ce qu'il en est et nous abstenons d'opiner. A tout le moins, il paraît difficile de comprendre comment une région si avantageuse n'a pas su jusqu'à présent détourner à son profit, ce mouvement d'expatriation provoqué en Europe par les absurdes budgets des gouvernements, l'énormité des impôts et l'écrasement des populations sous un machinisme qui ne devrait être qu'un appui, point un instrument de prélibation et de refoulement.

Je veux croire que le désenchantement de Tardivel fut causé plutôt par l'inexpérience d'un esprit qui, habitué aux pérégrinations dans les vastes espaces de la pensée, se trouvait à l'étroit dans la vieille forêt et sans goût pour prendre la hache du bûcheron ou le fusil du chasseur. La plume lui offrit de meilleures consolations ; il eut, comme

voyageur, à s'en servir ; et, parce que la cuisine quotidienne du journal n'épuisait pas ses forces d'esprit, il
consacra ses loisirs dans les régions de la pensée. Nous
aurons bientôt à parler de ses ouvrages,

Au demeurant, sincère en toutes choses, foncièrement
honnête, respectueux pour les personnes, soucieux des
grands intérêts du pays, avec le sentiment du devoir accompli, il gardait cette sollicitude civique et pieuse qui
n'abandonne jamais le patriote et le chrétien. Des soucis
de famille, il n'en avait pas ; des soucis d'intérêts, moins
encore ; il ne pensait qu'au droit et ne s'appliquait qu'au
devoir. Homme rare, véritablement antique par sa simplicité et de son dévouement; s'il ne fit pas plus de bruit dans
le monde, au moins, il poursuivit jusqu'au dernier soupir,
sa campagne de soldat dans la vie civile et de lui on peut
dire comme du Sauveur des âmes : Il a passé en faisant le
bien.

De ses vingt-cinq ans de journalisme, il ne reste que la
collection du journal la *Vérité* et ses trois volumes de
Mélanges. Les collections de journaux dorment dans les bibliothèques ; ses articles qui, à leur apparition, parfois ont
fait tant de bruit, goûtent leur sommeil, comme tous les
grands de la terre. Des *Mélanges* ne sont pas une œuvre,
sauf par leur principe général et leur connexion nécessaire. Malgré leur inévitable décousu, je les recommande à
la jeunesse canadienne : c'est un *Vade mecum* où il y a
beaucoup à apprendre et où tout est digne de réflexion.

J'avais pensé, un instant, extraire des œuvres de Tardivel, un Recueil de pensées et quelques morceaux choisis.
Je laisse ce souci à quelque jeune écrivain ; il y trouvera
d'utiles expériences et une orientation qui ne peut égarer
personne : il pourrait utilement reproduire son travail dans
la *Vérité. Indocti discant et ament meminisse periti.*

Comme bouquet spirituel, je cite les deux derniers articles qu'écrivait Tardivel sur son lit de mort. « La mort, dit
Bossuet, révèle les secrets des cœurs » ; avant de rendre le

dernier soupir, l'homme adresse ses recommandations suprêmes ; dès qu'il est mort, on ouvre son testament, première manifestation de son immortalité. Je cite deux articles.

L'un est intitulé : *Triplement déplorable* et tombe sur une lettre de sir Wilfrid Laurier à un ami de George Brown, pour justifier la neutralité scolaire des pays d'En-Haut et l'exclusion de la langue française. « Cette lettre dit Tardivel, est tristement déplorable, désastreuse, navrante, au point de vue politique, au point de vue national, au point de vue religieux ; et l'on ne peut concevoir qu'un chef de parti, un Canadien français, un catholique ait pu livrer à la publicité une pièce pareille. Au point de vue politique, M. Laurier, par sa lâcheté, par son aveuglement, prive à tout jamais ses coréligionnaires de l'Ouest, d'écoles séparées, vraiment catholiques. Au point de vue national, les Canadiens français, et la langue française, et l'idée française, et les traditions françaises, et l'idéal français, et les aspirations françaises, ont absolument les mêmes droits que les Anglo-Canadiens : et manifestement M. Laurier ne demande pour tout ce qui nous est cher, qu'un peu de tolérance. Au point de vue religieux, il est clair que sir Wilfrid est parfaitement satisfait pour les siens, d'écoles neutres. » Tardivel cite les Encycliques de Léon XIII et de Pie IX et en particulier la lettre relative aux écoles du Manitoba ; et conclut que la lettre de Laurier, partout ailleurs d'une faiblesse lamentable, n'est ni plus ni moins qu'hétérodoxe, puisqu'elle est en flagrante contradiction avec l'enseignement formel de Pie IX et de Léon XIII.

Ce très saint ministère d'enseigner les enfants dans les écoles primaires, doit les initier aux vérités de la foi, aux devoirs d'ordre moral et aux éléments du savoir humain ; il le doit, sous peine de déraison manifeste et de félonie. Retrancher de l'école primaire, l'enseignement moral et religieux, c'est un attentat à la pudeur, un crime contre les enfants, et suivant les circonstances un cas de folie, ou un acte positif de scélératesse. L'homme qui fait cela est un fou misérable ou un criminel. L'histoire contemporaine est en train de déduire les preuves de ce jugement ; elle les a données déjà assez de fois ; il est inutile d'en réitérer l'expérience.

Le dernier article de Tardivel, plus significatif encore, est intitulé : *Dégénérescence* ; il est un peu long et un peu en noir. La vieillesse n'envisage plus les choses avec sérénité et ne sait pas faire court : elle connaît si pertinemment la faiblesse de l'esprit humain, qu'elle ne croit pas pouvoir jamais trop préciser sa démonstration. La dégénérescence, visible à ses yeux, s'accélère d'une façon alarmante depuis un tiers de siècle. Le mouvement de la vie publique, la corruption électorale, la dissolution parlementaire, l'amour de l'or, la tiédeur de la foi, les légèretés des mœurs, l'insuffisance de l'enseignement, lui fournissent autant de preuves. Alors le noble vieillard, avec les accents d'un patriarche qui va mourir, prononce des paroles que je voudrais graver en lettres d'or : « Travaillons à corriger les défauts de notre caractère national ; débarrassons notre esprit de l'erreur qui soustrait la conduite des hommes politiques aux préceptes de la religion ; persuadons-nous que le culte du veau d'or n'est pas plus permis dans la vie publique que dans la vie privée ; que le dévouement, le désintéressement, l'abnégation sont des vertus que doivent pratiquer les ministres d'Etat et les députés ; et que ces hommes doivent observer les lois de Dieu, les directions de l'Eglise et les consignes du Pape ; » autrement le Canada catholique sera noyé dans la promiscuité protestante ; il sera dévoré par le Béhémot et le Léviathan britanniques et hérétiques.

CHAPITRE XI

LES VOYAGES DU RÉDACTEUR DE LA « VÉRITÉ ».

L'homme est un voyageur sur la terre, par la raison
philosophique, religieuse et morale qu'il n'y apparaît que
pour un instant. La vie humaine est semblable à un chemin ; dès que vous avez mis le pied sur la voie, il faut
marcher, il faut se presser, il faut courir. Vous voudriez
vous arrêter au milieu des grâces de la jeunesse, marche !
Vous voudriez prolonger les jours de la force, marche !
Vous voudriez vous cramponner aux débris de la vieillesse,
marche ! marche ! Vérité évidente, vérité terrible ! Les
poètes nous la présentent sous l'emblème gracieux d'une
fleur qui s'épanouit le matin et se flétrit le soir ; d'autres
mettent la fleur de côté pour ne parler que du jour de la
vie, qui, pourtant, du matin au soir, compte plus de vingt-
quatre heures. Mais qu'il compte vingt ans, qu'il en compte
cinquante, qu'il en compte cent, ce n'est encore qu'un
jour dans l'immensité des siècles, et quel jour ! De là ce
distique de saint-Bernard : D'où vient l'orgueil de l'homme : sa conception est une faute, sa naissance, une peine ;
sa vie, une souffrance ; sa mort, une fatalité.

> *Undè superbit homo, cujus conceptio culpa ;*
> *Nasci pœna ; labor vita ; necesse mori.*

A l'origine, l'homme était un voyageur. Homme de joie
ou homme de peine, chasseur ou pasteur, il errait toute sa
vie, à l'aventure ; il plantait sa tente le soir et la démon-
tait le matin ; il allait, il allait toujours devant lui, et ne
pouvait point oublier que nous n'avons pas ici-bas une
cité permanente. De bonne heure pourtant, il se prit à

déchirer le sein de la terre, à semer lorge et le froment, à vouloir prendre racine dans le sol. Bientôt il construisit des maisons fixes et se résolut à bâtir des villes, qu'il voulut grandes, pour y faire éclater son génie et exalter sa puissance. L'homme dont la patrie n'est point icibas, n'eut rien plus à cœur que de s'y préparer une patrie. Malgré les déceptions de la vie, malgré les charges de l'existence, malgré ses deuils, malgré ses ruines, par quoi nous sommes avertis d'une mort prochaine, l'homme parut vouloir oublier la mort et se promettre sur la terre, une éternité. Tant et si bien, qu'aujourd'hui, avec nos six mille ans de civilisation, quand la mort paraît, nous sommes tout tristes, tout endoloris, comme si c'était une nouveauté. Les racines des arbres sont au pied ; les racines de l'homme sont au cœur et à la tête. Il ne semble pas qu'il y ait, dans son âme, une faculté, dans son corps une fibre, dans son vêtement même un fil qui ne lui promette une vie éternelle. Pour le croire, il jette, sur toute chose, le voile de ses illusions ; il vit comme s'il ne devait jamais mourir.

Pendant longtemps, l'homme a vécu dans son pacifique milieu ; il était comme inamovible ; il ne voyageait pas. A telle époque, lorsqu'il fallait voyager, on faisait son testament. Lorsque les facilités et la sécurité des voyages nous furent permises, on ne quittait guère sa demeure sans éprouver un déchirement, sans verser une larme. Le retour était toujours une fête. Aujourd'hui, il n'en est plus de même. Aujourd'hui la vapeur et l'électricité, demain les aérostats, nous permettent et nous promettent toutes les grâces du déplacement perpétuel. Le tour du monde n'est plus qu'une promenade. Rencontrer des voyageurs qui ont parcouru les deux mondes, le cas n'est pas rare. Le plus simple ouvrier vous parle comme d'une chose banale, d'être allé à New-York, à Jérusalem ou à Pékin. Nos simples conscrits, quand ils rentrent dans leur village, nous parlent couramment des deux hémisphères. La terre, comme l'homme, n'est plus qu'un grain de poussière, mais qui tourbillonne toujours sur les abîmes.

L'humble rédacteur de la *Vérité* de Québec, bien qu'il fût, dans sa foi, le plus intransigeant des hommes et le plus ferme des chrétiens, connut aussi les voyages. Non pas qu'il en eût le goût ou qu'il en éprouvât le *besoin ; au pied de la lettre*, c'était l'homme le plus heureux dans son intérieur ; mais des amis qui le voyaient se tuer, par la continuité de son labeur, voulurent l'arracher à ce milieu qui, malgré les tempéraments, devait abréger ses jours, Comme il n'était pas riche, ils lui mirent entre les mains la somme nécessaire, et lui imposèrent le voyage à peu près comme une pénitence. Simple comme il était, il accepta sans cérémonie et se promit bien de voyager, comme un bon Israélite, avec rien, et sans se promettre autre chose que de se confirmer dans sa foi. En 1888-89, Jules-Paul Tardivel visita, le bâton à la main, comme un croisé solitaire, la France, l'Italie, l'Espagne, l'Irlande, l'Angleterre, la Belgique et la Hollande.

Le 4 septembre 1888, le voyageur quittait Québec ; le lendemain, il datait sa première lettre de Montréal ; le surlendemain, la troisième s'écrivait à New-York. En partant, il avait promis de tenir le lecteur de la *Vérité* au courant de son voyage ; désormais il écrit de partout, indiquant son itinéraire, notant ce qu'il voit, ce qu'il éprouve, sans apprêt littéraire et en toute sincérité. Un paquebot de la compagnie Cunard le conduit, en huit jours, à la côte d'Irlande. En Irlande, il visite Queenstown, Cork, Glengariffe, Kenmare, Killarney, Thurles, Dublin : tout en cheminant, il dit son mot sur chaque chose, élucide notamment la question irlandaise, le plan de campagne et le boycottage. En Angleterre, il visite Londres et Cantorbéry, continuant de parler à sa façon des petites et grandes choses qui piquent sa curiosité ou sollicitent son jugement. De Douvres, il vient à Calais et va prendre un peu de repos à la Chartreuse de Montreuil-sur-Mer. D'un trait, il va à Paris ; après quelques jours passés dans la capitale de la France, capitale de l'impiété dans tout l'univers, il se réfugie à Athis, chez les Frères des écoles chrétiennes. De là, il traverse Paris et vient se fixer, pour quelques jours, au presbytère de Louze, chez Mgr Fèvre, incident qui lui valut et qui me valut à moi-même, les quolibets de quatre ou cinq journaux. N'en déplaise aux grands et aux petits esprits de la presse canadienne, cet incident est le trait caractéristique de son voyage.

Qu'un journaliste en visite un autre, c'est une particularité qui ne doit étonner personne ; qu'un rédacteur en chef de journal canadien visite un de ses correspondants d'outre-mer, l'étonnement, s'il y en a, doit diminuer encore : mais pourquoi cette préférence qui m'honore et dont j'apprécie aujourd'hui plus que jamais le prix ? C'est que, unis fraternellement par une résolution énergique de combat contre le libéralisme, nous éprouvions l'avantage de soumettre nos opinions à un juste contrôle et d'aiguiser nos armes pour la bataille qui résume nos deux existences. J'avais sur Tardivel l'avantage de l'âge et de plus longs travaux. Publiciste entré dans l'arène dès 1849, c'est-à-dire depuis quarante ans, j'avais collaboré activement à trois grandes revues : la *Revue du monde catholique*, la *Semaine du clergé* et les *Annales de philosophie* ; j'avais, comme auteur, sans parler d'ouvrages, dont la nomenclature tiendrait ici trop de place, publié dix volumes de Vies de saints, revisé les seize volumes de Rohrbacher, ajouté dix volumes à Darras, composé l'*Histoire apologétique de la papauté*, réédité les œuvres de Bellarmin. Surtout et c'est le trait qui affriandait le plus Tardivel, j'avais, depuis mes débuts dans les lettres, pris parti d'opposition absolue contre le catholicisme libéral, soutenu huit procès contre les complices de cette hérésie antisociale au premier chef ; noué, par suite, des relations avec tous les intransigeants des deux mondes, surtout avec les intransigeants français ; enfin Pie IX malgré la modestie de ma condition, m'avait élevé, *motu proprio*, sans recommandation de personne, au premier ordre de la prélature, depuis plus de vingt ans. Il y avait donc, ce semble, *materia circà quam*, pour une circonstance qui d'ailleurs, par elle-même, s'impose au respect des honnêtes gens. Plaisanter à ce propos, c'est montrer qu'on ne sait quoi faire de sa bonne humeur et qu'on a du temps à perdre.

Oui, pendant huit jours, nous nous sommes dit et nous avons répété : Que le libéralisme est la grande hérésie des temps modernes ; que Luther, par le libre examen, l'a introduit dans les sphères de la foi religieuse pour l'anéantir ; que Descartes, par le doute méthodique, l'a introduit dans les sphères de la pensée humaine, pour tout réduire au scepticisme ; que Louis XIV par l'absolutisme, que Mirabeau par le parlementarisme, que Proudhon par le socialisme, que Blanqui par l'anarchie, mettant la société hors de la religion et de l'Eglise, ont mis à néant, par principe, toutes les institutions humaines ; que l'idée catholique libérale de réconcilier l'Eglise avec la société moderne, c'est proposer l'alliance de Dieu avec Bélial ; et qu'ainsi les catholiques des deux mondes, un Lacordaire, un Montalembert, un Dupanloup, un Laurier, par là même qu'ils sont libéraux, sont matériellement hérétiques et doivent en dernière analyse, par l'effet de leur aberration, mettre l'Eglise, Jésus-Christ et Dieu hors de la société ; pousser finalement le monde à l'athéisme, peut-être sans le savoir, probablement sans le vouloir, mais certainement par une fatalité logique dont les passions de l'homme ne peuvent qu'accélérer les horreurs.

Oui, pendant huit jours, nous avons cherché les moyens de concentrer et de multiplier nos forces, par un appel généreux à tous les héros de la stricte orthodoxie et par un plan de résistance au grand complot de l'athéisme révolutionnaire. Apologiste poussé par Pie IX à ce combat, vétéran du sanctuaire et de la presse, nous indiquions, à notre ami d'hier, tous les amis avec qui nous avions, de

longue date, noué un étroit commerce. Nous dressions
ensemble une liste où se lisaient les noms de Charles Périn,
le créateur de l'économie politique chrétienne ; de Théo-
dore Van Doren, le fondateur de la *Correspondance catholique* de Bruxelles ; de Guillaume Verspeyen, le sanglier
jovial de Gand ; de *Brouwers*, le vaillant soldat de l'*Ams-
telbode* ; de Michel Maupied, le théologien qui avait fourni
la formule définitive de l'infaillibilité pontificale ; de Jules
Morel, l'auteur de la *Somme contre le catholicisme libéral* ;
de dom Chamard, l'antagoniste du libéralisme dans
l'histoire ecclésiastique ; du P. Berthe, l'historien de Gar-
cia Moreno ; du P. Hilaire de Paris, le plus grand théologien de France au XIXe siècle ; du P. At, l'auteur du
Vrai et du faux en matière d'autorité, le victorieux adversaire des soi-disant *principes* du libéralisme ; de don Sarda
y Salvany, le rédacteur de la *Revista popular* de Barcelon-
ne, l'auteur du *Libéralisme est un péché* ; de cardinal Paroc-
chi, le Pie X qu'on disait réservé *in petto* par le Sacré
Collège. — Si vous parcourez maintenant les tables des
Notes de voyage de Tardivel, vous verrez que, pendant sept
mois, son souci constant, c'est d'aller visiter, sous leur toit,
les braves soldats de l'intégrisme et de l'intransigeance.
La vérité ne dépend pas de nous ; sauf le cas d'une hypothèse qui tend à détruire la fausse liberté, nous n'avons
pas le droit de faire, aux dépens de la vérité, de la justice
et de la prudence, la moindre concession. Le maquignon-
nage en matière de doctrines révélées, n'est qu'une forme
hypocrite de la déraison et de la trahison. *Quis ut Deus ?*

Nous n'avons certes ni l'idée, ni la prétention de présenter les adversaires résolus du catholicisme libéral comme de grands personnages. Spontanément, sans aucune
pensée de plaisanterie, nous concevons que nous ne pouvons éclipser les parangons du libéralisme, ni par l'émi-
nence du talent, ni par l'abondance du savoir, ni surtout
par l'importance des situations. Mais entre les grands hommes de ce côté-ci et les pygmées de l'intransigeance doc-

trinale, il y a une différence essentielle : c'est que ceux-ci s'inclinent devant l'autorité de l'Eglise, de Jésus-Christ, de Dieu et qu'ils croient le salut même temporel des hommes et des nations nécessairement attaché à cette soumission ; et qu'ils tiennent l'exclusion sociale de l'Eglise, de Jésus-Christ et de Dieu, pour un acte de haute impiété, pour l'équivalent de l'apostasie nationale, pour l'entraînement des peuples aux abîmes. Au contraire, les libéraux modérés, les libéraux catholiques, les sages, comme ils s'intitulent, par là même qu'ils se fient à leur sagesse personnelle pour sauver le monde, sont par là même convaincus d'orgueil et d'impuissance; ce sont nécessairement, fatalement, des artisans de ruines, des fléaux de leur patrie et de l'humanité.

Possible que la lenteur du mouvement humanitaire ne découvre pas immédiatement les effets désastreux de cette infatuation ; possible que les libéraux ne reçoivent pas toujours dans leur impuissance le châtiment de leur orgueil ; mais en dernière analyse, ou la logique n'est rien, ou la vérité n'a pas de droit absolu, ou ces libéraux aboutissent toujours au malheur public, à la perte de la foi, des mœurs et de la prospérité nationale.

Dans tous les cas, nous sommes absolument certain que Tardivel, dans ses trois voyages en Europe, ne chercha que la confirmation de sa foi ; que rien ne put ni l'ébranler, ni seulement faire naître un doute dans son esprit ; et qu'il mourut, comme il avait vécu : *Qualis ab incœpto* fidèle à Dieu, à Jésus-Christ et à son Eglise, en toute humilité, en toute certitude, en toute résolution de combat, sans avoir jamais pactisé, même de l'épaisseur d'un cheveu, avec le libéralisme soi-disant progressif, orthodoxe, apanage de grands génies qui sont tels à leurs propres yeux.

Le voyage, dans l'intention des amis de Jules-Paul Tardivel, avait pour but et devait avoir pour résultat de reposer l'esprit en fatiguant le corps, de fortifier le physique de

l'homme en l'arrachant à l'obsession de ses travaux quotidiens. Le voyage, en effet, par les déplacements continus
et les distractions inévitables, ne permet aucune concentration d'esprit. On va, on vient, on voit mille choses, entend mille personnes, mais on n'a pas le temps de penser.
On apprend beaucoup sans peine ; on apprend surtout avec
une grande sécurité et une parfaite mesure, puisqu'on voit
les choses et qu'on entend les hommes. Sans efforts, le
voyage unit, par un heureux assemblage, l'agréable et
l'utile. Le voyage *d'agrément* est une locution consacrée ;
et s'il offre par aventure quelque désagrément, c'est un
charme de plus, comme le souvenir d'une bataille en temps
de paix ou d'une tempête après la traversée. *Me juvat
immites ventos audire cubantem.*

J'ai souvent réfléchi sur la puissance destructive de la
pensée. L'homme qui pense toujours est un homme qui
se tue. Les victimes de l'étude et des travaux d'esprit sont
innombrables. Tardivel n'y fait pas exception : il est mort
à la peine. Non pas qu'il fut fatigué de son travail ; au
contraire, lorsqu'il avait vaqué à tous ses travaux profes-
sionnels, il se sentait encore la force de courir à d'autres
pensées ; et, par zèle, il voulut joindre à ses articles de
plus importantes publications. Après les coups de feu dans
la brousse, il se préoccupait de fondre des canons et de
ranger ses pièces d'artillerie pour accabler toutes les
erreurs. Comment, averti par des infirmités précoces, des
extrémités qui l'attendaient ; comment, arrêté même par
les défaillances de ses forces et les maladies, que ses jours
se hâtaient et que sa mort serait prompte, il ne céda pourtant jamais qu'à la nécessité, et reprit sa plume dès qu'il
pût la porter, fut-ce d'une main alanguie ? Cette simplicité
de dévouement n'est qu'un effet de la foi, et le titre à la
haute estime qui doit honorer sa mémoire.

Les lettres écrites pendant le premier voyage de Tardivel
ont été publiées en un gros volume in-8°. Ce volume est
dédié à la jeunesse canadienne ; il ne lui offre que de sa-

lubres aliments. Amour de l'étude, besoin de croyances, esprit dégagé de préventions, cœur libre de haine, esprit de propagande, ardentes sympathies, désintéressement, dévouement, bonne foi, enthousiasme pour tout ce qui est bon, simple, grand, honnête, religieux : tels sont les précieux attributs de la jeunesse. Que la jeunesse canadienne s'imprègne et s'inspire de ces *Notes de voyages* ; elle n'y puisera que des idées justes et de précieuses résolutions.

Abstraction faite de l'intérêt actuel et de l'utilité durable, ce livre doit rester en son genre, dans la bibliothèque canadienne, comme un monument. Le style est aisé, sobre, juste, sans ombre de prétention ; la pensée s'y produit sans effort, telle qu'elle sort des entrailles du sujet. L'ensemble du volume vous conduit dans les principales contrées de l'Europe ; il vous fait voir les hommes et les choses sous leur vrai jour ; il donne, sur les faits les plus sérieux et sur les plus importants personnages, la note juste. L'impression qui s'en dégage, c'est que le libéralisme, sous toutes ses formes, à tous les degrés de son développement, est la perte des nations chrétiennes. Le plus édulcoré, le catholicisme libéral, c'est le poison offert avec toutes les grâces de la foi, toutes les promesses de l'espérance, toutes les illusions de la charité ; mais c'est le pire, le plus redoutable des poisons. L'œuvre principale de l'Eglise est, sans doute, de sauver les âmes et de peupler le ciel. Mais son rôle civilisateur n'est pas moins une vérité que les siècles offrent en hommage à sa vertu. Les peuples du nouveau monde, malgré leur prospérité matérielle, ne sont que des peuples jeunes, peu solides dans leur prospérité. Les peuples de l'Europe, nourris du suc de la foi chrétienne et de la grâce des sacrements, seront toujours des peuples dont l'histoire, les exploits, les monuments sont autant d'hommages rendus à la vérité de l'Evangile et au glorieux miuistère de la Sainte Eglise.

CHAPITRE XII

Un journaliste est difficilement un auteur ; un auteur se résigne difficilement à devenir journaliste. La diversité des situations et des emplois explique cette différence, non pas des talents, mais des services Le journaliste est l'homme qui vit au jour le jour, qui va et vient comme le garde champêtre et disperse son attention sur les mille incidents de la vie quotidienne ; l'auteur, au contraire, est l'homme qui s'isole des mouvements du siècle, qui concentre sa pensée sur un objet, qui le tourne, le retourne, l'envisage sous tous ses aspects, le scrute dans ses profondeurs, et quand il a tout vu, le dit avec un grande puissance de réflexion et d'expression. L'un s'occupe plutôt du fait, des menus détails, des surfaces ; l'autre se préoccupe du contenu des idées et de toutes les dimensions d'un sujet. Aussi est-il rare qu'un homme unisse ces deux talents. Tel qui mettra beaucoup d'esprit sur une feuille de papier, qui fera cela tous les jours excellemment ne pourra pas s'atteler à une idée et s'élever même à la modestie d'un in-12 ; tel autre, au contraire, qui aura roulé de grosses charges avec autant d'aisance que de belle humeur, ne pourra chiffonner une feuille de papier de façon à frapper les esprits. *Onques ne furent à tous toutes grâces données*, dit un de nos vieux poètes.

Tardivel qui était surtout journaliste, n'allait pas, dans son travail quotidien, jusqu'au bout de son esprit ; il se prit donc à rêver un peu et écrivit un roman pour la patrie il se prit aussi à étudier et écrivit un livre de controverse

sur la situation religieuse des Etats-Unis. Nous venons de
le relire ; nous allons voir avec quelles solides qualités ce
soldat d'avant-garde savait ramasser ses forces pour assié-
ger une redoute et l'emporter.

Le volume sur les Etats-Unis est une réfutation de l'aca-
démicien Brunetière. Brunetière, de son prénom Ferdinand,
est un professeur laborieux qui a beaucoup et bien écrit de
la langue française ; il a, par le mérite de ses œuvres et
l'éclat de ses services, obtenu les plus hautes distinctions ;
et, pour le combler, les misérables qui piétinent et qui
volent la France, sous couleur de la gouverner, l'ont à peu
près expulsé de l'Ecole normale et de la Sorbonne. Membre
de l'Académie française où il a ses jetons de présence ;
directeur de la *Revue des Deux-Mondes* qui n'est pas une
sinécure, mais un très honorable et très lucratif emploi,
il n'a pas l'honneur d'être rangé parmi les victimes que la
persécution condamne à mourir de faim. Libéral par conviction universitaire, chrétien baptisé mais aussi indifférent en pratique qu'en théorie, il s'est converti en décou-
vrant le modernisme de Bossuet ; ce n'est pas banal. De
plus, il a opéré ce mouvement avec une solennité lente, à
pas comptés, et il est arrivé, au jour et à l'heure dite, à la
pleine profession du christianisme : de quoi certes nous
voulons le féliciter. Converti d'un côté, proscrit de l'autre,
il a su mettre à profit des convictions plus pures et s'est
érigé un peu en apôtre ; il a su, en même temps, puiser
dans la décharge des fonctions universitaires, une indépendance honorable et s'en faire une armure. On le voit aller
de ville en ville, comme les anciens rapsodes, non pas
pour pincer la lyre mais pour prononcer des discours de
combat. On l'a vu aller jusqu'à Rome, porter des conseils
à la capitale de la catholicité. On l'a vu même pousser jusqu'en Amérique pour en admirer la vie intensive et nous
en rapporter quelques oracles d'un nouvel Evangile. Comme César, il est venu, il a vu et il a parlé ; la question est
de savoir s'il l'a fait en toute vérité et justice.

La thèse de Brunetière sur les Etats-Unis se formule
à peu près en ces termes : Les Etats-Unis d'Amérique sont
le pays le plus libéral du monde ; leur constitution est
à peu près athée ; les mœurs du pays sont à peu près
matérialistes ; leur civilisation peut se résumer dans le culte
du veau d'or. Et pourtant ce pays si indifférent aux devoirs
de religion, si âpre au travail, au gain et au plaisir, est
le pays le plus favorable à l'extension de l'Eglise Romaine.
En un siècle, la religion catholique s'est démesurément
étendue aux Etats-Unis ; elle y a effectué d'admirables
conquêtes ; et, par la transformation féerique des idées et
des mœurs, les Etats-Unis offrent un type de société sur
lequel peuvent se réformer les anciennes sociétés catholiques du vieux monde. Ainsi pourra s'enrayer la décadence ; ainsi pourront se refondre leurs institutions sociales et se préparer en Occident, de nouveaux siècles de
grandeur.

A première vue, une idée si étrange paraît, *salva reveren-
tia*, une niaiserie. L'idée que l'Evangile peut tirer profit de
l'oubli de Dieu et du culte de Mammon, n'entrera jamais
dans une tête saine. Et il faut être bien féru de libéralisme,
pour croire qu'avec des paralogismes aussi ridicules, on
pourra donner quelque crédit à cette funeste illusion. Le
temps où l'on pouvait jurer sur les paroles du maître est
passé et ne reviendra plus. Fût-on maréchal de lettres,
on ne doit parler qu'à coup sûr, et si l'on choppe sur le
terrain du bon sens, la critique vous accablera d'autant
plus, que votre illustration vous commandait plus de sagesse.

Ici, non seulement l'erreur de principe est absolue,
mais l'application qu'on en fait porte à faux. Il n'est pas
vrai que la promiscuité doctrinale soit un principe, encore
moins un principe de bien social ; il n'est pas vrai que
l'Amérique doive quelque bien au principe libéral ; elle lui
devra, plutôt, avec le temps, la ruine de son empire.

L'Amérique avait été peuplée vers le xe siècle, par des

aventuriers venus d'Asie et entrés par le Nord. Ces quelques rares envahisseurs avaient fait souche et avaient occupé le pays jusqu'au cap Horn. A l'arrivée de Christophe Colomb, les indigènes avaient vu leurs vastes territoires occupés graduellement par des Espagnols, des Hollandais et des Français. Au xvii° siècle, des catholiques anglais, persécutés dans leur pays, avaient cherché un refuge en Amérique. Comme les protestants anglais ne savaient, entre eux, que se battre et s'exterminer, après les catholiques, des protestants, puritains, têtes rondes, durent s'expatrier. Dans l'Amérique du Nord, les colons anglais furent, par le fait, les plus nombreux ; la race anglo-saxonne se trouva dominante et souveraine dans ces contrées. Là, comme en Angleterre, les protestants, là où ils se sentaient en force, persécutaient les catholiques. Quand l'Amérique se révolta contre l'Angleterre, les treize Etats qui se mirent en confédération durent, pour vivre en paix, se créer un état légal de coexistence confessionnelle. La civilisation des Etats-Unis a donc pour base le génie anglais, combiné avec l'esprit hérétique de toute nuance et supportant, par tolérance, les catholiques.

Au commencement du xix° siècle, il y avait en Amérique 30.000 ou 40.000 catholiques ; il y en a aujourd'hui dix millions. Le passage de 40.000 à dix millions est-il imputable au libéralisme : c'est la question que résolvait Brunetière par l'affirmative.

Le fait de l'extension rapide du catholicisme dans l'Amérique du Nord n'est pas douteux, mais il n'est pas imputable à la tolérance des sectes, par la raison que les sectes protestantes, là comme ailleurs, sont animées du plus ardent fanatisme et, dans la mesure du possible, se ruent à toutes les iniquités.

Le développement du catholicisme aux Etats-Unis est dû *surtout* aux immigrations européennes, principalement aux quatre millions d'Irlandais, qui, depuis la fondation des colonies, ont abordé sur ces rivages. Le même phénomène s'est produit en Australie, par la même cause ; il s'est produit aussi, pour d'autres causes, en Hollande et au Mexique. Le libéralisme n'y est pour rien.

Une autre cause d'expansion, ce sont les annexions de territoires, vers le Far-West, jusqu'à San-Francisco. Ces territoires, en partie peuplés, avaient été évangélisés par nos missionnaires ; ils comptaient beaucoup de catholiques. Ces contingents s'ajoutant aux catholiques de la patrie commune, l'Eglise américaine a vu se multiplier des fidèles auxquels elle n'avait qu'à ouvrir les bras. Ici encore le libéralisme n'est pour rien.

Une troisième cause d'accroissement du catholicisme en Amérique, c'est la fécondité des mariages. Ici le libéralisme agirait plutôt en sens contraire ; il a introduit dans le mariage le divorce, et, par son esprit de dissolution, il a frappé le mariage d'une stérilité criminelle. Les catholiques, pour qui le mariage est un sacrement indissoluble et une institution divine pour la propagation de l'espèce, ne reculent pas devant les charges d'une famille nombreuse et respectent les lois de la nature, si belles dans leur simplicité, si fécondes par leurs résultats.

La constitution fédérale des Etats-Unis d'Amérique ne parle ni de religion, ni d'église ; elle s'occupe simplement de la constitution des Etats-Unis et laisse chacun libre en matière de religion. Cette liberté fédérale a favorisé le développement interne de l'Eglise catholique aux Etats-Unis. L'Eglise a prêché sa doctrine sans autre contradiction que celles qui lui viennent des confessions rivales ; elle a créé des paroisses, bâti des temples, ouvert des écoles, constitué des diocèses, célébré des conciles. Tous ces progrès sont dus à la puissance surnaturelle de l'Eglise, à la vertu de sa religion, à la présence de Jésus-Christ dans l'Eucharistie, au bon gouvernement des pontifes romains, aux sacrifices des prêtres, surtout des missionnaires. On ne doit pas plus attribuer ces progrès au libéralisme, qu'on ne doit attribuer aux persécutions des Césars, les progrès de l'Eglise

catholique aux trois premiers siècles. L'Eglise s'est étendue et fortifiée en Amérique, *malgré* le libéralisme ; du
libéralisme en lui-même, il ne lui est venu que des obstacles.

C'est ici le point capital de la discussion. Or, et ceci il
faut le crier sur les toits, l'Eglise catholique seule est vraiment aimante, parce que seule elle est intolérante au profit
de la vérité. Les erreurs aussi sont toutes intolérantes,
mais, au lieu de charité, elles ne produisent que la haine,
contre tous ceux qui refusent de partager leurs aberrations.
On peut citer, en preuve, l'histoire tout entière du protestantisme. Malgré ses revendications de liberté, malgré ses
promesses et ses jactances, partout où le protestantisme
a triomphé, il a été persécuteur. En Allemagne, en Suisse,
en Hollande, en Angleterre, dans les pays du Nord, il a
persécuté les catholiques avec des raffinements de cruauté
et des accumulations d'hypocrisie.

En Amérique, il en était de même au début ; les puritains rendaient la vie dure aux catholiques, partout où ils
pouvaient suivre les inspirations du fanatisme. A la déclaration de l'indépendance, il fallut bien relâcher un peu.
Encore ce ne fut qu'une trêve. Les haines protestantes se
sont réveillées depuis. En 1834, en 1844, en 1854, des
émeutes sauvages, préparées par les sectes, éclatèrent
contre les catholiques ; le sang coula à Boston, à Saint-
Louis, à Louisville, à Newark. A la lueur des incendies,
on put voir quelle grâce les libéraux américains savaient
offrir aux catholiques, leurs frères. On doit ajouter que ces
fureurs, autorisées par les mœurs, ne sont ni défendues
par les lois, ni réprouvées par la justice.

La constitution fédérale, il est vrai, n'établit aucune
religion et ne proscrit le libre exercice d'aucune ; mais,
d'après la Cour suprême, en droit, elle le pourrait ; et si
elle ne l'a pas fait, c'est que la constitution particulière
de chaque Etat rend cette mesure inutile. Chaque Etat
particulier peut faire, pour ses membres, de l'acceptation

du protestantisme, une condition nécessaire à la possession des biens immeubles, à l'exercice d'une profession,
au droit de suffrage et à l'éligibilité aux fonctions publiques. En Amérique, si la constitution générale laisse libre
la profession religieuse, la constitution particulière restreint ou détruit toute liberté ; elle peut exiger même
un serment inique et faire de l'apostasie, le titre de droit
civique. Là où les catholiques sont les plus nombreux, ils
sont justes et admettent, entre citoyens, parité de droit ;
là où les protestants et les libéraux sont les maîtres, ils
rejettent cette parité, et, au lieu d'une réciprocité équitable, ils établissent, pour eux, les privilèges et les avantages, pour les catholiques, les frustrations iniques et les
injustices, les confiscations de droit et les violences.

Ces iniquités de la loi sont interprétées par les mœurs
et ratifiées par l'opinion. Sous le principe abstrait de la
liberté absolue des catholiques, un catholique n'a jamais
été président des Etats-Unis ; sous un régime de suffrage
universel, le suffrage n'envoie que très peu de catholiques
au Sénat et à la Chambre des représentants. Bien qu'ils
soient les égaux de leurs concitoyens par l'intégrité, l'intelligence et l'instruction, les catholiques reçoivent rarement des positions élevées ; c'est aux protestants que vont,
pour les nominations aux charges, toutes les préférences
du président de la République. Le droit de pratiquer sa
religion est refusé souvent dans les institutions pour les
malades, les infirmes, les pauvres et les criminels. Quoique l'armée et la marine se recrutent parmi les catholiques, ils parviennent rarement aux grades élevés et les
aumôniers, pour leurs soldats, peuvent se compter sur les
doigts d'une seule main. Tout récemment, lorsque les
Américains volèrent, à l'Espagne, Cuba et les Philippines,
c'est par des orgies de favoritisme et d'arbitraire protestants qu'ils se signalèrent ; ils ne négligèrent rien pour déchristianiser leurs conquêtes. Tant il est vrai que la neu-

tralité religieuse n'est qu'une étiquette ; le droit commun, la pratique commune, c'est l'ostracisme.

D'après les recherches des statisticiens sur l'émigration aux Etats-Unis et sur le nombre comparatif des catholiques qui en faisaient partie, le nombre des catholiques, aux Etats-Unis, devrait être, non pas de dix, mais de vingt millions. « Plus on étudie cette question, plus on la tourne et la retourne, dit Tardivel, plus on reste convaincu que, jamais peut-être, depuis le commencement du christianisme, l'Eglise, en temps de paix, n'a perdu autant d'enfants qu'elle en a perdu et qu'elle en perd encore aux Etats-Unis. Ce phénomène est, je crois, unique dans l'histoire de l'Eglise. Il n'y a pas eu de révolte sérieuse, pas d'hérésie, pas de schisme ; et la liberté religieuse existe, en théorie, au moins depuis un siècle. Et cependant des millions et des millions de catholiques se sont éloignés de leur mère. C'est le moins qu'on puisse dire, c'est qu'au lieu d'être dix millions à présent, les catholiques des Etats-Unis devraient être vingt millions. Ce chiffre est certainement en deçà de la vérité. Tous les catholiques l'admettaient autrefois, avant qu'une malheureuse école eut entrepris de glorifier le libéralisme, en vantant le triomphe de l'Eglise sous le libéralisme américain. Ces triomphes n'existent pas. »

Le train de la vie publique et de la vie privé en Amérique, la dissolution de la famille par le divorce et des mœurs par le libre examen, le fanatisme protestant et les passions révolutionnaires, le mercantilisme économique doivent, de plus en plus, susciter des obstacles au ministère de l'Eglise. Les catholiques d'ailleurs s'étaient affadis récemment par ce qu'ils appellent l'américanisme et la vie intense ; et il n'est pas bien sûr que les remontrances de l'Eglise les aient tirés depuis de ces illusions. De plus, il y a chez eux, comme un peu partout, un élément particulier de dissolution, c'est l'Ecole.

Dans le monde entier, il existe aujourd'hui une espèce de complot pour empoisonner les écoles. L'Ecole, dont l'Eglise est la mère, que l'Eglise a créée, réglée, hiérarchisée, rendue féconde et glorieuse, par un trait satanique, on veut la tourner contre l'Eglise qu'on accuse d'obscurantisme. On s'achemine à ce but pour déchristianiser le monde. Jésus-Christ, au lieu d'être son sauveur, serait son corrupteur ; il faut briser ce joug de l'Evangile. On espère y réussir par deux moyens, en excluant la religion de l'école, en n'enseignant à l'école que les choses de la nature, dans les limites de la raison. Espère-t-on par là rendre le peuple savant et faire du paysan un philosophe ? Ce serait une vaine entreprise. Il n'y a pas de plus sublime philosophie au monde que l'Evangile. Nous avons dans l'Evangile, plus de lumière et de grâce que dans Platon, que dans Aristote, que dans tous les philosophes réunis. La seule philosophie accessible au peuple, c'est le catéchisme. Oter le catéchisme au peuple, c'est lui ôter sa raison et sa vertu, c'est le livrer à l'égoïsme des intérêts et à la folie des passions. Pour détourner le peuple de l'Eglise, on veut le corrompre. Le seul moyen d'ébranler le christianisme, c'est de rendre le monde ingouvernable.

L'Amérique est entrée dans ce complot avec une espèce de naïveté qui étonne, mais qui ne doit pas désarmer. Un prélat, peu cohérent, a été, disons le mot, assez insensé pour admettre un plan d'école d'où la religion serait exclue et aussi la famille. L'Etat ferait l'école à son image ; il instruirait ses nourrissons avec des manuels civiques ; il n'élèverait jamais son esprit au-dessus de la motte de terre. Ce plan d'école, on l'introduisit avec tous les stratagèmes de l'hypocrisie et toutes les rubriques du despotisme. Les enfants sont à l'Etat avant d'être à la famille ; l'école nationale est la seule et unique école. On feint d'admettre encore le catéchisme et l'Evangile, mais en dehors de l'école, après la classe, pour les faire croire inutiles, les rendre odieux et les étrangler.

Dans son livre sur l'Amérique, Tardivel revient sur cette question qui lui est chère ; il y revient par scrupule d'é-

quité et pour donner à son pays un exemple qui lui serve
de leçon. Quand l'Amérique fait brèche à la civilisation
par les écoles, il faut préserver le Canada d'un tel fléau.
Une erreur sur ce point, l'empoisonnement du peuple par
les écoles rationalistes, il n'en faut pas plus pour perdre
les jeunes âmes, compromettre la religion et perdre la patrie. L'histoire en a déjà fourni maintes preuves ; nous
écrivons au milieu des ruines : Dieu veuille nous épargner de nouvelles preuves de cette logique qui punit les
fautes des hommes, par les désastres de leurs œuvres.

Dans ce milieu avarié, Brunetière, qui l'admire beaucoup, fait petite figure ; son humble contradicteur, en le
battant à plates coutures, n'est pas seulement un citoyen
qui remplit son devoir, un chrétien qui honore sa foi,
c'est un homme qui a le grand sens de la politique. Ce
n'est pas d'aujourd'hui que la petite pierre de David abat
les Philistins qui aiment à se glorifier.

CHAPITRE XIII

Tardivel était né journaliste ; le service de sa petite feuille hebdomadaire absorbait son existence. Lire les journaux, composer le sien, l'imprimer, le distribuer, c'était là toute sa vie : c'est à ce travail qu'il dépensa et usa prématurément toutes ses forces. Pour les esprits féconds et impétueux, cette application mène aisément à composer des ouvrages, même sans y penser. Un article est un chapitre ou un paragraphe ; en multipliant les articles sur un objet ou sur une pensée, on a, presque sans le vouloir, composé un volume. C'est ainsi, du moins, que Tardivel composa ses trois volumes de *Mélanges* qui sont devenus presque la collection de ses œuvres. Mais Tardivel était un esprit si ferme sur son principe d'orthodoxie catholique, si exigeant dans sa logique familière, si amoureux de la précision à chaque coup de plume, qu'un article épuisait en quelque sorte sa pensée et que ses soucis d'articles ne lui permettaient pas d'élever plus haut son ambition. Deux fois pourtant, il dérogea à sa résolution, une fois pour défendre sa patrie contre la séduction de la soi-disant prospérité religieuse des Etats-Unis ; une autre fois pour la prémunir contre les tentations du naturalisme social et la folie des grandeurs. On voit, par là, le fond de cette âme ; sa patrie est, pour lui, comme une seconde religion ; ou plutôt c'est sur la religion seule qu'il veut fonder l'avenir de sa patrie. Le premier de ces ouvrages est une réfutation de l'optimisme et des sottes illusions de Brunetière sur l'Amérique du Nord ; le second est un roman, *Pour la patrie.*

Un roman pour la patrie, ça vous a bien l'air d'une variante de belle humeur ; mais on ne plaisante pas sur un tel sujet, et, par sa nature, un peu froide et réfléchie, Tardivel n'était pas un plaisantin. Quoiqu'il ne considérât le roman que comme une invention diabolique, ou au moins comme l'antithèse des pensées et des sentiments d'une bonne vie, au seul profit des rêves de l'imagination et des mauvais penchants, ses convictions patriotiques et pieuses l'amenèrent à une composition romanesque, mais seulement pour la forme. De nos jours, le roman est, aux mains des malfaiteurs littéraires, une formidable puissance. Homme de bien par essence, Tardivel voulut emprunter aux méchants cet engin destructeur ; il voulut écrire un roman chrétien, un roman de combat, un roman pour défendre la foi, les mœurs et l'avenir de son pays. « Dieu, dit-il, a planté dans le cœur de tout Canadien français, une fleur d'espérance ; c'est l'aspiration à l'établissement, sur les rives du Saint-Laurent, d'une Nouvelle-France, dont la mission sera de continuer, sur la terre d'Amérique, l'œuvre de civilisation chrétienne que la vieille France a poursuivie, avec tant de gloire, pendant de longs siècles. Cette aspiration nationale, cette fleur d'espérance de tout un peuple, il lui faut une atmosphère favorable pour se développer, pour prendre vigueur et produire son fruit. « J'écris ce livre pour contribuer, selon mes faibles forces, à l'assainissement de l'atmosphère qui entoure cette fleur précieuse ; pour détruire, si c'est possible, quelques-unes des mauvaises herbes qui menacent de l'étouffer » (*Préface*, p. 7).

En d'autres termes, Tardivel veut écrire un roman social, un roman politique et économique, pour donner corps à cette recommandation du Christ : « Cherchez d'abord le royaume de Dieu et sa justice, et le reste vous sera donné par surcroît. » Un peuple qui a Dieu pour maître, Jésus-Christ pour roi, l'Evangile pour Code : voilà l'idéal de Tardivel. Non pas que Tardivel oublie que l'homme est placé sur la terre d'abord pour travailler et souffrir, pour manger son pain à la sueur de son front ; non pour rester devant Dieu les bras croisés et s'abîmer dans une perpétuelle, mais stérile contemplation. Les objections des esprits faux ne peuvent ni le troubler, ni l'atteindre ; mais pour enseigner que Dieu considéré comme vérité première, comme bien suprême, comme loi supérieure ; que Jésus-Christ, considéré comme rédempteur des âmes et roi des nations ; que l'Eglise, considérée comme royaume de Dieu sur la terre et comme la permanence de l'Incarnation, c'est le seul et unique moyen de tirer les hommes des abîmes de la déchéance et d'assurer, par le relèvement du niveau de la vertu commune, la prospérité matérielle, intellectuelle et morale d'un peuple. Le Canada devenu la France catholique du nouveau monde, c'est, à ses yeux, le gage certain de sa prospérité nationale, l'assurance non moins certaine que cette nouvelle France, cette France de pure lumière, de bel amour et de victorieuse puissance, c'est l'élément nécessaire à la transfiguration de l'humanité, au troisième millenaire de son existence.

Mais comment établir cette preuve, comment donner corps à cet idéal ? D'abord, il faut un point de départ qui n'ait rien de chimérique ; il faut, si l'on veut user de la fiction, qu'elle se taille en plein dans la situation tragique faite à l'Eglise par vingt siècles de combat. Tout le monde sait que deux cités se partagent le monde : la cité de Dieu et la cité de Satan : l'une qui veut l'exaltation de Dieu et la consécration de l'homme à sa gloire ; l'autre qui veut la négation de Dieu et l'exaltation de l'homme par l'outrage à la divinité. Ces deux cités remplissent les temps et les espaces des vicissitudes de leur irrémédiable antagonisme et de leurs perpétuelles rivalités. Cette guerre se continue depuis deux mille ans avec ce double caractère : que le mal paraît toujours pouvoir se promettre, à brève échéance, un triomphe définitif ; mais que le bien, soutenu par la grâce de Jésus-Christ, par la force de Dieu, sait toujours vaincre le mal et doit, à la fin, seul triompher sur les ruines du monde. Tel est le sens divin du drame historique ; il est là, et non pas dans ce rêve insensé de doctrines encore plus absurdes que fausses, qui promettent à l'homme de le couronner de roses et de couler des jours tranquilles dans les enivrements de la mollesse. La vie de l'homme est un combat sous toutes les latitudes.

Or, au commencement du xxᵉ siècle, la lutte des deux cités est arrivée à ce point d'évolution : D'un côté, les sociétés d'ancien régime, dévorées par la lèpre gallicane, libérale ou naturaliste, subissent les conséquences extrêmes de leurs erreurs doctrinales, morales et sociales. A la place de l'ancienne société, qui reposait sur les bases de sa législation divine, elles ont voulu établir que l'homme était l'arbitre souverain de leur constitution ; elles ont voulu, à la place des services divins du pouvoir, substituer l'égalité légale du vrai et du faux, du bien et du mal ; à la place des devoirs divins de la propriété, mettre sa démocratisation ; à la place du mariage indissoluble le mariage rescindible par le divorce ou à la volonté des parties. En deux mots, les anciennes sociétés, par l'effet de l'erreur gallicane, arrivent à leur propre dissolution. D'autre part, une société secrète, d'origine assez obscure, la Franc-maçonnerie, paraît, en Allemagne, au commencement du XVIIIᵉ siècle, en Angleterre au milieu du même siècle, et en France à la fin. La révolution de 89 est son ouvrage ; elle se poursuit depuis à travers le monde. Ce qui la caractérise au fond, c'est de renverser le christianisme et de prendre, comme religion, sa place ; ou plutôt, c'est d'exclure le Pape, l'Eglise, Jésus-Christ et Dieu lui-même et de faire reposer le monde sur l'athéisme. D'un côté, dissolution des institutions traditionnelles ; de l'autre effacement des doctrines religieuses qui sacraient les institutions sociales. C'est le monde mis en poussière ; l'humanité ramenée au bestialisme.

La fiction du roman nous met en présence de ce radicalisme d'universelle destruction. Le lien qui unissait le Canada, comme colonie, à l'Angleterre, vient d'être rompu. Le Canada, rendu, par cette rupture, à sa complète indépendance, a, devant lui, une triple alternative : ou rester tel qu'il est, et remplacer tout simplement le lord gouverneur, par un gouverneur que se donnera le Canada par élection ; ou rompre le lien fédéral, pour faire, de chaque province du Dominion, une nation séparée ; ou diminuer l'indépendance actuelle des provinces en constituant le parlement fédéral d'Ottawa comme puissance législative unique du Canada. Dans cette dernière conception, le Canada ne formerait plus guère qu'une unité nationale ; le premier ministre du Parlement d'Ottawa deviendrait une espèce de monarque sans couronne, prince élu suivant les vicissitudes du gouvernement parlementaire. Dans cette dernière hypothèse, comme les catholiques ne forment la majorité que dans la province de Québec, mais sont en minorité dans toutes les autres, il s'ensuit que, du coup le catholicisme serait en minorité dans le nouvel Etat à peu près comme il est aux Etats-Unis. Mais au lieu d'y jouir de la liberté traditionnelle des Etats-Unis, le nouvel Etat canadien, étant de création franc-maçonne, ne se serait établi que pour dépouiller les pères de famille de leurs droits sur l'éducation de leurs enfants, et pour frustrer l'Eglise de ses biens ainsi que du ministère surnaturel de sa hiérarchie.

La fable pour mettre ces données en scène est d'une grande simplicité. Le Canada a, pour chef politique un scélérat nommé Marwood ; il a, pour ministres entr'autres, un misérable nommé Montarval. A eux deux, ils ont entrepris de faire dépouiller de son autonomie, la province catholique de Québec ; mais ils ne le peuvent que par la trahison de ses députés. Francs-maçons tous, ils n'y peuvent réussir que par la corruption et le mensonge. Or ils ont, contre leur perfide dessein, un député intègre et clairvoyant, Lamirande et un publiciste sagace et courageux, Leverdier ; mais ils ont en leur faveur, un autre publiciste franc-maçon, Ducoudray et pour complice, un faux frère, soi-disant catholique, mais dont le rôle est de discréditer les catholiques par les folles excentricités de ses articles. Des élections ont lieu sur cette question de savoir si, en apparence, pour maintenir le *statu quo*, on pourra, par un projet de loi hypocrite, déposséder les provinces de leur autonomie, en cachant ce but criminel. Après les élections, les voix sont à peu près de chaque côté en équilibre. Sur ces entrefaites, Ducoudray, converti par un Père Grand-mont, livre à l'archevêque de Montréal, les papiers de la Loge dont il est secrétaire, et tombe sous le couteau d'un assassin. Les évêques canadiens, mis, par ces papiers révélateurs, au courant des perfidies franc-maçonnes, hésitent à les livrer à la législature canadienne, menacés qu'ils sont d'entraîner, par là, l'extermination de leurs prêtres. Les prêtres, mis au courant par Lamirande, conjurent les évêques de sauver le pays, de force, au péril de leur vie. Les évêques mettent les papiers sous les yeux de la Chambre ; la Chambre vote le rejet du projet Marwood ; le Bas-Canada recouvre sa pleine indépendance et devient une nation catholique de cinq millions d'âmes ; c'est ce noyau qui doit sauver le pays. Son sauveur, Lamirande, vient finir ses jours à la Grande Chartreuse.

Nous négligeons les incidents de la fable. La cuisine ordinaire du roman veut qu'il y ait un mariage, une mort d'enfant, un assassinat, un suicide, des filatures de police, une apparition de saint Joseph, un miracle, un accident de chemin de fer, des scènes électorales, des discussions à la Chambre, tout le tripotis du roman : nous n'en dirons rien. Par instinct, nous avons horreur du roman. On a déjà tant de maux d'arriver au bon sens et au bon cœur, éléments nécessaires de la vie humaine, qu'il nous paraît difficile d'y atteindre par des faits chimériques. La part faite à l'imagination favorise toujours, un peu plus un peu

moins, les faiblesses du cœur et de l'esprit. Nous n'avons
ici que l'inconvénient d'être hors du monde réel ; avec le
raccord plus ou moins heureux des incidents, tout s'y
passe d'une manière édifiante. Evidemment l'auteur a
mis, dans le récit, toute son âme : il y a là un accent qui
souvent vous émeut. L'élan de l'âme a fait souvent le
style : Tardivel n'a rien écrit de plus éclatant. On pourrait
faire, de ce livre, une édition populaire et le mettre entre
les mains des gens qui aiment à lire : il ne pourrait que
leur inspirer l'amour de la religion et de la patrie.

Ce qui nous charme le plus dans cette fiction, c'est que
ce n'est pas un roman, mais une histoire. C'est l'histoire
du Canada de demain et peut-être d'aujourd'hui. Il n'est
pas donné à l'homme de s'abstraire autant que cela de la
vie présente et de se confiner strictement dans le rêve. Le
rêve, pour être croyable, doit ressembler aux choses réelles;
et pour nous, ici, il en est le miroir. Tardivel qui a été
toute sa vie, patriotiquement, chrétiennement, pieuse-
ment, préoccupé de son cher Canada ; qui n'a pas fait une
lecture, pas écrit une page, qui ne revienne au présent et
à l'avenir de sa patrie ; qui, sans cesse, a défendu la religion, la famille, les droits de l'Eglise, les prérogatives des
prêtres, la foi et les bonnes mœurs, quand il a écrit son
roman, n'a que modifié la forme de ses articles. Ce qu'il a
voulu le plus mettre en évidence, ce sont les maux qui
rongent la province de Québec et les remèdes qui peuvent
amener sa guérison ou conjurer sa mort. Dans ses articles,
il disait la même chose avec toutes les rubriques de l'eu-
phémisme ; ici, il le dit rondement, carrément, parlant en
face à tout le monde, sous le déguisement que lui permet
cette belle franchise. Le lecteur ne peut pas s'en fâcher ;
Tardivel ne lui dit pas : C'est toi qui es cet homme ! mais
il le donne à entendre. Pour moi qui l'ai entendu dire en
historien ce qu'il répète en romancier, je puis traduire
exactement sa pensée, ou plutôt l'exprimer dans les termes
mêmes dont il se servait dans nos conversations.

La première peste du Canada, c'est le libéralisme. Le Canada a été longtemps sous l'influence des idées gallicanes. Le premier article du gallicanisme, c'est la séparation de l'Eglise et de l'Etat. Le libéralisme traduit cet article en disant que le chrétien, comme simple particulier, doit être fidèle aux dogmes de la foi, aux règles morales et à la discipline de l'Eglise ; mais il ajoute que, comme citoyen, il ne reconnaît plus ni vrai, ni faux, ni bien ni mal, mais admet politiquement la promiscuité de toutes les doctrines et toutes les immunités d'une complète indépendance. Par là il coupe l'homme en deux. Ce n'est plus la fiction d'autrefois, de l'âme et du corps faisant un marché par lequel chacun d'eux sera alternativement le maître. La semaine où le corps sera le maître, il pourra se goberger à son aise ; la semaine où l'âme sera la maîtresse, elle mortifiera les sens par les veilles, les jeunes, les prières et, au besoin, par le fouet et la discipline. Dans ce système d'allemand le corps se ruine par ses excès et ruine en même temps toutes les vertus de l'âme. D'après la conception libérale, on arrive au même résultat par une voie différente. L'homme est strictement un ; les licences sociales du libéralisme doivent ruiner toutes les vertus des particuliers et ne sont même octroyées que dans ce but. Examinez bien tous ces libéraux qui ont un nom dans l'histoire ; même quand ils sont hommes de foi, hommes de vertus, des catholiques pratiquants, ce sont, dans leur action publique, ou des impuissants ou des corrupteurs. Le fait est facile à vérifier. Au moment où nous écrivons ces lignes, le Canada a pour premier ministre, un catholique libéral, je ne sais pas si c'est dans la nuance anglaise, ou dans la nuance libérale, comme s'il y avait une forme du libéralisme qui ne soit pas un acte d'empoisonnement. J'ai entendu dire, de ce premier ministre, tout le bien possible ; j'ai entendu louer ses mœurs et célébrer son éloquence ; je n'ai garde d'y contredire. Mais regardez-le bien, c'est une âme faible, un homme sans fermeté, sans caractère, condamné par son rôle aux intrigues, je n'ose pas dire aux hypocrisies, et voué, cela je le crie de toutes mes forces, à l'impuissance. Cet homme est le fléau du Canada.

Voyez, par exemple, ce malheureux bill des écoles du Nord-Ouest, passé à la Chambre au printemps dernier. Pour diminuer ou écarter l'odieux d'une telle mesure, on a beaucoup dit qu'elle avait été libellée par Mgr Mathieu, chancelier de Laval (décoré, je le plains, par le gouvernement français) et par Mgr Sbaretti, délégué apostolique, qui se seraient laissés effrayer par les cris des Orangistes. Si cela était vrai, cela prouverait qu'au lieu d'un coupable, il y en a trois. Mais tenez pour certain que l'homme néfaste, si cela est, a réussi à les persuader que, pour éviter un conflit, il fallait *céder* une *partie* des droits des catholiques. Céder ! vous avez bien entendu ; céder, c'est-à-dire forfaire et trahir devant l'ennemi pour le désarmer. Calcul bas et faux ; céder, c'est encourager l'ennemi et s'obliger plus tard à de nouvelles concessions, à de nouvelles trahisons. Un homme de principe et de caractère, un homme de cœur et d'honneur, ne cède pas, sur le terrain du droit, quand il a le pouvoir nécessaire pour le défendre. Personne n'est obligé d'être le chef de son pays ; si quelqu'un en accepte la charge, il doit en sauver l'honneur, par prudence, sans doute, mais aussi par intransigeance. Au Canada, il ne faut même pas beaucoup d'énergie pour garder ses positions et conserver ses droits. Les abandonner, c'est mettre la hache sur la confédération ; renoncer à l'égalité des droits, c'est faire du pacte fédéral un lien analogue à la ligue achéenne, à l'amphyctionie qui avait des esclaves. C'est rétablir l'ilotisme contre les catholiques ; c'est s'incliner devant le fanatisme protestant ; c'est écarter de la constitution de son peuple, cette lumière pure, cette noble puissance qui garde la nation en l'honorant et l'élève plus haut par le sacrifice des passions.

Le pire fléau du Canada, c'est donc le *conciliatorisme*, la manie imbécile qui se flatte de dompter les pas-

sions, non avec le glaive, mais avec des couronnes de roses ;
le second fléau, ce serait l'apathie des prêtres, l'éloignement
des évêques de tout combat et même de toute controverse.
Le roman nous montre des évêques désarçonnés parce
que les francs-maçons, par lettres anonymes, menacent
leurs prêtres d'assassinat. Ce sont les prêtres qui consen-
tent à s'immoler pour le salut de leur pays ; c'est à leur
prière que les évêques se sentent une bravoure apostolique. Cela est dans le roman ; c'est le contraire de ce qui
doit être dans la réalité. Les insignes de l'épiscopat sont
les insignes de la puissance, de la confession et du martyre. Selon l'ordre du Christ, c'est par la croix du Calvaire
que les évêques sont des thaumaturges ; pas du tout par
l'esprit conciliant du siècle, pas même par les paroles per-
suasives et les humaines condescendances d'une trop courte
sagesse. Dans tous les grands évêques, il y a du Basile, de
l'Athanase et du Chrysostome ; dans tous les petits, il y a
de l'Eusèbe et du Dupanloup, des apparences de piété plutôt que des résolutions de guerre. Je ne m'étonne pas autrement que cet esprit se fasse sentir au Canada, parce que le
Canada a subi longtemps les influences du gallicanisme. Le
gallicanisme français consistait essentiellement en deux
choses : en *principe*, la séparation de l'Eglise et de l'Etat,
tout le temporel du culte soumis à la seule autorité du
prince ; en *pratique*, l'obligation, pour les évêques, d'être
toujours conciliants, obséquieux surtout avec le pouvoir
civil. Ces deux aberrations ont produit en France la Révolution ; elles aboutissent sous nos yeux à un attentat national pour la destruction du catholicisme. Si l'histoire
n'est pas un vain enseignement, les extrémités où se trouve
la mère-patrie doivent former, pour les évêques du Canada,
ce que Bossuet appelle *une grande et terrible leçon*. Ce
n'est pas à moi qu'il appartient de l'offrir ; de Bossuet, on
doit la prendre un peu plus au sérieux, et même au tragique.

Il est difficile, délicat, pour un écrivain français, d'opiner hardiment sur ces questions. Il y a toutefois un point, à mon gré capital, sur lequel, instruit par l'exemple de la patrie, j'oserai appeler, un instant, l'attention des évêques canadiens : c'est la presse.

On a appelé, en pays parlementaire, la presse, le *quatrième pouvoir* de l'Etat. La presse n'est pas le quatrième, mais, de fait, le *premier* pouvoir, parce qu'elle est la régulatrice de l'opinion, d'où tout dérive ; et, par la force des choses, elle tend sans cesse à devenir l'*unique* pouvoir. Dans l'économie des choses divines, ce n'est sans doute pas à l'imprimé, mais à la parole qu'a été confiée la magistrature de la vérité ; mais, par suite de l'invention de l'imprimerie, par l'effet de l'esprit rationaliste, grâce aux journaux à bon marché, l'imprimé l'emporte sur le discours. Un discours ne se fait entendre qu'à son heure, en son lieu, avec une mesure nécessaire, et quand il est fini, il ne pourrait se continuer que par le silence des bonnes choses, la méditation. Mais si l'imprimé vient sans cesse nous distraire, c'est le commencement de la désolation ici-bas, parce que personne ne réfléchit plus. La presse quotidienne escamote la pensée et la remplace. Dans une province canadienne, par exemple, si vous avez sept ou huit grands journaux, tous partisans ou sectaires, qui battent en brèche les bons principes ; et si vous ne leur opposez que deux ou trois revues hebdomadaires, vaillantes sans doute, intransigeantes surtout, votre siège est fait, vous serez vaincu ; ou, si vous ajournez la déroute, il faudra, tôt ou tard, la subir. Un homme ou deux ne peuvent pas endiguer un fleuve qui déborde ; un fleuve qui déborde emporte le gendarme, ou s'il ne l'emporte pas, le gendarme à cheval sur le bord, ne peut, dans son procès-verbal, que constater des ravages, peut-être irrémédiables. La première chose à faire au Canada, c'est de créer quinze journaux catholiques ; c'est de leur créer, par l'épiscopat, des ressources ; c'est de leur découvrir, par le sacerdoce, des abonnés. Sinon, ne me parlez plus de *laurier* ; vous ne cultivez plus que le *cyprès*. Mais si vous voulez vivre, vous conserver, vous étendre, rappelez-vous que si saint Paul revenait au monde, il se ferait journaliste ; mettez la plume à la main de vos prêtres ; demandez au ciel de vous susciter des laïques hardis à la plume ; et criez à tous les soldats de la presse catholique : En avant toujours !

Je sais bien qu'il y a, dans la tradition gallicane, un sentiment hostile à la presse. En France, nos gallicans, racornis et même convertis, gardaient cette hostilité ; ils considéraient la plume comme un instrument diabolique ; il ne leur paraissait pas qu'on pût y toucher sans qu'il vous poussât des griffes aux pieds et des cornes à la tête. Ecrivain était synonyme non pas d'hérétique ou de schismatique, mais d'orgueilleux, mais d'homme plein de la science qui enfle. La science qui enfle, ce n'est pas celle qu'on a, c'est celle qu'on n'a pas. Il faut sortir de ces préjugés ridicules ; il faut se mettre, comme il sied à un esprit fier, en présence de la réalité ; il faut se dire que dans une Eglise militante, la première fonction, c'est la milice ; le premier devoir, c'est d'être soldat, soldat dans la vie civile, non pas pour verser le sang, mais pour répandre la lumière, refouler les passions et aider au ministère apostolique de la puissance souveraine.

Le troisième fléau du Canada, à certain égard, le premier, c'est la franc-maçonnerie. Un homme, bien placé pour le savoir, disait récemment à Montréal : « Proportion gardée, nous avons ici plus de francs-maçons qu'en France. » Notre attention est, depuis longtemps, éveillée sur ce point ; nous confirmons cette parole de notre témoignage, et nous rendons ce témoignage d'après des documents. La franc-maçonnerie est une société secrète ; on n'y entre qu'en se cachant ; on n'y reste qu'en dissimulant sa perfidie, et l'on y tient si fort que le fait seul d'être appelé franc-maçon paraît une injure punissable devant les tribunaux. Un catholique de marque, époux d'une femme pieuse, père d'enfants qu'il fait élever par l'Eglise, se laisse, par faiblesse, inscrire sur les tablettes des francs-maçons. Dès lors, sciemment, malicieusement, il se prêtera aux manœuvres de la secte, avec d'autant plus de succès, qu'il gardera toutes les apparences du contraire. Ce ne sera pas un fanatique violent, mais un ennemi doucereux, qui fera le jeu de l'ennemi, en faisant des réserves, mais en distillant ses poisons. Une chose encore l'innocente, c'est qu'il ignore les secrets des arrière-loges ; il n'en est pas moins l'instrument des scélérats, complice dissimulé, mais actif. Il n'importe pas de savoir jusqu'à quel point il porte la dissimulation et la perversité ; il suffit de l'examiner pour voir qu'il est animé de l'esprit de la secte et suit ses directions. Un tel homme fait la besogne de la franc-maçonnerie avec plus d'efficacité même que s'il était affilié aux loges du satanisme. C'est un empoisonneur public ; il y en a beaucoup de cette sorte au Canada.

Le public n'a pas oublié qu'un facétieux sinistre avait organisé là-dessus une comédie destinée à servir de couverture aux francs-maçons. Cet homme qui avait découvert des requins dans le golfe de Marseille et des habitations lacustres au fond des lacs de Suisse, n'avait été jusque-là qu'un plaisant de mauvais goût. Puis devenu, dans son intérêt, au moins en apparence, un franc-maçon des plus actifs, il avait broché des quantités de livres ineptes, mais pour flatter les passions, il rachetait son ineptie par la grossièreté de ses inventions et la violence de ses discours. Tout à coup, il se disait converti et déclarait qu'il allait vendre toutes les mèches du complot. Pendant que sa femme, non convertie, continuait d'écouler le stock de ses mauvais livres, lui, converti, il en brochait d'autres qu'il vendait en contre-fil et contre-poison de la marchandise de sa femme. En gros, il apprenait à l'univers que la franc-maçonnerie a un pontife suprême et un suprême conseil à Charlestown ; qu'elle a une fabrique d'objets de piété à Gibraltar ; qu'elle dit une messe noire où Satan officie en personne et qu'à l'offrande on va baiser son derrière. Son affaire avait, comme grand ressort, un docteur Bataille, qui n'était autre que lui-même, et une Diana Vaughan, une convertie qui donnait des consultations. La farce trouva des gens crédules ; mais elle finit, comme toutes les farces, par la confession publique, que fit l'inventeur lui-même, pour qu'il soit bien constaté que la bêtise humaine et que la perversité humaine sont également dupes des profondeurs de Satan.

Autrement cela ne prouve pas autre chose ; mais cela vise à prouver que la Franc-maçonnerie n'existe pas. Qu'elle n'existe pas dans cette forme, certainement ; mais qu'elle n'existe pas du tout, c'est une prétention absolument insoutenable. On ne peut douter ni de son existence, ni de son organisation, ni de sa perversité, ni de sa puissance, quand vingt-cinq mille francs-maçons sont en train de détruire la France. La Franc-maçonnerie, c'est une société d'illuminés bas, de gnostiques grossiers qui se prennent modestement, dans l'humanité, pour l'élite de l'espèce. Gens sans valeur par eux-mêmes, ils en ont beaucoup par la perversité de leur enseignement. Autrefois ils admettaient encore Dieu, comme grand architecte de l'univers ; ils ne rejetaient que le Pape, l'Eglise et Jésus-Christ ; maintenant ils font la guerre même à Dieu et entreprennent de soumettre le monde à l'athéisme. Tâche impossible, qui ne peut effectuer quelques conquêtes que par l'hypocrisie ; mais qui doit succomber, comme Satan, le jour où elle montre sa face ténébreuse. Tant que le démon se transforme en ange de lumière, et telle est toujours sa prétention et sa ruse, il peut encore séduire ; mais quand il se montre *in naturalibus*, alors l'affaire se dérobe à son ambition et à ses espérances. Malgré toutes ses manigances, la Franc-maçonnerie n'en est pas moins la religion de Satan, l'Eglise de Satan, le pontificat et la royauté de Satan pour la perversion et le malheur du genre humain.

La seule question, c'est de savoir si Satan existe. Voltaire était un imbécile malpropre, mais il avait du bon sens, et, à certaines heures, quelque probité. Or Voltaire a dit : « Satan, c'est tout le christianisme. » Si Satan n'existe pas, non seulement le christianisme, mais l'histoire entière, n'est qu'une illusion ; l'humanité n'a vécu que dans une farandole. L'idée d'une erreur constante et universelle n'est pas soutenable ; qu'il y ait des esprits faibles, c'est hors de doute ; mais que tous le soient, on ne peut le prétendre. L'humanité n'est dupe ni d'une illusion, ni d'un mirage ; elle voit, très certainement, Dieu à la tête du monde ; le monde soumis à la toute puissance de Dieu ; le genre humain que se disputent les bons et les mauvais anges. Sous un nom ou sous un autre, ce symbole se trouve partout et toujours ; il est la suprême explication des hommes et des choses. La Franc-maçonnerie est bien l'Eglise de Satan, c'est-à-dire une société de scélérats qui veulent renverser le christianisme et soumettre la cité de Dieu à la cité des esprits déchus qui s'acharnent au malheur de l'humanité.

Pendant que nous écrivons ces choses, le grand-maître de la franc-maçonnerie italienne, Ettore Ferrari, publie une Encyclique, qui confirme bien le roman de Tardivel. D'après lui, les peuples ne doivent lutter que pour le grand idéal humain, et ce grand idéal, c'est tout simplement l'équitable distribution des richesses matérielles. La francmaçonnerie, qui poursuit ce but, n'admet *aucune* conciliation avec l'absolutisme et la *théocratie*, synonyme ici d'Eglise. La conciliation, erreur ou mensonge, ne doit pas être acceptée. L'Etat, d'après l'esprit franc-maçon, est un terme *inconciliable* avec l'Eglise : « Les bases de l'Etat sont celles que l'Eglise condamne. La liberté de conscience, la séparation *absolue* des autorités civile et ecclésiastique, la laïcisation *parfaite* des écoles, l'application *sincère* des lois sur les corporations religieuses et l'orientation de toutes les œuvres *pieuses* vers des buts *civilisés* : voilà ce que nous réclamons. » — Cette conclusion formule le même dilemme que le roman de Tardivel. Ou l'Eglise catholique sauvera la religion, la famille, l'école chrétienne, la société chrétienne, la civilisation chrétienne et les congrégations religieuses ; ou la Franc-maçonnerie favorisée par l'apathie des catholiques, l'invasion des juifs, la corruption des mœurs et le fanatisme protestant, tuera l'Eglise, la langue française, [illegible] et tout l'ensemble de la civilisation chrétienne, sous le couvert du libéralisme. Le roman *Pour la Patrie* c'est l'histoire future, prochaine peut-être, de la province de Québec.

Les hommes meurent par la dissolution de leur corps ; les peuples meurent par la dissolution de leurs doctrines constituantes. Peu de peuples sont parfaitement purs, plusieurs sont diversement mélangés ; il y a beaucoup de mélange au Canada. Lorsque vous écoutez ce que disent, lorsque vous voyez ce que font, au Canada, les francs-maçons, les libéraux, les libertins, vous croyez voir les sauvages sortir de terre ou remonter des bords de l'Orénoque. C'est la conclusion du roman *Pour la Patrie*, conclusion discutable comme l'est la conclusion de tous les romans. Mais, d'une manière ou d'une autre, dès que sont méconnus les principes divins, dès que sont violées les lois divines, du moment qu'il y a crime national, il y aura châtiment. Cela est écrit au Ciel, dans le Code pénal de la Providence.

CHAPITRE XIV

LE DROIT, LE DEVOIR ET LA NÉCESSITÉ D'ÉCRIRE

Telle fut, dans ses grandes lignes, la vie militante de Jules-Paul Tardivel. Tardivel avait mis en tête de son journal, le grand mot de *Vérité*.

Ce journal prit son titre pour programme, et fit, des lumières de la vérité, son objectif. D'après son épigraphe, la vérité, non pas métaphysique ou morale, mais divine, révélée de Dieu, consignée dans l'Evangile, concrétée dans l'Eglise, est la source unique de la liberté morale, sociale et politique. La liberté n'est pas seulement une chose qu'on écrit sur le papier et qu'on édicte par une charte ; c'est le bienfait d'une doctrine vraie, c'est le fruit d'une loi sainte, c'est un produit connexe de la dignité humaine et de la grâce de Dieu. La liberté, c'est la fille de la vérité catholique ; l'Eglise est sa mère ; le Pontife Romain, son protecteur. La liberté et l'autorité, le progrès et la tradition se résolvent en harmonie parmi les hommes ; c'est le résultat de la rédemption par Jésus-Christ ; c'est la paix selon le grand dessein de Dieu sur l'humanité.

Ce problème, les hommes et les nations veulent aussi le résoudre, mais en dehors du plan divin et même contre l'œuvre de Dieu ; au lieu de se soumettre humblement à ce grand être, ils entendent poursuivre leurs destinées en suivant leurs propres inspirations. Or, ils ne peuvent prétendre à la liberté dans l'ordre, au progrès dans la tradition que selon la manière dont ils les conçoivent et les peuvent accomplir. Par la force des choses, ils ne peuvent agir que selon leurs pensées, selon leurs intérêts et selon leurs instincts. Les pensées des hommes sont diverses, souvent opposées ; leurs intérêts sont plus communément contradictoires et leurs passions sont toujours les ennemies nées de l'ordre social. De là, dans les âmes, des oppositions d'idées et de sentiments ; de là des antagonismes tumultueux d'intérêts, de passion et de conduite. La société, qui rêve de paix, se trouve forcément en état de guerre ; pour se défendre contre les éléments de dissolution, elle est contrainte de recourir au carcan de ses lois et à la puissance de ses bataillons. La société pacifique ne repose que sur l'accord des âmes par la religion ; sans religion pour unir, sans Eglise pour prêcher la religion et la défendre, toute société est un camp armé pour le combat ; il faut attaquer ou se défendre ; vivre en état de guerre, toujours en péril de mort.

1. — Mais cette société, cette religion, cette Eglise, un simple chrétien a-t-il le droit de les défendre ; et Jésus-Christ n'a-t-il pas confié, à des autorités hiérarchiques, le gouvernement, de façon que les foules n'aient qu'à se soumettre et à s'abstenir ?

Cette question, dans nos sociétés civiles, n'a pas de sens. Les sociétés modernes forment comme une grande assemblée sans cesse en conversation avec elle-même. La presse est le truchement de ses entretiens ; le livre et le journal sont de droit commun. En se conformant aux lois, le premier venu peut écrire, suivant son génie, bon ou mauvais. Le monde étant ce qu'il est, il y aura toujours, dans la presse, plus d'anges déchus que d'anges de lumière. Il y a donc non seulement droit et faculté, mais nécessité, pour tout croyant, je dirai pour tout honnête homme, d'écrire, s'il le peut, pour confesser sa foi, et, le cas échéant, pour la défendre. Le droit d'un laïque à la défense de l'Eglise, dans la société civile, ne peut être l'objet d'un doute. Puisque les lois permettent de l'attaquer, elles ne peuvent pas, sans iniquité, sans déraison, interdire de la défendre.

Le même droit existe-t-il dans l'Eglise et les évêques ne sont-ils pas seuls chargés d'office de défendre leurs tabernacles ? En regard de l'histoire ecclésiastique, cette question n'a pas plus de sens que la première. Dès le berceau de l'Eglise, Dieu choisit, sans doute, les instruments de ses révélations de préférence parmi les apôtres de Jésus-Christ ; il prend ainsi, comme organe, un laïque, artiste et médecin, Luc. S. Luc a écrit un Evangile et les Actes des Apôtres, c'est-à-dire la première histoire de l'Eglise. Dans les temps apostoliques, vous voyez s'observer les mêmes proportions. Les évêques auteurs paraissent les plus nombreux ; les auteurs, prêtres et simples fidèles, ne sont l'objet d'aucun ostracisme. S. Justin, Tertullien, Arnobe, Lactance et beaucoup d'autres ne font pas petite figure dans la Patrologie. Dans la suite de tous les siècles, vous voyez partout les mêmes phénomènes. Trait curieux ! vous voyez même des évêques tombés dans l'hérésie et combattus, ramenés au droit chemin, par de simples fidèles. Eusèbe de Dorylée n'était qu'un avocat, lorsqu'il reprit Nestorius, non pas dans un journal, mais à l'église, en pleine assemblée des fidèles.

De là, cette conclusion que, dans les périls de la foi, dans les persécutions de l'Eglise, ce n'est pas seulement un droit, c'est un devoir rigoureux de la défendre. Tertullien a dit le mot propre : Dans ces conjonctures, tout homme est soldat : *In his omnis homo miles.*

C'est le propre de toutes les erreurs de s'écarter des sages traditions. En France, une longue aberration nationale, qui s'est appelée le gallicanisme, a voulu intervertir, si j'ose ainsi dire, l'ordre des facteurs sociaux et renverser l'économie des combats, repousser même le programme de la guerre sainte. C'est le point délicat que nous voudrions, ici, catégoriquement expliquer ; nous laissons au lecteur lui-même, le soin de déterminer, en quoi et jusqu'à quel point, cette erreur funeste a pu déteindre sur le Canada.

Selon nous, le grand péril de l'Eglise, après le libre examen et le rationalisme, c'est le premier article de la Déclaration de 1682, sur la séparation de l'Eglise et de l'Etat. Cet article donne à l'Etat tout l'ordre temporel ; il laisse à l'Eglise le spirituel qu'on ne peut lui contester et qu'on ne pourrait, en aucun cas, atteindre. En vertu de cette dévolution du temporel à l'Etat, on assujettit à César ou à Brutus, l'état des terres et l'état des personnes qui constituent, dans l'Eglise, la hiérarchie et l'ordre des biens. L'Eglise est tellement *spiritualisée* qu'il ne lui reste rien ; elle n'a pas, en propre, un endroit où reposer sa tête ; elle ne peut pas poser un seul acte tangible qui ne soit soumis à la loi civile. Si l'Etat lui laisse quelque chose, c'est par concession aimable, et pure bonne grâce ; s'il l'expulse des cimetières, des écoles, des hôpitaux, des œuvres de bienfaisance, de partout, c'est uniquement parce qu'il veut rentrer dans son bien. Le mot de *laïcisation* n'est pas synonyme de persécution ; il veut dire, tout simplement, que l'Etat, omnipotent par nature sur les choses de ce bas monde, reprend ce qu'il avait concédé, et repousse l'Eglise qui avait envahi, injustement et sans titre, son domaine. L'Eglise, suivant l'expression topique, est reléguée dans les espaces intelligibles du néant métaphysique.

Cette doctrine date, en France, des attentats de Philippe le Bel et de la Pragmatique sanction qui édicta, chez nous, les décrets du Concile de Bâle. Sous Louis XIV, elle servit à étendre, à tous les diocèses, le droit de régale ; et trouva sa formule, d'un côté, dans la déclaration de Bossuet, de l'autre, dans les œuvres du grand roi. A Mirabeau, elle offrit un point de départ pour mettre la main sur les biens de l'Eglise et brocher la Constitution civile du clergé. A Cavour et à ses successeurs, elle a servi pour compléter l'œuvre de Mirabeau, confisquer le pouvoir temporel des Papes, et saccager les églises d'Italie. A Gambetta, elle a donné carte blanche pour cette persécution qui met, depuis trente ans, les catholiques de France, à la merci du persécuteur.

La séparation, c'est la légitimation anticipée de tous les
attentats contre l'Eglise, et il ne faut pas être un esprit bien
clairvoyant pour y voir, humainement parlant, un moyen
de l'anéantir.

De cette doctrine fausse et hérétique du séparatisme, on
a tiré deux conséquences pratiques : la première, c'est que
les fidèles ne sont rien dans l'Eglise, même pour la défendre ; la seconde, c'est que les prêtres ne sont rien dans l'Etat,
même pour le servir.

La Déclaration de 1682 visait surtout à exalter les évêques au détriment du Pape. Par l'abaissement de la Chaire
apostolique et la mise à l'écart du droit canon, chaque évêque devenait, en quelque sorte, pape de son diocèse, un
pape n'en référant qu'à son arbitraire, sans contrôle au-dessus de lui, sans résistance possible au-dessous. Telle est,
du moins, à peu près, la conséquence qu'on en a tirée. De
là au schisme, il n'y a qu'un pas : en pratique, c'en était
presque l'équivalent. Il y en a eu, dans l'histoire du XVIIIe
siècle, nombre d'essais. En deçà du schisme, en vertu de
cette doctrine, l'évêque, c'est tout le diocèse. Lui seul a
qualité pour parler et agir. Si quelqu'un ose, par sa libre
initiative, dire ou faire quelque chose que ce soit, l'évêque
peut, s'il le veut, l'interdire et le punir. Un article de journal, même orthodoxe, s'il est désagréable, devient un crime.
Il y a plus, la disposition d'un écrivain orthodoxe à écrire
un article suffit pour prendre, contre lui, des précautions ;
et si l'on ne peut frapper le polémiste pour un écrit qui
n'existe pas, on menace le journal de suppression, s'il ose
publier cet article, dont on ne veut même pas connaître ni
la qualité ni l'opportunité. Nous n'apprendrons rien à personne en disant que ces prétentions sont à l'encontre de la
raison et du droit ; que si chaque évêque est chargé du gouvernement de son diocèse et a une certaine part dans le
gouvernement général de l'Eglise, il a, au-dessus de lui,
le Pontife Romain, et au-dessous, des prêtres et des fidèles qui ne sont ni dépouillés de leurs droits, ni dispensés de

leurs devoirs. Certainement, aucun évêque ne songerait à s'autoriser, par la Déclaration hérétique de 1682, à une sorte d'autocratie ; mais il n'est pas impossible que la longue influence de la mauvaise doctrine ait créé, çà et là, quelques mauvaises habitudes, jusqu'ici réfractaires aux nécessaires conséquences des définitions du dernier Concile et aux exigences du droit canon.

Dans tous les cas, et sans nous préoccuper de ce qui se passe, il est absolument certain que tout fidèle est un soldat de l'Eglise, et que tout prêtre doit être un défenseur de l'Eglise. De droit divin, la charge d'enseigner appartient au Pape et aux évêques. « Toutefois, dit Léon XIII, on doit bien se garder de croire qu'il soit interdit aux particuliers de coopérer d'une certaine manière à cet apostolat, surtout s'il s'agit des hommes à qui Dieu a départi les dons de l'intelligence avec le désir de se rendre utiles. Toutes les fois que la nécessité l'exige, ceux-ci peuvent aisément, non certes s'arroger la mission de docteurs, mais communiquer aux autres ce qu'ils ont eux-mêmes reçu, et être, pour ainsi dire, l'écho de l'enseignement des maîtres. D'ailleurs, la coopération privée a été jugée par les Pères du Concile du Vatican, *tellement opportune et féconde*, qu'ils n'ont pas hésité de la réclamer. « Tous les chrétiens fidèles, disent-ils, surtout ceux qui président et qui enseignent, nous les supplions par les entrailles de Jésus-Christ, et *nous leur ordonnons* en vertu de l'autorité de ce même Dieu Sauveur, d'unir leur zèle et leurs efforts pour éloigner ces horreurs et les éliminer de la Sainte Eglise. » Que chacun donc se souvienne qu'il peut et *qu'il doit* répandre la foi catholique par l'autorité de l'exemple, et la prêcher par la confession publique et constante des obligations qu'elle impose. Aussi, dans les devoirs qui nous lient à Dieu et à l'Eglise, *une grande part* revient au zèle avec lequel chacun doit travailler, dans la mesure du possible, à propager la foi chrétienne et à repousser l'erreur »……. « Par conséquent, ajoute plus loin l'auguste auteur de l'Encyclique *Sapientiæ christianæ*, ceux qui aiment la *prudence de la chair* et qui *font semblant* d'ignorer que tout chrétien doit être un vaillant soldat du Christ ; ceux qui prétendent obtenir les récompenses dues aux vainqueurs, en vivant comme des lâches et en s'abstenant de prendre part au combat, ceux-là non seulement ne sont pas capables d'arrêter l'invasion de l'armée des méchants, *mais ils secondent ses progrès.* »

Qu'il y ait un ordre de bataille, qu'il y ait des consignes de combat, que l'état major ait ses plans, je le veux bien. Mais, dans des matières qui relèvent de l'esprit, il faut laisser grande part à l'initiative des soldats ; et puis, dans toute armée, il y a des voltigeurs. David, qui tua Goliath, n'était même pas soldat ; et lorsqu'on voulut l'équiper, il préféra s'avancer avec sa panetière et sa fronde. Le résultat n'a pas confondu sa prudence.

Qu'il y ait, dans l'Eglise, un devoir d'obéissance, l'Encyclique le déclare. Mais si l'on arguait de l'obéissance pour interdire le combat, ce serait se servir d'une partie de l'Encyclique pour détruire l'autre. Il faut prendre l'Encyclique dans son entier ; certainement elle n'a pas été écrite pour encourager l'inertie ou autoriser des actes d'aveugle prépotence. Cette Encyclique est plutôt un appel aux armes spirituelles. Son dernier mot, c'est que refuser de combattre pour Jésus-Christ, c'est combattre contre ; et son vœu final, c'est que jamais la bravoure des évêques ne fasse défaut parmi le peuple chrétien.

Quant à la seconde erreur pratique qu'on tire du séparatisme, l'anti-cléricalisme pour l'appeler par son nom, il vise à soustraire la société civile à toute action et même à toute influence religieuse. L'Eglise peut, si quelqu'un le désire, coopérer à son salut ; mais la société civile n'en a cure. Non seulement elle n'a aucun souci de la destinée immortelle des hommes, mais elle accepte qu'ils restent dans leur condition de créatures déchues et que, elle, société, n'ait pas d'autre devoir que de favoriser leurs passions

et de servir leurs intérêts matériels. L'Etat se sépare de l'E-
glise pour exclure la religion et bannir Dieu. Qu'il y ait des
prêtres, c'est tout au plus si elle tolère leur costume ; mais
leur admettre, comme tels, une ingérence quelconque dans
le fonctionnement de la machine sociale, jamais. La qualité
de prêtre n'est qu'un titre à l'ostracisme. L'immunité sa-
cerdotale, on ne la connaît pas ; bien plus, les droits civils
du prêtre, on veut les supprimer. Le prêtre est le paria de
la société moderne ; et Jésus-Christ, son maître, est le grand
proscrit.

Qu'une telle erreur soit anti-chrétienne et qu'elle abou-
tisse à la destruction de l'Eglise, qui ne le voit ? Il en est cependant qui, égarés par des préjugés d'école, trompés par
des traditions fautives, pensent qu'il n'est pas opportun de
résister de front à l'iniquité puissante et dominante, de
peur, disent-ils, que la lutte n'exaspère davantage les méchants. De tels hommes sont-ils pour ou contre l'Eglise ?
Plusieurs sont pour, mais certainement d'autres sont contre, et sous des peaux de mouton, ne sont que des loups
ravisseurs. A la vérité, ils se donnent pour professer la doctrine catholique, mais en même temps, ils voudraient, dit
Léon XIII, que l'Eglise laissât libre cours à certaines théories qui leur sont contraires. Dans leur délicatesse, ils gé-
missent sur la perte de la foi et la perversion des mœurs ;
mais à de tels maux ils n'ont souci d'apporter aucun remède ; et même il n'est pas rare qu'ils en augmentent l'intensité, soit par une indulgence excessive, soit par une
pernicieuse dissimulation. Nous avons pire ; nous voyons
de nos propres yeux, les libéraux s'entendre avec les francs-
maçons, par une sorte d'alliance négative, qui assure aux
libéraux toutes les faveurs du pouvoir et, aux francs-maçons, le silence, pour la perpétration de leurs forfaits. Par
cette connivence criminelle, une sorte de prescription est
acquise à la proscription des religieux, aux lois scolaires,
à la spoliation des curés, à leur envoi à la caserne, enfin
à la suppression du budget des cultes. Le temps vient où,

par la suppression de ce budget, la France (1) devra, pour soutenir ses prêtres, abandonner le Denier de Saint Pierre. En attendant, les doctrines romaines s'étiolent dans le silence. L'Eglise, d'après mon humble avis, traverse la crise la plus terrible qu'elle ait jamais subie. Sous les empereurs païens, au milieu de la persécution, ses pasteurs et ses fidèles pouvaient encore la défendre et réfuter ses ennemis. Maintenant la secte sémipélagienne est arrivée à lui ravir ses chiens et ses bergers. On ne peut plus qu'imiter Tobie qui ensevelissait les morts pendant la nuit.

Pratiquement, sur cette participation des prêtres et des laïques, à quoi faut-il s'en tenir ? Nous répondrons à cette question, par l'énonciation de faits contemporains, et, si l'on veut, par des anecdotes.

Nous avons été élevé par un évêque, qui fut l'Athanase de son temps, Mgr Parisis. C'était un prélat militant, toujours debout sur l'arène, et qui pouvait, à lui seul, valoir un armée. Si laborieux qu'il fut, si intrépide qu'il put être, il ne dédaignait pas les auxiliaires. De sa propre plume, il écrivit deux lettres sur la participation des laïques à la défense de l'Eglise. Est-il besoin de dire qu'en les écrivant, il ne songeait pas à coiffer ses coopérateurs de sa mitre et à leur confier sa crosse ? Non, il n'était pas homme aux abdications, mais il savait ouvrir des sphères d'action et mesurer les justes concours. Si Dieu lui donna pour compagnons d'armes, Veuillot et Montalembert, il ne se départit pas, pour si peu, de ses propres luttes. Vous chercheriez vainement en quoi cette union de forces peut porter préjudice à la cause de l'Eglise ? Et, pour tout dire, ce grand évêque ne dédaignait pas de semer des épées, de donner lui-même ses brochures aux enfants de troupe et de les appeler lui-même à ramasser son ceste, lorsqu'il

Dans cet écrit, nous ne pouvons oublier la France ; la France est la mère du Canada ; pour le passé et pour l'avenir, c'est en France que nous inviterons le Canada à venir prendre la régularisation de ses destinées. Que nos malheurs soient, pour lui, des leçons graves et lui inspirent de saintes résolutions.

tomberait sur l'arène. La plume de Mgr Parisis, comme le cheval de Job, sentait la guerre, subodorait les combats et criait aux plus humbles serviteurs de l'Eglise : En avant toujours !

De son temps, un évêque français, qui devait tout à la presse, avait conçu la singulière idée de brider les écrivains laïques. Par une certaine déclaration, qu'il faisait colporter dans les évêchés de province, il entendait si bien mater, entre autres, le rédacteur de l'*Univers*, qu'il dut supprimer son journal ou subir un joug. Cette déclaration où l'on visait une chose pour en faire une autre, ne fut soumise ni aux Parisis, ni aux Pie, ni aux Gousset, ni à aucun grand évêque de ce temps, qui tous, plus ou moins, la combattirent. Comme elle mettait le feu partout, sous prétexte d'établir la paix, Pie IX lui-même voulut l'abattre et l'abattit par l'Encyclique *Inter multiplices*. De cette Encyclique, deux grandes choses ressortent formellement : 1º la licéité, la convenance, les avantages du concours des écrivains laïques pour la défense de l'Eglise ; 2º l'obligation pour les évêques, de leur donner, sans doute, s'il y a lieu, de bienveillants conseils, mais de les encourager, de les provoquer au combat, de les bénir, et, au besoin, s'ils sont frappés, de baiser leurs blessures. Paroles du Pape, paroles de Dieu. Certes, même en les appelant, ces écrivains, même en les encourageant, même en les protégeant, vous n'en aurez pas encore autant qu'il en faut pour conjurer les maux et assurer le triomphe de l'Eglise. L'étroitesse d'esprit, en pareil cas, est un sacrilège qui touche à la déraison et amorce la trahison.

Dix ans plus tard, en 1864, après avoir entendu, pendant trois quarts d'heure, l'exposé des caractères de la grande hérésie des temps modernes, le libéralisme, Pie IX, dans son indulgence, nous élevait à la prélature et nous donnait, comme consigne de combat, le mot d'Isaïe : *Clama, ne cesses ; quasi tuba exalta, vocem*. Et en français, il ajoutait : « Si l'on vous dit quelque chose, vous reviendrez ici ; je vous défendrai. » Ce sont ses propres paroles.

Après la mort de Pie IX, le prélat qui avait voulu mater les écrivains laïques, répandait en France, le bruit que toute controverse devait finir, que le libéralisme aurait désormais carte blanche. Nous adressâmes à Léon XIII, personnellement, une supplique latine en style de chancellerie. Quinze jours après, Léon XIII nous répondait : *Non posse tuto et utiliter* : On ne peut pas *sûrement* pour les doctrines et *utilement* pour la conduite, garder le silence en face de l'erreur. De cette réponse, malgré tout ce qu'on nous a dit à l'encontre, nous avons conclu que Léon XIII ne voulait pas le désarmement. Nous avons continué de combattre. Nous avons, il est vrai, été frappé, c'est un incident qui s'explique tout seul ; mais la proscription ne prouve pas l'inutilité du combat ; elle n'a été, en tout cas, pour nous, qu'un gage d'indépendance ; elle nous a fourni une cuirasse pour nous jeter, avec plus de décision que jamais, sur les rangs ennemis, à grands coups de tomahawk.

Ainsi Tardivel avait usé de son plein droit, en descendant au champ clos de la presse ; en suivant les consignes de l'Eglise, il avait combattu le bon combat. L'orientation de ses polémiques était d'autant plus facile, que, sur les rives du Saint-Laurent, il s'inspirait des mêmes principes, soutenait les mêmes causes, maniait les mêmes armes, que Louis Veuillot, par exemple. En dehors de ses sympathies personnelles, il avait des indications obligatoires. D'un côté, la logique de l'erreur s'est, depuis trois siècles, concentrée sur certains points, où elle espère prévaloir plus aisément contre la vérité ; de l'autre, l'armée catholique, préposée à la défense des vérités attaquées ou méconnues, avait voulu s'assurer le triomphe par la solidité de ses principes, par la combinaison d'une méthode savante. Par dessus tout, le Saint-Siège avait donné, de longtemps, des mots d'ordre dont Tardivel faisait profession d'être l'humble soldat. Au moment donc où il fourbissait ses armes et dans toute la durée de ses campagnes, il n'avait pas à suivre la fantaisie des inspirations privées, ni les caprices de ses sentiments personnels : — choses qui dans une certaine mesure sont d'ailleurs licites. Non, mais il descendait dans une lice tracée d'avance ; il attaquait des erreurs manifestes, à certains égards dénoncées et même réprouvées ; il marchait sur les traces d'apologistes, persécutés avant lui, mais dont les épreuves font aujourd'hui la gloire. A sa mort, lui-même devait entrer dans ce noble partage. Le droit de Tardivel n'est pas plus contestable que sa conduite n'est digne de blâme.

II. — Sur cette question du droit d'écrire peut s'en greffer une autre, plus palpitante encore d'intérêt, savoir : s'il ne peut pas, chez quelque nation, se produire telles circonstances d'aveuglement, d'inertie ou d'incohérence, où l'on n'ait pas seulement, même simple laïque, le droit et le devoir d'écrire : mais où une certaine nécessité vous incomberait de crier de toutes vos forces : Au loup, parce que le loup, à l'insu du berger, serait entré dans la bergerie ?

Cette question, dans sa généralité, ne paraît pas, à Mgr Parisis, dans ses *Cas de conscience*, pouvoir être l'objet d'un doute raisonnable. C'est le cas d'extrême nécessité où, suivant Tertullien, tout homme est soldat, où tout citoyen doit courir aux pompes pour éteindre l'incendie ou travailler à la manœuvre pour sauver le vaisseau que va briser la tempête.

En deçà d'un péril si extrême, ne peut-il pas se trouver encore péril si grave, si menaçant, si désespérant, que tout fidèle soit *obligé*, s'il le peut, de défendre l'Eglise contre le danger de séduction ou de ruine ? Cette question a toujours été, dans l'Eglise, depuis ses commencements, de la plus haute importance. Dans tous les siècles, il s'est posé des problèmes, obscurs et redoutables, dont tout le monde ne soupçonnait pas la perfidie. Dieu, qui ne manque jamais à son Eglise, lui suscite alors, du sein de son peuple, un humble défenseur, quelque soldat obscur de l'Eglise militante. A son appel, l'Eglise, organisée comme une légion dans son camp, lance ses champions contre l'ennemi et remporte toujours la dernière victoire. Que si, contre le dessein de Dieu, Jérusalem tue ses prophètes, proscrit ses écrivains, lapide les envoyés du ciel, c'est l'infaillible marque de l'anathème d'En Haut : le fait ne prouve rien contre les prophètes.

Cette conclusion, mise en présence des vingt siècles de l'histoire ecclésiastique, se présente avec une solennité qui n'admet pas de déclinatoire. *Custos, quid de nocte*? disait le prophète ; la question ne s'adresse pas seulement au gardien, elle s'adresse à tous, au plus humble prêtre, au dernier des fidèles avec autant d'autorité qu'au plus grand pontife.

L'Apocalypse de S. Jean est une révélation des destinées de l'Eglise jusqu'à l'heure terrible où l'Agneau, immolé pour les péchés du monde, reviendra, comme le lion de Juda, pour exercer lui-même sa justice : *Dies iræ, dies illa*. Ces visions de Pathmos sont pleines d'obscurités où la suite des siècles doit apporter progressivement quelques lumières. Sans vouloir entrer dans ces arcanes, rien n'est plus clair que les commencements. La destinée de l'Eglise est inhérente aux vertus de l'épiscopat ; elle en est, en logique divine, la conséquence et en offre le plus lucide commentaire. Le vieillard-vierge s'adresse aux sept évêques de l'Asie Mineure ; il leur fait subir un rigoureux examen ; et par le partage, entre leurs mérites et leurs démérites, pronostique ce qui doit arriver. L'histoire est écrite d'avance dans les qualités et les défauts de l'épiscopat. Cette conséquence fait frémir ; mais elle met une joie dans l'âme des humbles, qui, n'ayant jamais été rien, sont toujours à la hauteur de leurs fonctions.

Les obscurités de l'Apocalypse disparaissent en devenant des faits de l'histoire. La lettre aux sept évêques de l'Asie Mineure est une prophétie qui s'accomplira jusqu'à la fin des temps, chez tous les peuples. L'Evangile doit faire le tour du monde, être prêché partout, régner partout comme Eglise. Mais le christianisme doit disparaître ainsi successivement de partout et Jésus a demandé si, à son retour, il trouvera encore la foi sur la terre. La séduction diabolique doit donc tout détruire ; on n'ose même pas demander comment elle s'y prendra pour abuser l'univers. Mais les faits sont là ; ils crèvent les yeux ; et, pour ne pas les voir, il faut recourir à de bien pauvres artifices.

Dès le premier millénaire de l'Eglise, le christianisme a presque disparu des lieux où fut son berceau ; il a disparu de la Palestine, de la Syrie, de l'Asie Mineure, de Constantinople, d'Athènes, d'Alexandrie, de l'Egypte, de Tripoli, de Tunis, de l'Afrique du Nord et même de l'Espagne. Nous ne disons, même en abrégé, ni pourquoi, ni comment ; nous nous bornons à la constatation du fait : il nous semble que ce fait effroyable accuse, si peu que ce soit, les évêques qui ont laissé détruire leurs sièges, sans l'arroser de leur sang, comme martyrs.

Durant le second millénaire de l'Eglise, le schisme et l'hérésie ont détruit le catholicisme, en Russie, dans la Moldavie et la Valachie, dans les Balkans, dans les deux tiers de l'Allemagne, en Suède, en Norvège, en Danemark, en Ecosse et en Angleterre. Ici, en pleine lumière de l'histoire, nous pouvons mieux juger. Dans la destruction de la foi pure, le schisme et l'hérésie ont eu, presque partout, pour complices et pour agents, même des évêques. La puissance des évêques est très grande pour défendre ; elle est grande aussi pour laisser périr, si elle s'abstient ou si elle tourne.

Dans le troisième millénaire de l'Eglise, d'où le catholicisme et même le christianisme doivent-ils disparaître, pour faire place à l'athéisme ? Nous l'ignorons ; mais nous n'ignorons pas que cette disjonctive est d'ores et déjà posée, même en France ; et qu'elle se pose ou s'impose un peu partout. Nous ne sommes ni prophète, ni fils de prophète ;

et si nous l'étions, nous ne serions certainement pas un prophète de malheur. Nous ne demanderions pas mieux que d'ouvrir nos âmes toutes grandes à l'espérance ; mais, hélas ! sérieusement, le pouvons-nous ? — Non, nous ne le pouvons pas, sans nous armer de toutes les forces du Christ, de toutes les lumières de l'Evangile, de toutes les ressources militantes de la sainte Eglise.

La France, mère du Canada, a été empoisonnée trois siècles par les erreurs de Jansénius et les aberrations de Bossuet ; elle a été persévéramment, si profondément empoisonnée par ces aberrations et ces erreurs, que, dès lors, sa foi décline et sa vertu baisse. De 1789 à 1801, la France est officiellement sans culte. Depuis le Concordat, livrée sans cesse à des pouvoirs politiquement neutres, malveillants ou maladroits, elle offre ce double spectacle : d'un côté, de braves chrétiens qui se refont une foi pure, des institutions et des mœurs ; d'un autre côté, des impies forcenés qui préparent les funérailles d'un grand culte. En 1870, la France tombe entre les mains d'une bande d'aventuriers et de malfaiteurs, qui se ruent bientôt, sous le nom de Commune, à l'extermination des catholiques. La Commune vaincue, la France tombe sous la coupe des libéraux, qui piétinent sur place dans l'impuissance et préparent le retour légal de la Commune. A partir de 1878, les communards, revenus au pouvoir sous les noms de radicaux et d'opportunistes, au lieu de procéder par le fer et le feu, détruisent insensiblement par des lois scélérates, la religion catholique et l'Eglise romaine. Jusqu'à la mort de Léon XIII, pendant vingt-cinq ans, un gouvernement, audacieusement persécuteur, démolit, pierre par pierre, tous les édifices de la sainte Eglise, temples, sacristies, presbytères, écoles, maisons religieuses et charitables. Pendant ce même temps, sauf cinq ou six glorieuses exceptions, la majorité des évêques garde le silence ; plusieurs même sont complices des démolisseurs. La conclusion, c'est qu'en 1905, sous couleur de séparation, paraît une loi qui déchristianise la France et anéantit légalement l'Eglise catholique. Au moment où nous écrivons ces lignes, on en est à délibérer pour savoir si, oui ou non, nous nous laisserons étrangler par ce carcan. Pendant les deux ans de préparation de la loi, on ne voit pas que l'épiscopat français ait posé un acte capable de soulever les masses populaires, contre un si monstrueux attentat. Nous nous abstenons de juger sa conduite.

Ici revient notre question. Pendant ces vingt-cinq ans d'abdication, un écrivain, clerc ou laïque, n'avait-il pas le droit et le devoir de défendre la sainte mère Eglise ? et ne pouvait-il pas, en présence de défaillances si lamentables, sous la pression de la nécessité, élever fortement la voix, pour résister au crime et dénoncer même la trahison ? Selon nous, cet écrivain n'était pas un coupable, mais un héros. En défendant de son propre mouvement, sous l'impulsion de la foi, sans autre mandat que sa volonté, à ses frais, à ses risques et périls, l'Eglise dans ses biens et dans ses personnes, il a été un bon soldat du Christ. Et si, debout sur l'arène, avec une ferme intrépidité, il a été frappé, par devant ou par derrière, dirons-nous qu'il a été frappé justement ? Nous laisserons à d'autres le soin de la réponse ; nous déclinons tout souci d'apologie.

Nous ne ferons, ici, aucune application. Nous constaterons seulement que, dans cette France où les braves soldats viennent d'être frappés pour faute de clairvoyance et crime de bravoure, il n'en a pas toujours été ainsi. En 1811, en 1828, en 1845, en 1860, en 1875, les évêques formaient une légion qui défendit victorieusement, contre les sectaires, l'Eglise et la France. Pendant ces cinquante ans de combats, Louis Veuillot n'a été frappé que par deux évêques, Dupanloup d'Orléans et Sibour de Paris ; il fut, au contraire, maintes fois, grandement approuvé, loué et applaudi par les autres évêques. Pendant un combat, de moitié moins long, Jules Tardivel n'a été, à notre connaissance, approuvé pleinement que par deux ou trois évêques.

Nous citons Ignace Bourget, Louis Laflèche et l'énergique Langevin, mais il n'a été frappé par personne. Nous ajoutons que Tardivel mourant a été réjoui dans son âme par les charismes de son archevêque. Les autres évêques, n'étant pas ses Ordinaires, n'avaient pas à s'en préoccuper. Pour nous, trois choses nous frappent dans ces circonstances : 1° Le mouvement accéléré et furieux avec lequel se précipite, un peu partout, la révolution ; 2° l'urgente nécessité de lui résister par le déploiement de toutes les forces de l'Eglise ; 3° la clairvoyante et glorieuse résolution avec laquelle Jules Tardivel lutta sur les rives du Saint-Laurent, et prépara la résistance magnifique que l'épiscopat canadien ne manquera pas d'opposer aux prochaines tempêtes. Une telle unanimité n'empêche pas que tout chrétien soit soldat et doive courir à la bataille.

CHAPITRE XV

Le voyageur admire, dans les musées de Rome, des tableaux à double compartiment : en bas une scène de la terre ; en haut, une scène du ciel ; c'est le même sujet vu sous deux aspects différents : d'un côté, le martyre est battu de verges, déchiré de coups, abattu d'un coup d'épée ; de l'autre, le martyre rayonnant de jeunesse, la palme du triomphe à la main, sur la tête la couronne des élus. Chaque vie d'homme, pour être bien connue, doit être envisagée à ce double point de vue : tout d'abord les actes, la série d'œuvres dont la trame forme l'existence d'un personnage ; ensuite les effets de ses actes, les bienfaits de son action, les résultats de son influence. Nous devons appliquer, à Tardivel, cette règle d'appréciation ; d'autant plus qu'ayant trouvé sa personne plus humble, sa vie plus effacée, son œuvre plus modeste, quelque lecteur pourrait s'imaginer que son influence a été nulle, son action sans effet : parce qu'il n'a pas fait de bruit, il n'aurait pas fait de bien. Conclusion d'une bien légère philosophie, qui nous paraît aux antipodes de la vérité.

Nous avons promis de ne point franchir le mur de la vie privée. Seuls les membres de sa famille et quelques amis intimes ont connu l'homme en son particulier, le compagnon simple, intègre, doux, gai ; plutôt enclin à voir le côté plaisant des choses ; l'homme indulgent pour le prochain, surtout pour ses ennemis ; l'ami dévoué, l'admirateur de la nature, le chrétien pratiquant sa religion sans ostentation et sans respect humain. Il nous serait agréable de consacrer quelques paragraphes à la personnalité domestique de feu Tardivel ; nous avons promis de ne nous occuper que du journaliste. Nous n'oublierons pas autrement que le regard de Dieu se repose sur les humbles ; et que l'humilité est une condition ordinaire de béatitude.

I. — Par delà l'horizon fermé de sa vie domestique s'ouvre la sphère de son action publique. Chaque journal compte un nombre quelconqne d'amis fidèles : ce sont les abonnés de fondation, les lecteurs-nés, les âmes sensibles à votre commerce, ouvertes à tous vos discours : ils sont de la maison et forment une seconde famille, la famille de l'esprit, les enfants de cœur ou les frères de pensée. Les prédicateurs disent volontiers que, fussent-ils entendus d'un seul auditeur, ils seraient assez récompensés de leur peine ; les publicistes ont meilleur sort. Bien qu'il faille payer pour les entendre, on les lit d'autant plus, avec une meilleure solidité de conviction. S'ils parlent vraiment avec une plume crucifiée, aucune de leur parole ne tombe dans une terre stérile. Pendant vingt-cinq ans, les lecteurs de la *Vérité* ont connu l'écrivain intègre; ils l'ont vu exposer les vrais principes, défendre les vraies doctrines, combattre toute erreur ; ils ont goûté le moraliste toujours armé contre ce qui pouvait offenser la vertu ; ils ont admiré le publiciste toujours fidèle au devoir, que rien ne pouvait faire dévier de sa voie. Il faudrait désespérer de l'âme humaine et de sa nation, si vingt-cinq ans d'un tel ministère pouvaient rester sans fruit.

L'action sur les amis est lente, à peu près invisible ; l'action sur les adversaires est plus prompte, et quoiqu'elle paraisse inefficace, il s'en faut de beaucoup qu'elle soit sans effet. Parcourez, je vous prie, les tables des trois volumes des *Mélanges* de Tardivel : vous retrouverez là les noms de tous ses adversaires. A l'un il pince l'oreille ; à l'autre, il administre une volée de bois vert ; à celui-ci, vous croiriez qu'il passe sa plume à travers ; à celui-là, il

se contente d'opposer des arguments d'une raison honnête
ou le cri d'une juste indignation. Vous croyez que tous
ces ferrailleurs de presse et tous ces malins de la petite
politique ont, pour la presse qui les censure, un superbe dédain. Plus ils le disent, moins vous devez le croire. Les
louanges des amis ne sont de rien, parce qu'ils savent
ce qu'elles coûtent et combien elles sont peu sincères ; les
critiques des adversaires irréprochables, plus elles sont
solides, plus elles troublent les triomphateurs. L'homme
qui a tenu vingt-cinq ans sa plume levée, a été une influence ; l'homme qui l'a abattue avec intégrité, pendant le
même laps de temps, a opéré, dans l'opinion, maints redressements et conjuré, plus d'une fois, les malversations
de la politique. Vous le saurez mieux un jour, si vos importants laissent des mémoires.

La meilleure preuve de l'influence de Tardivel, ce sont
les qualités de son action. J'entends dire beaucoup de mal
des journalistes ; je sais, par exemple, qu'il y en a, parmi
eux, de bien méprisables, plus méprisables que les prosti-
tuées, qui, elles, ne vendent que leur corps, tandis qu'eux
vendent leur âme. Mais cette abjection n'est que la corruption d'une chose excellente, le journalisme. Il y a des
journalistes qui sont des héros, et par la manière dont ils
entendent la profession et par le dévouement avec lequel
ils l'exercent. Autant les autres sont bas, autant ceux-ci
sont admirables et puissants dans la mesure même de leurs
convictions et de leurs vertus.

Dans un article, signé Jérôme Aubry, nom d'un ami inconnu à qui je veux donner en passant une bonne poignée
de la main du cœur, — je relève ces traits du caractère
de Tardivel : « Tardivel, dit-il, a aimé de tout son cœur, de
toute son âme et de toutes ses forces, l'Eglise, la Papauté,
Rome. Ses écrits, son œuvre le démontrent bien, mais pas
autant, toutefois, que ses conversations avec ses amis intimes, alors qu'il donnait libre cours à des sentiments que
le journalisme militant ne lui permettait pas d'exprimer.

C'est dans ces conversations qu'il se laissait connaître tout entier.

« Le journaliste sérieux, nous disait-il, a moins besoin de lire beaucoup que de beaucoup observer, beaucoup réfléchir, beaucoup penser, beaucoup méditer. » Il savait par cœur les encycliques des trois derniers papes, dont il s'inspirait, qui l'éclairaient, qui le guidaient. Les Actes des Apôtres, les Epîtres de saint Paul, l'Ancien Testament, la Vie de Jésus-Christ étaient ses lectures favorites.

Nul n'eut plus le sens catholique que Tardivel et peu ont été aussi clairvoyants, aussi perspicaces, aussi prompts à saisir la véritable portée d'un écrit ou d'une action. Cette qualité essentielle et si rare ne l'empêchait pas de prendre conseil de ceux qu'il savait être en mesure de l'éclairer. A ce propos il écrivait : « L'accusation portée contre le directeur de la *Vérité* de ne point consulter, part, d'ordinaire, du camp libéral (1). Il est vrai que quand je cherche conseil *ce n'est pas aux catholiques libéraux, même les moins avancés, que je m'adresse généralement. Je connais meilleure enseigne.* Je consulte des laïques éclairés, dans les questions de leur compétence ; mais surtout des prêtres tant réguliers que séculiers, qui me paraissent devoir être bons juges, à cause de la connaissance qu'ils ont du pays ; à cause de la droiture de leur jugement, de leur science théologique puisée à la source pure d'un enseignement romain ; et aussi parce que détachés de tout lien de parti, voyant, par cela même, plus clair et envisageant les choses de plus haut, ils ne se préoccupent que des vrais intérêts de l'Eglise et du pays » (2).

Tardivel ne se préoccupait guère de décerner des louanges même méritées. Que si on lui en faisait reproche, il répondait que cette agréable tâche était laissée aux journaux de parti qui s'en acquittaient à merveille ; quant à la *Vérité* elle se réservait le rôle ingrat, mais de beaucoup plus utile,

(1) Il n'est question ici que du catholicisme libéral.
(2) *Mélanges*, 3ᵉ volume, p. XLI.

de blâmer ce qui était digne de blâme, de condamner ce qui était condamnable, de montrer le mal et d'essayer de l'enrayer.

« Mais à quoi bon, lui demandait quelqu'un, vous n'avez par la prétention de pouvoir rendre le monde meilleur. »

Et il répondait que Dieu ne demande pas le succès, mais l'effort, la lutte, l'accomplissement du devoir ; que le reste lui appartient.

A ce propos il nous écrivait : « Ce qui nous perd, c'est le *conciliatorisme* qui s'accommode des petits empiètements des méchants et qui, pour éviter le combat, accepte des concordats bâtards finissant toujours par enterrer la justice. Subissons ce que nous ne pouvons pas éviter, mais protestons fermement ; ne nous bornons pas à dire : *Ce n'est pas l'idéal.* C'est parce qu'on néglige d'exposer les principes aux yeux des hommes que l'erreur finit par s'imposer. Tout cela est du libéralisme, le plus dangereux de tous, *le libéralisme endormeur* qui laisse entrer les voleurs dans la maison et emporter le butin faute de crier : *Aux voleurs.* »

« Nous sommes entourés de ces conciliateurs-là. Pilate en est le parfait modèle. Pilate a laissé crucifier Jésus-Christ par conciliation, pour ne pas se créer d'embarras » (1).

De notre temps, plus que dans aucun autre, il est difficile d'être tout à Dieu. Quand on veut se montrer vraiment catholique on doit s'attendre à être abreuvé d'injures, à être traité d'exalté, d'illuminé, de fou. Ça été le sort de Tardivel durant presque toute sa carrière de journaliste. Toutefois, vers la fin de sa vie, il y eut une détente ; non parce que ses adversaires s'étaient ralliés à ses opinions, mais parce que la guerre anglo-boer et l'Impérialisme avaient créé une diversion qui durait encore quand Dieu appela son fidèle serviteur.

---

(1) Lettre inédite. C'est l'idée qui nous a poussé à demander la canonisation de Pilate, un homme si juste, si scrupuleux, si délicat, qui a rendu le plus grand service à l'humanité.

Ecrivain sobre, simple, concis, clair ; tel voulait être Tardivel ; tel il a été.

« Sur le terrain de combat où je me suis constamment trouvé, j'ai peu cultivé les fleurs, visant plus à la clarté et à la concision qu'aux ornements du style. Resserré dans les limites étroites d'un journal à petit format, j'ai contracté l'habitude de condenser ma pensée, de l'exprimer en aussi peu de mots que possible, de m'en tenir aux grandes lignes, aux points principaux (1). »

C'est ainsi que doit écrire le journaliste s'il désire être lu. Les fleurs, les ornements, le clinquant comportent nécessairement des longueurs inutiles d'exposition et d'appréciation auxquelles les lecteurs tiennent fort peu.

Tardivel a tracé sa voie à la *Vérité* ; voie droite, mais souvent difficile à suivre, se rencontrant à chaque cent pas avec d'autres plus faciles, plus engageantes, Les rédacteurs actuels du journal connaissaient cette voie ; ils n'ont pas hésité à s'y engager et à promettre publiquement de la poursuivre jusqu'au bout. »

Un tel homme ne pouvait produire qu'une œuvre excellente. Je rappelle, pour mémoire, les épreuves de ses débuts, la nécessité qui l'obligeait parfois, après avoir rédigé son numéro, à s'improviser typographe, rouleur de machine, imprimeur en bras de chemise, au moyen d'une grande roue d'aire munie de deux manivelles : travail si pénible, que peu de journaliers s'en chargeraient, même pour un gros salaire. Mon attention se concentre sur le travail d'esprit, sur la souplesse d'intelligence, sur la fermeté de conviction qui le tint, vingt-cinq ans, à sa table de travail. Un de ses amis va nous l'expliquer :

« De 1881 à la présente année, dit Alphonse Germain, Tardivel se donna tout entier à son cher journal. Pour réaliser ses projets, pour faire de la *Vérité* une feuille intégralement catholique et indépendante comme il convenait, de

____

(1) *Pour la Patrie*, p. 11.

lourds sacrifices s'imposaient. Il les supporta sans la moindre hésitation. D'autre part, pour procurer à son public une plus grande somme de matières substantielles sans augmenter son format, pour ne présenter à ses lecteurs que des pages dont toutes les lignes fussent à lire, il s'empressa de bannir les annonces dès que ce lui devint possible. On resterait étonné qu'une pareille œuvre ait pu vivre dans de telles conditions, si l'on ne savait combien Dieu se plaît à soutenir les fondations pauvres et les efforts désintéressés. Au fidèle qui s'abandonne à la volonté sainte, les lumières et les énergies ne manquent jamais ; aussi Tardivel réussit-il à constituer son journal tel qu'il l'avait conçu. Mgr Bégin et Mgr Falconio l'ont reconnu hautement et l'ont félicité de son zèle. Jamais il n'accepta le moindre subside, même indirect, des partis et des gouvernements. Aux heures périlleuses, il poussa même l'abnégation jusqu'à l'héroïsme. Sa noble indépendance, sa droiture, seront longtemps proverbiales.

Il prit une part active à toutes les luttes religieuses, politiques et sociales de son temps. Dire son œuvre de journaliste, ce serait résumer l'histoire du Canada pendant ces vingt-cinq dernières années.

Esprit ouvert à toutes les beautés, il se garda bien de dédaigner les questions littéraires. Il ne croyait pas utile, pour mener le bon combat, d'infliger un cadre étroit à sa feuille. Bien au contraire, il s'attacha toujours à la rendre intéressante en y laissant une place aux chroniques sur les lettres ou les arts. L'un des caractères de la *Vérité*, c'est de participer du journal et de la revue. Lui-même écrivit des études littéraires et un roman très curieux. Ses principaux articles et ses études littéraires ont été réunis dans trois volumes de mélanges. Les articles forment un tableau des événements et des idées où abondent les matériaux précieux pour les historiens futurs, et ils contiennent maintes leçons qui sont à méditer sous le ciel de la vieille France non moins que sous celui de la nouvelle.

A aucun moment de sa carrière si pénible, parfois si douloureuse, il n'eut une défaillance ; il se demanda seulement, après une phase de cruels déboires, si c'était bien par le journalisme qu'il devait militer. Tout champion d'une idée a connu ces instants où l'on a lieu de croire que l'on sert insuffisamment, ou même que l'on ne sert pas du tout, la cause pour laquelle on est entré dans l'arène. Par bonheur, Léon XIII dissipa son inquiétude.

« Continuez, lui dit l'éminent Pontife. On n'a pas été mis sur terre par le bon Dieu pour faire seulement ce qu'on aime. Il faut combattre et travailler à son propre salut et au salut des autres en défendant l'Eglise. Vous avez bien combattu, vous avez défendu les saines doctrines, vous avez droit plus qu'un autre à la bénédiction du Pape. »

Il resta donc au poste d'honneur. Sa fidélité au programme qu'il s'était tracé ne se démentit jamais ; nulle épreuve n'ébranla sa volonté, ne lassa sa vaillance. On peut affirmer sans exagération qu'il incarna le type le plus élevé du journaliste chrétien de son pays, qu'il fut l'homme de tous les devoirs, de tous les dévouements, de tous les sacrifices. »

II. — Une vie si exemplaire, des convictions si droites et si fortes, un travail si courageux ne pouvaient qu'exercer, sur les contemporains, une heureuse influence. Le Canada est un bon pays, très estimable pour sa foi, très louable pour ses vertus ; il n'a, de déplorable, que ses illusions. Au moins par le contraste de cette noble vie, soubassement inébranlable d'une réaction vigoureuse contre les illusions nationales, ces illusions devaient subir un grand ébranlement. Toutefois, pour mesurer l'influence d'une vie, ce n'est pas aujourd'hui qu'il faut regarder, c'est demain. Les hommes d'aujourd'hui, cuirassés dans leur suffisance et dans leur insuffisance, n'admettent guère qu'on les critique, encore moins qu'on les réprouve : ils sont, je ne dis pas invulnérables, mais indécrottables. Les hommes de demain, les jeunes gens qui entrent dans la vie avec la confiance du bel âge, ouvrent leur âme toute grande au souffle d'avenir qu'exhale la vérité. Un jeune publiciste canadien, devenu, par mariage, le gendre de Tardivel, M. Omer Heroux, va nous expliquer l'influence qu'il exerçait sur la jeune génération, celle qui compte aujourd'hui de vingt à quarante ans.

« Beaucoup de ceux-là, dit-il, lui doivent une forte part de leur indépendance intellectuelle. Il leur a appris à se débarrasser des vieux préjugés, des opinions toutes faites, à juger hommes et choses à leur réel mérite. A la tradition et aux intérêts de parti que tout les invitait à accepter comme règle de leurs jugements, il a substitué un criterium supérieur : la loi morale et le bien public. Sa pénétrante critique leur a fait apercevoir le vide de maintes harangues sonores, le vice de trop de discours où l'erreur s'affublait de ronflantes périphrases. Il leur a rappelé constamment et quand tant d'autres se taisaient, les droits supérieurs de la justice et de la vérité. Il a maintenu très haut, au-dessus de toutes les querelles de parti et de toutes les compétitions d'intérêt, l'idéal patriotique et religieux ; et c'est à lui, à son indomptable persévérance, que nombre de jeunes hommes d'aujourd'hui doivent d'être restés fidèles, ardemment et passionnément fidèles, à ce double idéal.

« Il n'a pu mesurer, nul ne pourra mesurer la portée de son influence : il faudrait pour cela sonder les cœurs et les reins de toute une génération. Mais nous en savons assez pour dire que cette influence dépasse tout ce qu'imagina jamais, dans sa profonde humilité, le fondateur de la *Vérité*. M. Tardivel exerça sur les jeunes une action directe par son journal et ses livres ; il les enveloppa d'une influence indirecte aussi puissante par le mouvement d'idées dont il fut l'initiateur. C'est à lui, croyons-nous, qu'il faudra attribuer, dans une large mesure, le succès de cette œuvre de tant d'espérance : l'Association catholique de la Jeunesse. Ce sont ses idées, celles qu'il a semées avec une inlassable persévérance, que réalisent ces admirables jeunes gens.

« Mais l'influence morale qu'il exerça sur notre génération fut aussi grande, plus grande peut-être encore, que son influence intellectuelle.

« Nous entrions dans la vie à une époque déshabituée des choses héroïques, à une heure où la marée montante du scepticisme et du matérialisme envahissait les cerveaux et submergeait les cœurs. Les grandes luttes politiques et religieuses étaient finies ; d'aussi graves intérêts étaient en jeu, mais l'on ne savait plus, sauf de généreuses exceptions, se passionner pour le droit et la liberté. Les privilèges conquis par les aïeux, garantis par les traités, s'en allaient par morceaux, notre patriotisme s'affadissait, notre mentalité se désagrégeait sans que le peuple fût secoué par un mouvement de révolte, sans qu'il y eût une réaction sérieuse. Les habiles et les timides dominaient notre politique, la presse jaune commençait à pourrir l'opinion faisandée par les journaux de parti. Au peuple qui voulait s'instruire et que l'on prétendait édifier, l'on servait chaque jour, et à pleines colonnes, le mensonge et les conseils de défaillance, — quand ce n'était point le sang et la boue.

« M. Tardivel restait calme, imperturbable, au milieu de la débâcle. Les remous de la politique, des passions et de l'intérêt, la vague de mensonges et de demi-vérités qui déferlait sur le pays, se brisaient à ses pieds. A tous et sur tout il disait la vérité, sans regarder aux conséquences qu'elle pouvait entraîner pour lui ou pour son œuvre. Il défendait le catholicisme intégral, les droits de sa race, ceux du père de famille et du citoyen ; il dénonçait avec une inflexibilité calme les erreurs et les hommes qui pouvaient entraver la marche de la vérité ou le progrès de ses compatriotes. Nul plus que ce demi-Français né aux Etats Unis d'une mère anglaise, n'a eu une conception nette de la mission des Canadiens français et des conditions essentielles de leur développement.

« On a pu différer d'opinion avec lui, personne n'a jamais suspecté ses mobiles ni sa parfaite loyauté. Quand tous ou

presque tous se courbaient comme au début de la guerre
sud-africaine, lui restait debout et sa parole, je le sais, a
fortement soutenu les quelques vaillants dont le courage
a sauvé l'honneur de notre race.

« Si persuadé qu'il fût de l'importance primordiale des
questions religieuses, il estimait que le catholique doit
s'intéresser à toutes les manifestations de l'activité nationale et il ne s'est jamais désintéressé des problèmes écono-
miques. L'un surtout lui tenait au cœur, parce que de sa
solution dépendra, dans une large mesure, l'avenir des
Canadiens français : c'est le problème de la colonisation.
Si jamais cette question est réglée dans un sens libéral et
juste pour les colons, ceux-ci lui devront une grande part
de ce succès ; et si un certain nombre de jeunes gens aujourd'hui, dédaigneux des généralités sonores, s'efforcent
d'aller au fond de ce problème et d'en démêler les données
essentielles, c'est le résultat, pour une forte part aussi, de
sa critique, aiguë et persévérante, de ce qu'on a appelé,
par antiphrase sans doute, notre système de colonisation.

« La plus éloquente des prédications était encore son
exemple. La jeunesse ne savait pas, mais elle soupçonnait
ce qu'emportait de sacrifices, de privations de tous genres,
cette vie de suprême désintéressement, cette existence volontairement tenue en dehors de toutes les faveurs de la
politique ou de la fortune. Le directeur de la *Vérité* lui
montrait, réalisé dans son propre pays, dans le milieu
même où elle allait vivre, l'idéal de désintéressement et de
sacrifice que lui proposaient ses maîtres. Un pareil exemple la consolait et la préservait ; il l'arrachait aux influences énervantes et démoralisantes d'une époque mauvaise,
il l'élevait au-dessus des querelles et des passions dont le
spectacle attristait son âme avide d'idéal....

« Ce chrétien tout d'une pièce, dont la foi pénétrait et
ordonnait la vie entière, lui aura donné un autre exemple :
c'est le mépris absolu, calme et sans emphase — car jamais
piété ne fut moins ostentatrice — du respect humain et du

qu'en dira-t-on. Et parmi tant de leçons, si généreuses et si fécondes, c'est peut-être celle dont nous avions le plus besoin. »

III. — Pour mesurer exactement l'influence de Tardivel, il ne faut pas considérer seulement son action sur les contemporains et sur la jeunesse en particulier ; il faut rappeler brièvement ses idées sur l'avenir du Canada.

Dans nos conversations de Louze, nous avions causé longuement du passé et du présent de la province de Québec ; j'ai résumé ces entretiens dans le tome XV de Rohrbacher. Or, un beau matin, je posais à mon visiteur ces trois questions, un peu à brûle-pourpoint : Quel *est*, quel *peut être*, quel *doit être* l'avenir du Canada ? Le Canada est encore bien petit ; il a en lui, hommes et choses, en bien et en mal, tous les éléments qui peuvent favoriser ou entraver son avenir. Nous n'ignorons pas que tous les petits hommes et que toutes les petites choses sont irréductibles, parce qu'ils se croient tous grands et se tiennent pour parfaits. Nous sortons de toutes les questions actuelles, nous brisons tous les vieux cadres et nous nous demandons de quels éléments il faut attendre les grandeurs de l'avenir. Vous avez eu, jusqu'ici, mettons votre Clovis et votre Pépin-le Bref, votre S. Remi et votre S. Éloi ; nous posons, dans notre hypothèse, l'arrivée d'un Charlemagne et nous lui demandons ce qu'il doit faire. Le Charlemagne canadien peut n'être pas un soldat, il est même probable qu'il n'en sera pas un, si jamais il se produit. La grande épée ne fait rien à la chose. Charlemagne peut être un grand moine comme S. Benoit ou S. Bernard ; un grand écrivain comme Alcuin ou Louis Veuillot ; un grand législateur comme Théodose, Justinien ou S. Louis ; un grand économiste, comme Suger ou Colbert. Le nom du Charlemagne canadien reste en blanc ; que doit-il faire ?

Tardivel rêvait, pour le Canada, un grand avenir ; il voulait faire jouer, à la race française, en Amérique, le même rôle qu'elle a joué en Europe depuis seize siècles. Dans l'ancien et dans le nouveau monde, la race anglo-saxonne et la race française se disputent la prépondérance ; elle peut, cette prépondérance, être convoitée par l'Allemagne et par le Japon. Mais au point de vue des principes, la question se ramène à deux termes : la prépondérance conquise pour les intérêts matériels et par la force ; la prépondérance conquise pour les dogmes révélés et par les vertus morales poussées jusqu'à l'héroïsme, jusqu'à l'éclat des miracles. Beaucoup d'esprits grossiers et bas, même parmi les catholiques, s'inclinent devant la prééminence des intérêts et de la force : ils les admirent même dans leur expansion et ne sont pas loin de croire à l'invincible triomphe de leur avenir. Nous, je veux dire les Français, orthodoxes et intransigeants, sans méconnaître les attraits de la fortune et le crédit de la force, espèrent plus et croient même invinciblement au triomphe de la révélation et à la victoire de la Sainte Eglise de Jésus-Christ. Mais encore une fois, que faut-il faire ?

Au point de vue matériel, en présence de l'état actuel de la province de Québec, vu l'importance de ses chasses, de ses ports et de sa grande forêt, il faut arrêter net toutes les exploitations qui ne sont guère que la dilapidation de la fortune publique. Ce point est très important pour l'aménagement du patrimoine national et pour la constitution sociale des fortunes, A moins de nier la propriété privée, on ne peut guère éviter, dans une société humaine, l'agglomération des capitaux, mais la morale exige que cette agglomération ne s'effectue pas au hasard, par des prélibations de faveur, au seul profit de quelques gros égoïsmes. La raison en est que des entassements d'argent produits de cette façon ne servent qu'à la corruption des mœurs et à la production des scandales ; de plus, en fin de compte, ils amènent ce régime de ploutocratie où, par l'oppression du pauvre, éclate le conflit entre l'ouvrier et le patron, entre le travail et le capital. Au point de vue religieux, moral et même économique, il est préférable que la production des capitaux s'effectue par un travail régulier et tourne au triple profit du producteur lui-même, du gouvernement et du progrès social. Comment s'y prit Charlemagne ? En présence de la grande forêt germanique, il ne songea pas à créer des exploiteurs de forêts ; il fonda des monastères reliés entre eux par des liens de subordination. L'Allemagne est sortie tout entière à peu près telle qu'elle est de cette fondation de monastères. Les monastères sont devenus des centres de population et des pierres d'attente pour la création des villes ; ils ont, sans frais pour l'Etat, aménagé les eaux, les bois et les terres ; ils ont constitué la société par le travail et par le ministère de l'Eglise. La même chose est à faire au Canada ; c'est le seul moyen de le délivrer des vampires de l'exploitation forestière ; c'est le seul moyen d'aménager cette grande forêt qui va du Saint-Laurent à la baie d'Hudson, des Laurentides à Vancouver. Quatre provinces bénédictines, avec quatre abbayes chefs-lieux et deux cents abbayes : monastères de bénédictins prêcheurs, laboureurs et hommes d'études : voilà un moyen aussi sûr que simple pour occuper immédiatement toute la forêt, l'amodier, la transformer. Dans deux cents ans, avec des institutions monastiques, le Canada sera un peuple de vingt millions d'habitants ; avec des exploiteurs laïques, dans deux cents ans, il serait un pays tombé en déliquescence. Avec ses francs-maçons, ses juifs, ses libéraux par l'exemple de la vieille France, détruite en trente ans, nous voyons ce que deviendrait le petit Canada, livré à cette légion d'insectes noirs, dévoreurs implacables de toutes les moelles de la société.

Voilà pour la transformation matérielle du Canada, transformation qui se prépare et s'effectue sans révolution : par un simple appel aux vocations monastiques, par la facile création de monastères dans des espaces libres, vous donnez, au Canada, son orientation fixe et efficace vers toutes les grandeurs de l'avenir : ce fut le procédé de Charlemagne.

Pour la transformation intellectuelle, morale et religieuse, le procédé de Charlemagne fut de fonder les hautes écoles de *théologie*. Aujourd'hui il y a, pour le haut
enseignement, dans tout l'univers, un zèle admirable, mais
contraire à tous les principes. Le monde des sciences com-
prend deux provinces, la physique et la métaphysique. La
physique, c'est le monde matériel, le monde des corps,
accessible au regard de notre œil, connaissable par la voie
expérimentale, plein de mystères et d'obscurités, mais soumis à des lois nécessaires, mathématiques. La métaphysique, c'est le monde des esprits ; dont Dieu, les anges et les
hommes sont les membres ; monde accessible à notre raison, mais ouvert, par delà les frontières de la raison,
par la révélation divine ; monde dont la théologie est la
base, le centre et le sommet. La grande erreur du temps
présent c'est de soumettre la métaphysique à la physique, ce qui est une façon de l'ignorer ou de l'exclure, et,
par là, de désorienter absolument la raison humaine. Alors
la science ainsi retournée contre ses lois, n'est plus une
lumière qui éclaire, c'est un feu qui brûle, c'est une dyna-
mite qui fait sauter en l'air toutes les institutions séculaires des peuples chrétiens. Pour notre salut présent et futur, il faut laisser la physique dans sa sphère, avec ses lois
nécessaires et l'amour de ses découvertes ; mais il faut
rendre, à la métaphysique, son indépendance et sa suprématie ; et, pour sauver la métaphysique, il faut de grandes écoles de théologie.

Si vous aviez à peupler d'oiseaux la grande forêt, est-ce
que vous vous contenteriez, pour cela, de suspendre au premier chêne de la lisière, deux ou trois cages de serins ou de
chardonnerets, avec la porte ouverte, dans l'espoir que les
premières nichées se multipliant, vous auriez bientôt une
grande forêt pleine de chansons ? Non, vous iriez chercher
dans l'univers, les premières races d'oiseaux et les natu-
raliseriez dans vos grands bois. Pour fonder de grandes
écoles, c'est le même procédé. Je ne connais pas vos écoles

du Canada, je les suppose, pour ma discussion, parfaites ; mais, pour fonder, au Canada, une grande Université qui domine tout, qui entraîne tout, il vous faut des hommes pris à l'étranger ; et même, parmi les savants étrangers, il y a un triage, un choix indispensable. Je ne crois pas qu'elle puisse se fonder, cette Université, mieux qu'avec des Jésuites. Dans les autres ordres religieux, il y a quelques spécifications, quelques lacunes, parfois quelque ombre : par conséquent une moindre chance d'avenir ; avec les Jésuites, nul danger, nul doute. Les Jésuites sont aujourd'hui les plus forts de nos docteurs ; ils sont les plus purs et les plus sûrs ; avec eux, il n'y a ni ombre, ni lacunes, ni limites ; c'est le succès certain dans tout l'éclat et toute la solidité de la science catholique. Mettez cette Université où vous voudrez, à Winipeg, dans l'Alberta, peu importe. Le soleil de l'Université des Jésuites éclairera, illuminera le Canada, comme le collège des Jésuites à Rome, illumine l'univers. Devant les oracles de cette science, les insectes libéraux, les termites révolutionnaires sont éliminés ou se cachent. *Christus vincit, Christus regnat, Christus imperat.*

La transformation matérielle de la grande forêt par la puissante tarière des institutions monastiques ; la transformation intellectuelle, morale et religieuse des populations par la grande science de la théologie, par la création d'une grande université qui enseigne cette science avec la splendeur magnifique des Petau, des Suarez et des Bellarmin : voilà les deux éléments préparateurs de l'avenir du Canada. Ne croyez-vous pas que cette grande science, dont l'absence est, au Canada, une cause de confusion, un malheur public, ne vaudrait pas mieux que les petites chansons libérales et que les confitures empoisonnées de l'opportunisme ?

L'esprit moderne, dans son ensemble, n'est que l'adaptation croissante du charlatanisme à tous les besoins de la vie. Plus que jamais, on juge des choses et des hommes,

non d'après leur valeur et d'après une juste appréciation,
mais d'après les réclames qu'ils ont su faire autour d'eux.
La réclame obsédante, persistante, insolente finit par avoir
raison même de ceux qui se tiennent en garde contre ses
artifices. Pour notre ami, pas plus que pour nous-même,
nous n'admettons de si vulgaires soucis. Il nous suffit de
le tenir pour une des plus nobles âmes contemporaines,
pour le plus fier champion du très pur et unique intérêt
de Dieu ; ajoutons, ce qui ne gâte rien, pour un publiciste, d'une rectitude, d'une franchise et d'une solidité à
toute épreuve. Par là s'explique son action sur les contemporains, son influence sur la jeunesse et le prestige que
doivent, à la longue, exercer sur l'avenir, la probité de son
programme, l'originalité de ses vues, le prosélytisme de
son caractère.

Dans la simplicité de son âme, Tardivel savait sa reli
gion et avait l'impiété en dégoût. C'est le sentiment qui fit,
de lui, un polémiste chrétien ; il avait embrassé cette tâche,
moins par goût que par résolution. S'il avait dû être le
créateur de la presse, peut-être eût-il hésité. L'homme
n'est pas ici pour écrire toujours et pour imprimer ses
brouillons. Mais, puisque le journal existe, fallait-il en
laisser le monopole aux ennemis du Christ ? Tardivel ne
le pensa pas ; il s'empara de cette arme ; il mit, dans cette
œuvre, tout son cœur et tout son esprit. Sans cesse il
étudia, sans relâche il médita les choses de Dieu et de
l'Eglise. A cet égard, sa destinée est absolument semblable
à celle de Veuillot ; ils ont suivi exactement la même voie.
Veuillot possédait plus abondamment l'agilité de l'esprit,
la verve sans cesse rajeunie ; pour chaque article, il trouvait spontanément, la vive allure, l'entrain, l'allégresse
d'une pensée qui court, qui entraîne ; il avait surtout le
trait, la pensée fine, profonde ou malicieuse, raccourcie et
comme aiguisée dans une formule brève, qui reste comme
un dard. Mais Tardivel possédait au même degré, le cœur,
l'indépendance, le désintéressement absolu. C'est l'unique
moyen de faire quelque chose.

Des malins ont entrepris de doser les qualités et vertus dont il faut pourvoir le journalisme catholique. La solution de ce problème est très simple, du moins pour les entrepreneurs : elle consiste à tout permettre aux ennemis de l'Eglise, à tout interdire à ses défenseurs. On les affuble de tant de vertus qu'ils ne peuvent plus se mouvoir ; on les enduit d'une charité aveugle, sourde, et, par conséquent, muette. Pourtant, il faut bien reconnaître, à la vérité, le droit de ne pas être morte, le droit de parler, le droit de s'attester hors de l'ombre discrète des églises. On peut refaire à notre usage l'histoire de l'empereur romain qui se permit la fantaisie de descendre un jour dans le cirque. Le gladiateur impérial s'était fait opposer un ramas d'infirmes qu'il criblait de belles et bonnes flèches ; eux ne devaient le lapider qu'avec des éponges. Ainsi l'entendraient volontiers plusieurs : on nous percerait la peau, nous ne nous défendrions qu'avec des roses ; autrement, ce serait manquer de modération. En quoi consiste la modération qu'on nous prêche sur le ton aigre, presque avec injures. Dans cette vertu, il entre beaucoup de pusillanimité naturelle, de complaisance humaine, d'intérêt craintif, de dégoût secret pour les positions tranchées et les vérités intégrales. Nos professeurs de charité sont tout sucre et tout miel pour les adversaires ; vinaigre et fiel pour nous ; ils nous accusent de les compromettre et se hâtent de nous désavouer. Nous estimons superflu de nous donner la charge d'un panégyrique ou d'une apologie.

Si Tardivel a excédé quelquefois, nous n'en demandons point grâce. Dans le journalisme, la perfection est impossible, au moins comme on l'exige. Le devoir du publiciste est tout bonnement de cracher dans ses mains, de tomber à coups de poings sur l'ennemi. Le moyen, dans un combat sans paix ni trêve, qui dure de longues années, de mesurer tous ses coups, de ne jamais frapper ni trop fort, ni trop vite. Du moins, vous ne prendrez jamais le polémiste canadien en flagrant délit de haine, de rancune, de calomnie, de diffamation, de déloyauté, de cette basse escrime dont les adversaires usaient volontiers contre lui-même. On pouvait le craindre, c'était tout le bénéfice de sa cause ; mais on le craignait comme un soldat d'élite, pas du tout comme un spadassin.

Qui plaindrons-nous parmi ses adversaires ? Tardivel distingue entre les incroyants qui souffrent de l'être, qui parfois l'avouent, et les émancipés qui se targuent et se pavanent, ennemis déclarés de la foi publique, corrupteurs des mœurs et de l'esprit. Si nous tenons notre foi pour le premier trésor et la première noblesse ; si nous songeons aux petits et aux humbles, auxquels on veut la ravir, nous ne prendrons point ombrage quand une voix courageuse fustigera les incrédules militants et les apôtres de l'anti-christianisme, bien moins encore ces faux frères qui ne sont que des trembleurs. Les gens paisibles et timides, qui n'aiment pas le bruit, peuvent s'enfermer chez eux. Le journaliste, dont c'est la profession de fustiger les endormeurs, ne troublera pas leur sommeil, mais il donnera la chasse aux malfaiteurs qui endorment le pauvre monde pour se livrer impunément, pendant la nuit, à tous les brigandages.

Les catholiques, au Canada, ne sont ni des parias, ni des ilotes ; ils ne sont pas gens d'une mentalité inférieure, trop heureux d'acheter, par le silence, la tolérance précaire et méprisante du monde qui se croit éclairé, parce qu'il ne voit pas clair. Tardivel a détruit les privilèges de l'incrédulité ; il a su parler haut, avec vigueur, avec raison, avec esprit même, et retourner victorieusement, contre l'adversaire, toutes les armes légitimes. Les catholiques du Canada n'ont plus de représailles à craindre ; ils peuvent jouir d'un sentiment, longtemps oublié, la noble hardiesse, la sainte fierté de la foi.

CHAPITRE XVI

MORT DE TARDIVEL ; JUGEMEMT SUR SA PERSONNE.

Quoique la complexion et le tempérament de Tardivel
fussent irréprochables, il souffrait, depuis longtemps, d'un
mal intérieur, qui ne provenait pas du défaut d'équilibre
de ses forces, mais de sa vie assise et de la privation du
mouvement hygiénique. A dire vrai, sa vie était une
concentration continuelle, sans détente, sans autre suspen-
sion que les changements nécessaires à son travail. Dans
ses dernières années, après d'insignifiantes, mais fréquen-
tes indispositions, il était tombé deux fois malade et ne
croyait pas que sa vie pût se prolonger longtemps. Le
lundi, 24 avril, à une heure du matin, le fondateur de la
Vérité rendait son âme à Dieu. Nous manquons de détails
sur ses derniers instants. Un philosophe ancien a dit :
« Toutes les grandeurs de ce monde, tout le bruit qui se
fait autour d'un homme pendant sa vie, aboutissent à ces
deux mots : *Hic jacet* (ci-gît). C'est un peu court, et trop
philosophique. Sur la croix qui marquera le modeste tombeau du vaillant soldat chrétien, on pourrait reproduire
l'inscription que s'était faite Louis Veuillot : *J'ai cru, je
vois* !

Les funérailles du directeur de la *Vérité* donnèrent
lieu à une manifestation qui prit les proportions d'un hommage national. J'en emprunte le récit à un témoin ocu-
laire : « Ce fut, dit-il, en quelque sorte le *merci* de la nationalité canadienne-française à son illustre et fidèle fils
d'adoption. S. G. Mgr l'Archevêque de Québec assistait au
service funèbre chanté dans la chapelle Notre-Dame du

Chemin, près Manrèse ; le R. P. Désy, S. J., confesseur du défunt, dit la messe de *Requiem* ; M. l'abbé Roy, du séminaire de St-Hyacinthe, assistait le prêtre officiant. La levée du corps fut faite par le recteur de l'Université Laval, Mgr Mathieu, et l'absoute chantée par Mgr Bégin. Des religieux de tous les ordres et un nombreux clergé séculier occupaient des sièges dans le bas chœur. Pendant le service funèbre, le Principal de l'école normale Laval et le Supérieur des Franciscains de Québec dirent des messes basses aux autels latéraux. Dans l'assistance, le juge en chef de la province, l'honorable M. Routhier, plusieurs autres magistrats, trois membres du cabinet de Québec : les honorables MM. Turgeon, Roy et Tessier, le Surintendant de l'Instruction publique, des sénateurs, des conseillers législatifs, des députés, des journalistes (1) et des hommes de lettres, prouvaient par leur présence que toute la nation canadienne-française prenait part au deuil qui venait de la frapper. Empêché d'assister aux funérailles, l'honorable premier ministre de la province, M. Gouin, avait écrit ses sympathies à la famille. Des offrandes spirituelles dont la liste serait interminable ont été déposées sur la tombe du défunt, et de nombreux télégrammes et lettres de condoléances ont rempli plusieurs corbeilles. Notons le télégramme de S. G. Mgr l'Archevêque de Montréal.

« Au cimetière, la fosse fut bénite par Mgr Gagnon, l'ami de cœur du journaliste défunt, toujours fidèle dans la bonne comme dans la mauvaise fortune.

« Quelque temps avant sa mort, M. Tardivel avait eu l'insigne bonheur de recevoir une bénédiction spéciale de Sa Sainteté Pie X. Inutile de dire que les derniers moments de notre père et ami ont été dignes de sa vie exemplaire. Il est parti pour l'Eternité muni des secours de la Religion et soutenu par cette paire d'ailes qui a nom la foi catholi-

____

(1) Les élèves-instituteurs de l'Ecole normale Laval assistaient en corps aux funérailles.

que. Son fils, ses gendres et ses amis l'ont conduit au champ de mort qui domine les incomparables hauteurs de Sainte-Foy, au cimetière Belmont, à quelques centaines de pieds du tombeau de l'historien Garneau. C'est là, à côté du lot mortuaire des Frères de St-Vincent de Paul, que notre modèle attendra la résurrection des corps en laquelle il a cru si profondément. »

Des larmes tombent de mes yeux en transcrivant ce compte-rendu. Un frère d'armes, tombé si jeune au champ d'honneur, face à l'ennemi du nom chrétien, une telle disparition met au cœur quelque tristesse, et, dans l'âme, un peu de découragement. Mais il faut surmonter sa douleur et penser que Dieu fait ses solutions avec les débris des nôtres.

Ainsi disparaissait, usé au service de la bonne cause, le fondateur de la *Vérité*. Sa vie entière avait été consacrée à la défense de la religion catholique, de la nationalité canadienne-française et de toutes les causes justes : c'est la vie d'un preux chevalier. Depuis ses débuts, jusqu'à son dernier souffle, il ne cessa de militer par la plume ; la maladie le terrassa, mais ne put interrompre son œuvre. C'est en dictant des articles qu'il attendait chrétiennement l'appel de Dieu.

Nous ne pouvons nous arracher à ce souvenir. De vingt-deux ans plus âgé que ce pauvre ami, nous n'avions jamais pensé que nous dussions lui ériger un monument funèbre, et voilà que nous en achevons l'esquisse d'une main tremblante. Dans ses dernières années, les lettres qu'il nous écrivait ne nous laissaient plus qu'un sentiment endolori, mais toujours avec une lueur d'espérance. Depuis longtemps, hélas ! il sentait les atteintes du mal ; il le savait incurable, et si, parfois, avec cet incoercible besoin d'espérer qui fait le fond de l'âme humaine, il se prenait à attendre des jours meilleurs, la froide réalité venait bientôt détruire son rêve. Ne pleurez pas, disait-il à ses enfants ; ne pleurez pas ; dites seulement : « Que la volonté de Dieu soit faite ! »

Pendant quatre longues années, la maladie avait lentement miné sa force vitale ; elle n'avait pu ni lui arracher un mot de récrimination, ni faire fléchir sa volonté. Chrétien, il voyait, dans la souffrance, la messagère du ciel, la grâce suprême du Christ, à ses meilleurs amis, qu'il appelle à monter après lui sur la croix. Et il se croyait le devoir d'épuiser son calice au service de l'Eglise et de sa patrie. Dieu lui a fait la grâce de conserver, dans son corps meurtri, une clarté sereine, une pensée ouverte à l'aurore de la béatitude. Quand sa main n'eut plus la force d'écrire dix lignes, il dictait encore une vigoureuse défense des catholiques du Nord-Ouest ; et, dans l'illusion d'un retour de santé, il parlait de voler à de nouveaux combats.

Dieu ne l'a pas voulu ; nous n'osons pas le regretter. Mais c'était une belle figure, une âme humble et forte, un caractère fortement trempé, un froid et ardent serviteur de Jésus-Christ et de son Eglise. Sa sincérité, son intégrité, sa loyauté lui avaient valu l'estime même de ses adversaires. Paladin du journalisme orthodoxe, il se distinguait, dans la discussion, par sa clarté et son bon sens ; dans la polémique, par son heureuse vigueur et sa fine bonhomie. Les Etats-Unis ont célébré sa mémoire ; il est juste et digne que sa louange trouve, en France, un écho fidèle. Aux temps où nous vivons, il importe que le public connaisse les exemples de dévouement et d'énergie donnés par les croyants, et il est au moins convenable de sertir d'une main affectueuse, les hommages qu'ils ont pu obtenir.

Ici, nous n'avons plus que l'embarras du choix. Nous avions cru, un instant, pouvoir réunir, dans une courte analyse, les témoignages publics, rendus au mérite de Tardivel ; réflexion faite, il nous paraît préférable de n'être pas trop bref. Puisque nous avons les mains pleines de documents, il ne peut pas nous déplaire et il ne déplaira à personne que nous les ouvrions de grand cœur, en toute confiance et pour notre mutuelle consolation. Dieu veuille

que la lecture de ces pages suscite, à son Eglise, de nouveaux champions, braves comme Tardivel, rendus intré-
pides par ses exemples !

Nous commencerons par les témoignages locaux, rendus
à la première nouvelle du décès. Ces regrets immédiats,
ces hommages spontanés, ce concert de louange, où l'on
sent les larmes, n'a rien d'apprêté, de calculé ; il coule de
source et s'épanche avec la vigueur des convictions et
l'intensité de la douleur. C'est le premier sentiment, le
premier jugement. On doit y souscrire des deux mains.

La presse de tous les partis, dont Tardivel était l'adversaire, s'émeut. Tous les publicistes canadiens s'inclinent
avec respect devant l'athlète qui fut avant tout et par dessus tout, homme de foi, homme de bonne foi et homme de
courage.

L'association des journalistes canadiens rend en conseil
une motion collective, le 25 avril 1905 ; nous l'extrayons de
ses minutes.

« Sur proposition de MM. Uld. Tremblay et Bourdon, appuyée par MM. Mayrand et Bernard, il est unanimement
résolu :

L' A. J. C.-F., ressentant vivement la perte que subit la
profession du journalisme par la mort de M. J.-P. Tardivel, un de ses membres les plus brillants, les plus dévoués
et les plus sympathiques,

Décide d'inscrire aux minutes de son Conseil l'expression
de ses ardentes sympathies en cette douloureuse occasion ;
d'en faire hommage à la famille en deuil, et d'en faire
également part à la presse, où l'honoré défunt a toujours
tenu une si large place ;

Décide de plus de déposer, en gage de ses sentiments
émus, sur le cercueil de ce confrère respecté, une couronne
de messes pour le repos de son âme. »

Le président :
J. M. Amédée Denault.
Le secrétaire :
Alexandre Bernard.

Les membres de la tribune des journalistes à la Législature provinciale émettent également une résolution publique de condoléances.

Les journaux de langue anglaise notent, en termes sympathiques, la disparition de leur confrère français. Quant aux journaux de langue française au Canada et aux Etats-Unis, nous relevons, par une nomenclature de citations, leurs élogieuses notices de la première heure.

Dès le dimanche 23 avril, au bruit de la mort, le *Nationaliste* écrit : « Il n'y aura qu'une voix pour déplorer la maladie qui menace de terrasser ce journaliste vaillant et loyal, qui la semaine dernière encore était sur la brèche, à la défense de nos compatriotes du Nord-Ouest.

« En dépit des nouvelles alarmantes qui nous arrivent de Québec, nous espérons encore que la mort épargnera ce bon serviteur de la cause nationale canadienne-française ; mais si la Providence en arrête autrement, sa famille pourra se consoler : il sera tombé comme un preux, en pleine bataille et face à l'ennemi. »

Et le soir même de la mort, l'*Evénement* publiait un article dont nous extrayons ces lignes :

« M. Tardivel a donc fourni au journalisme canadien une carrière de trente-deux années. Sa mort enlève à la profession une plume vigoureuse, un polémiste énergique, un lutteur infatigable, un homme qui sacrifia tout à ses convictions religieuses et nationales.

« C'est à la *Vérité* surtout que M. Tardivel donna toute la mesure de son talent, de son dévouement à ses idées et de son énergie dans la lutte. Comme directeur de la *Vérité*, M. Tardivel fit des luttes mémorables qui provoquèrent des divergences d'opinion quelquefois très sérieuses, mais jamais, que nous nous rappelions, personne ne mit en doute la sincérité de ses convictions. M. Tardivel était reconnu au Canada comme l'un des adversaires les plus actifs et les plus vigilants de la Franc-Maçonnerie, et en cette qualité il présida, en 1896, l'une des sections du congrès anti-maçonnique de Trente où il fut appelé à prendre la parole.

« La *Vérité* a été l'œuvre principale de M. Tardivel et l'on peut dire que le travail et les sacrifices qu'elle lui a coûtés ont abrégé sa vie.

« M. Tardivel est mort sur la brèche. Il y a à peine quinze jours , la *Vérité* contenant encore un article de lui, où se concentrait, pour ainsi dire, comme dans une dernière profession de foi, la pensée inspiratrice et dominante de toute sa vie, l'avenir *religieux* et *national* de notre race.

« M. Tardivel s'est éteint doucement à 1 h. 30 ce matin, laissant à sa famille le souvenir d'un père affectueux et à la société l'exemple d'une vie modèle. »

Le *Soleil* faisait écho à son confrère conservateur et disait :

« La mort vient de nous enlever un de nos confrères distingués, un enfant dévoué de l'Eglise catholique, un homme qui avait pris pour guide la belle devise des Zouaves pontificaux canadiens : « Aime Dieu et va ton chemin ».

. . . .

« Les débuts de cette publication hebdomadaire furent bien modestes et remplis en même temps de difficultés presque insurmontables. Aussi M. Tardivel fut-il obligé de remplir les fonctions de rédacteur. de typographe, de correcteur d'épreuves et de pressier. Ce fut un véritable travail de géant, qu'il dut s'imposer pour assurer le succès de son œuvre de prédilection.

« C'est grâce au zèle et au dévouement sans borne de son fondateur et à la générosité de quelques amis et de quelques membres du clergé, si la *Vérité* a pu faire face aux mauvais jours et maintenir son existence jusqu'aujourd'hui.

« M. Tardivel était un laborieux, un persévérant, doué d'une énergie indomptable et d'une volonté inflexible. Aussi. rien ne put l'arrêter dans la mission qu'il avait entreprise : la défense de la religion catholique et du Canadien-français. C'est une œuvre louable. S'il s'est montré quelquefois excessif dans l'attaque ou la défense, il faut le lui pardonner de bon cœur, car notre confrère avait d'excellentes intentions ; il était mû par le plus vif désir de faire triompher la cause du bien.

« Nous n'avons pas toujours partagé les vues ou les opinions de M. Tardivel ; mais nous nous faisons un devoir de payer à sa mémoire le tribut d'hommages qu'il mérite et de lui rendre la justice qui lui est due ; c'était un journaliste convaincu, un croyant et un méritant. »

Nous lisons d'autre part dans la *Patrie* du même jour :

« M. J.-P. Tardivel est décédé, la nuit dernière. Il souffrait depuis longtemps d'une douloureuse maladie, mais on peut dire qu'il est mort sur la brèche et les armes à la main. En effet, pas plus tard que la semaine dernière, de son lit de moribond, au milieu des plus cruelles souffrances, le vaillant journaliste trouvait encore la force de parler à ses lecteurs de la *Vérité*.

« Le journalisme canadien-français perd aujourd'hui une de ses illustrations les plus remarquables. M. Tardivel était un journaliste de race.

« Il a fourni une carrière qui lui fait le plus grand honneur et dont surtout il restera des fruits. Pendant trente ans il a pris une part active à toutes les grandes questions qui intéressent l'opinion.

« M. Tardivel, en se faisant journaliste catholique, avait assumé un rôle admirable, mais bien difficile. De sa tribune ordinaire, la *Vérité*, il parlait à un auditoire nécessairement restreint, mais il s'était acquis une très grande autorité. Comme tous les journalistes de combat, au hasard des polémiques, il a eu de nombreux adversaires, mais nous ne croyons pas qu'il ait eu des ennemis. Tout le monde est prêt à rendre hommage à son talent, et à pardonner à son intransigeance pour la beauté de son dévouement et pour la sincérité de ses convictions. »

Le *Canada*, et ceci complète à peu près la gamme des opinions politiques, ajoute :

« Le décès de M. J.-P. Tardivel enlève à notre profession un journaliste de talent, plein d'énergie et de vigueur, qui a conservé dans toutes les vicissitudes de sa carrière un franc-parler dont plusieurs d'entre nous ont eu à souffrir. Il occupait dans le journalisme canadien une position unique. C'est un de nos rares confrères qui ont pu se créer une autorité personnelle dans la classe pour laquelle il écrivait.

« L'austérité de sa vie était à l'unisson de l'austérité de sa doctrine et pour nous, chez qui il reste encore quelques faiblesses humaines, il représentait un absolu que nous n'osions essayer d'imiter.

« Il y avait chez lui du Louis Veuillot, ce qui lui a, comme à son prototype, valu des inimitiés nombreuses et de précieuses amitiés.

« Même ceux que ses coups de boutoir ont pu blesser le regretteront toutefois, car ils croyaient à la sincérité de ce caractère tout d'une pièce.

« De leur part comme de la nôtre, sa famille ne recevra que de sincères expressions de sympathie. »

La *Presse* du 25 avril disait de son côté :

« La mort de M. J.-P. Tardivel enlève au journalisme l'un de ses écrivains les plus vigoureux, les plus corrects, et de convictions les plus sincères.

« Au journal la *Vérité*, que M. Tardivel fonda et dirigea pendant tant d'années, il se distingua à l'égal de nos meilleurs polémistes, et comme l'un des plus érudits champions de la cause catholique.

« M. Tardivel laisse le souvenir d'un homme de bien, quelles que soient les animosités qu'il ait pu provoquer par sa plume si énergique, et si dévouée à la cause qu'il avait embrassée dans toute la sincérité de son cœur.

« Il sera vivement regretté de tous ceux qui l'ont connu dans l'intimité. C'était un homme d'une parfaite amabilité. »

Et dans le *Courrier de Saint-Hyacinthe*, où débuta Jules Tardivel, nous trouvons cette note émue :

« Il nous est douloureux d'apprendre que notre vaillant confrère de la *Vérité*, M. Jules-Paul Tardivel, est descendu dans la tombe. Une longue et cruelle maladie de plus d'une année l'avait prévenu des approches de la mort et il s'y était préparé avec toute la foi qui a caractérisé sa carrière.

« M. Tardivel a exercé on ne saurait plus consciencieusement sa profession de journaliste. Comprenant toute l'importance de la presse, il a consacré au triomphe de ses idées une vie des plus laborieuses à tous les points de vue. Nous ne sommes pas éloigné de croire que les longues veilles et les fatigantes recherches ont abrégé de beaucoup ses jours. Jusqu'à la dernière heure, ayant conservé sa rare lucidité d'esprit, il retrouva encore assez d'énergie pour protester contre la spoliation des droits des catholiques dans l'Ouest Canadien.

« Quand nous disons que la vie de M. Tardivel a été rude, nous n'exagérons point. Il a débuté dans les études à un âge relativement avancé, 19 ans, ne sachant pas un mot de français. A force d'un travail persévérant, il est parvenu à se créer dès son début dans le journalisme une réputation sérieuse.

« C'est précisément le *Courrier* de Saint-Hyacinthe qui a recueilli les prémices de ses œuvres dans un article intitulé : « Le Pape selon les idées protestantes ».

« Cette pièce préludait à une série d'articles et de brochures à travers lesquels perce constamment son dévouement pour l'Eglise catholique. Toute sa vie de journaliste militant s'est inspirée de la doctrine papale. Son énergie à soutenir ses convictions lui a valu de nombreux et sérieux adversaires et des ennuis peu ordinaires. Le succès de son journal en fut maintes fois compromis.

« Aussi a-t-on vu l'impitoyable polémiste descendre jusque dans les moindres détails du métier, se faire correcteur d'épreuves, pressier et même typographe pour ne pas faillir à la tâche.

« Personne plus que lui peut-être n'a connu les déboires de la profession d'écrivain. Tant de labeur a épuisé cette vigoureuse constitution, et, dans la nuit de dimanche à lundi, le courageux journaliste a rendu l'âme, entouré des siens.

« La profession journalistique perd en lui un de ses plus distingués représentants. On n'oubliera pas de sitôt les luttes auxquelles il a pris part, ni la vigueur avec laquelle il maniait la plume.

« Puisse la terre être légère à l'écrivain consciencieux et convaincu, au catholique fervent et au patriote éclairé que fut M. J. P. Tardivel ! »

L'*Etoile*, de Lowell, dit :

« M. J.-P. Tardivel, journaliste distingué et bon chrétien, vient de mourir. Une personnalité telle que la sienne mérite les louanges de toute la race canadienne-française.

« M. Tardivel n'a jamais craint de démontrer par ses écrits et par ses actions qu'il était un pieux Canadien. Il a toujours su faire aux contradicteurs qui ne l'ont jamais valu. »

La *Tribune*, de Woonsocket, ajoute :

« Le journalisme canadien-français perd, avec lui, sa plus fine plume et son plus puissant polémiste.

« Il appartenait au groupe ultramontain et certains lui reprocheront peut-être son intransigeance. Pourtant, il a joué une rôle éminemment utile et très brillant toujours.

« Le champ d'action qu'il avait choisi fut malheureusement trop limité et la sonorité de son verbe ne put pas toujours être entendue partout où il aurait fallu. Ce fut un malheur moins pour lui que pour ceux qui auraient pu profiter de ses conseils.

« Cependant, sa voix domina toujours le tumulte des partis et fut écoutée avec respect. L'amour de la religion intensifié d'un patriotisme ardent lui a peut-être fait exagérer certains dangers, certaines dispositions de ses compatriotes, mais ne lui a jamais fait faire de ces écarts qui ne se réparent qu'en rebroussant chemin. Il allait droit au but. Et s'il frappait rudement, s'il eut des adversaires acharnés, nous ne croyons pas qu'il eut jamais un ennemi véritable.

« Et ce vaillant de la plume, la mort l'a trouvé au poste ; ses derniers articles, écrits sur le lit même d'où il ne devait pas se lever, ont été un vigoureux plaidoyer en faveur de nos coreligionnaires et de nos compatriotes du Nord-Ouest. Il ne pouvait mieux finir une carrière de trente-deux ans de journalisme, et suivant le mot de Lacordaire, il s'est crucifié à sa plume.

« Sa mort, nous le répétons, va creuser un vide profond parmi les journalistes canadiens-français. »

M. Philippe Masson, l'ancien directeur de la *Défense*, écrit dans l'*Evénement* :

« La mémoire de Tardivel n'a pas besoin de mes hommages. Adversaires comme amis lui ont payé une légitime part de tributs. De plus, l'illustre défunt s'était érigé à lui-même par son journal et par ses écrits un monument impérissable. Mais toute tombe fait naître des réflexions : de celle qui renferme les restes mortels du fondateur de la *Vérité*, surgissent des leçons et des exemples qu'il serait utile de noter. Je demande que l'on me permette d'en signaler quelques-uns :

« 1. — J.-P. Tardivel a provoqué et soutenu des polémiques bruyantes et redoutables. Dans ces combats de la plume, a-t-il subi des défaites ? A d'autres la décision. Personne ne niera qu'il a remporté de sérieux succès de logique et d'argumentation. Et pourtant, jamais écrivain ne fut plus exempt de pose, et ne restera plus simple et plus naturel de forme et de sentiment.

« Il a eu d'enthousiastes et fervents admirateurs. Leurs applaudissements lui ont fourni de légitimes satisfactions et souvent de glorieux témoignages. Il ne s'en est pas enivré.

« Je veux dire qu'on ne peut le soupçonner d'avoir obéi, même rarement, aux futiles séductions de la gloriole. Il n'a jamais désiré, il n'a jamais poursuivi, il n'a jamais sollicité les petits succès personnels. Amant passionné de la vérité, il en a plaidé la cause opportunément et — (si on le veut !) — inopportunément sur tous les terrains et à toutes les rencontres, mais sans jamais se croire lui-même en cause. Il a pu, il a dû se tromper quelquefois. *Errare humanum est*. Ses erreurs n'ont été le fait ni de sa volonté, ni de mesquines ambitions. Il fut un lutteur tenace, mais sincère et modeste.

« II. — Le désintéressement est l'inséparable compagnon de la modestie. Cet humble vivant, que la mort grandira, puisa dans ces deux qualités maîtresses, autant que dans ses études approfondies et son inviolable fidélité à l'Eglise et à la Patrie, cette persévérance de principes qui a maintenu l'unité dans sa vie, et dans ses œuvres. On ne saurait opposer le Tardivel d'une période au Tardivel d'une autre période. Depuis le commencement jusqu'à la fin de sa carrière d'écrivain, il a exposé les mêmes thèses, il a prêché les mêmes doctrines. Ses idées étaient faites d'un granit résistant à tous les assauts du temps et des hommes.

« Aux débuts florissants du ministère Mercier, j'étais un matin au bureau du directeur de la *Vérité*, lorsqu'avec une malle volumineuse on lui apporta du bureau de poste une liasse de documents officiels. Une lettre, aussi officielle que les documents qu'elle accompagnait, faisait foi que c'était du « patronage » qui arrivait à Tardivel, de par la grâce des puissants d'alors ! Sans retard, le paquet fut remis sous enveloppe et renvoyé à la source d'où émanaient ces faveurs. Une lettre écrite de cette plume ferme qui n'a jamais transigé, expliquait sans ostentation mais aussi sans faux-fuyants les motifs du refus. Comment pouvait-elle se déjuger, la *Vérité* qui ne cessait de professer que le patronage d'impressions octroyé par les gouvernements aux journaux détruit l'indépendance et entrave la liberté de la presse ?

« Voilà quel fut l'homme :

« Ni faveurs, ni menaces n'ont jamais su le fléchir.

« III.— Les plus récents numéros de la *Vérité* ont publié de Tardivel une série d'articles qui ne sont que la suite rationnelle d'anciens articles, et la confirmation des principes pour lesquels il avait toujours combattu.

« Témoignage fortifiant pour lui, pour sa famille, pour les lecteurs de son journal, pour ses amis, et enseignement suggestif de salutaires méditations : acculé par la maladie aux limites dernières du temps, en vue toute prochaine des portes de l'éternité, il n'a eu qu'à prolonger dans la même attitude l'œuvre de toute sa carrière pour se tenir sûr des miséricordes du Souverain Juge !

« Le programme d'une vie chrétienne n'a eu qu'à se poursuivre pour composer le programme de l'agonie d'un Chrétien.

« Toute sa vie il a crié et en expirant il a soupiré cette devise de son journal :

> « *Veritas liberabit vos. — La Vérité*
> *vous rendra libres.* »

Dans la *Croix*, M. Joseph Bégin consacre à Tardivel un article remarquable, mais dont nous ne pouvons malheureusement citer que les passages suivants :

« L'Eglise, au Canada, vient de perdre un de ses défenseurs les plus courageux et les plus éclairés, et la Patrie canadienne-française un de ses fils adoptifs les plus chers.

« M. Jules-Paul Tardivel, dont la mort a déjà été annoncée par tout le pays, fut pour nous non seulement un père et un ami, mais aussi l'*idéal* du vrai journaliste catholique franc et sans dol.

« Ce n'est donc pas sans de grandes émotions que nous venons aujourd'hui jeter sur cette tombe si fraîchement fermée le témoignage du respect et de l'amour d'un fils avec celui de l'admiration et de l'enthousiasme d'un catholique et d'un Canadien-français pour celui qui, attentif et fidèle à la voix de la Providence qui l'appela sur cette terre

canadienne, sut porter et manier si fièrement et si courageusement l'épée qui lui fut confiée pour le service de son
Dieu et de sa patrie adoptive.

. . . .

« L'œuvre de la *Vérité* de M. Tardivel, qui sera capable
de l'apprécier à sa juste valeur ?

« Sans doute, son directeur s'est quelquefois trompé sur
des questions assez importantes, sans doute, il a aussi
passé de temps à autre les bornes de la polémique charitable, mais qui ne rendra pas hommage à la sincérité, à la
conviction de principes, à la hauteur de vue, à la pureté
de pensée, à la justesse de jugement, au zèle infatigable
de ce fils dévoué de l'Eglise, qui, dans les mauvaises
comme dans les bonnes heures, savait tenir son regard
toujours fixé sur la boussole romaine et aller le chemin
que celle-ci lui indiquait ?

. . . .

« Fils très soumis de l'Eglise, défenseur très ardent de
la Foi, époux fidèle, père tendre, ami dévoué et homme
de devoir avant tout, il a passé sur la terre en faisant le
bien. »

Nous lisons dans la *Semaine religieuse de Québec*,
numéro du samedi 29 avril :

« Toute la presse, sans distinction de partis, a rendu un
hommage mérité au talent du journaliste défunt, à l'énergie de ses efforts pour le bien, à la sincérité de ses convictions, à son dévouement envers l'Eglise. Nous nous associons de grand cœur à ces témoignages honorables.

« Au sens propre du mot, M. Tardivel a été jusqu'ici
notre *seul* journaliste catholique. Avec une inlassable ardeur, il a défendu la vérité intégrale contre tous les adversaires, quels qu'ils fussent.

« Canadien-Français, non par origine, mais par choix et
par raison, il a exalté et soutenu de toutes ses forces l'idée
nationale canadienne-française.

« Son rôle a donc été considérable parmi nous, soit

…me défenseur de la foi catholique, soit comme avocat
…e la patrie canadienne-française.

« Peu d'hommes ont été chez nous l'objet à la fois de
tant d'admiration et de tant d'aversion. Cela suffit à indiquer quelle a été la valeur du directeur de la *Vérité*.

« Son caractère paraissait difficile à définir, puisqu'il a été
jugé de tant de façons diverses, et même opposées. Nous
n'avons pas à dire en ce moment quelle est à cet égard
notre manière de voir.

« Quoi qu'il en soit, cette carrière toute de dévouement
à la religion et à la patrie, et qui tout entière s'est passée
dans un incroyable labeur et dans le désintéressement le
plus absolu, est un grand exemple dans un temps où les
caractères se font si rares. »

Le *True Witness* du 29 avril disait, sous le titre : *A
great catholic editor* (Un grand journaliste catholique) :

« M. J.-P. Tardivel, directeur de la *Vérité*, qui vient de
mourir à Québec, était l'un des hommes les plus instruits
et les plus zélés qu'ait encore produits le journalisme canadien. »

Le *Journal de Waterloo*, dont le directeur, M. Chagnon,
rédigeait le *Courrier de Saint-Hyacinthe* lorsque M. Tardivel y fit ses débuts, dit de son côté :

« Cette mort enlève à la province de Québec l'un des
plus habiles et le plus chrétien de ses journalistes. Il avait
voulu faire de son journal le défenseur de la religion catholique et de la nationalité canadienne-française, et personne ne peut nier qu'il ait atteint son but. Les enseignements donnés par les Souverains Pontifes Pie IX, Léon
XIII et Pie X, dans leurs admirables encycliques, étaient
le phare lumineux qui le guidait à travers les objections
qu'il rencontrait à chaque pas dans sa carrière d'écrivain
et toujours ces objections, il savait en disposer avec une
clarté, une force et une sûreté de doctrine vraiment éton-
nantes. »

Le *Moniteur Acadien*, de Shediac, N. B. ajoute :

« Ecrivain habile, homme de principes et de convictions,
M. Tardivel a tracé dans le journalisme canadien un sillon
lumineux que tous les écrivains catholiques devraient
suivre. »

Le *Progrès du Saguenay*, de Chicoutimi, dit :

« M. Tardivel laisse une carrière bien remplie. Pendant
trente ans le directeur de la *Vérité* a combattu les bons
combats et il est mort sur la brèche.

« Jusqu'à sa mort, malgré les terribles souffrances qu'il
endurait, il s'est occupé de diriger son journal. C'était un
homme de grand talent, un journaliste sincère, consciencieux et rempli de dévouement pour la cause qu'il défendait. »

Le *Manitoba*, de Saint-Boniface, déclare :

« M. Tardivel était une personnalité marquante dans sa
profession. Pendant vingt-cinq ans, il a donné à son journal une allure spéciale qui lui créait une situation à part
dans la presse. Son influence, dans certains milieux, était
considérable ; c'était un publiciste laborieux, agressif, instruit et distingué, qu'on lisait avec intérêt, fût-il même
d'une opinion contraire à celle de son lecteur.

« Si nous avions à faire ici l'appréciation de son œuvre
et de ses procédés de polémique, nous aurions des réserves
importantes à noter. Mais devant cette fosse qui vient de
s'ouvrir, nous n'avons qu'à nous agenouiller ; devant le
deuil des siens, nous n'avons qu'à nous incliner ; devant ce
chrétien qui vient de s'endormir du sommeil dont on ne se
réveille point, nous n'avons qu'à prier. »

L'*Etoile du Nord*, de Joliette, estime aussi que notre
directeur fut « l'un des meilleurs écrivains et des plus
fortes plumes » du journalisme canadien français, et ajoute,
après avoir noté le quart du siècle par lui « consacré à la
défense de ses idées, de la justice, du droit et de la vérité » :

« M. Tardivel était un travailleur inlassable ; un cher-
cheur, un fort polémiste. Ses adversaires, — qui n'en a
pas ? — lui ont reproché son intransigeance, mais ils étaient

obligés de désarmer en face de la bonne foi et des convictions dont il était rempli. »

L'*Echo du Manitoba*, organe libéral, dit de son côté :

« M. Tardivel était un honnête homme, un chrétien sincère et un écrivain de talent.

« Ses opinions, pour exagérées qu'elles fussent parfois, à notre avis, étaient toujours sincères et c'est le plus bel éloge qu'on puisse de nos jours adresser à un journaliste.

« M. Tardivel emporte avec lui le respect de tous, et pour nous qui eûmes maintes fois à différer d'opinion avec lui et le lui dîmes, nous sommes heureux d'y ajouter l'expression de notre sincère admiration. »

M. Olivar Asselin écrit dans le *Nationaliste* du 30 avril :

« Le journaliste que l'on conduisait en terre mercredi était, dans toute la presse canadienne, le plus digne d'admiration pour son patriotisme, le désintéressement et a pureté de sa vie, et son attachement aux principes.

« M. Tardivel avait été rédacteur au *Canadien* et à la *Minerve* ; avec une conscience plus souple, il aurait pu se faire dans la presse, une belle fortune : on a vu chez nous des écrivains pas mieux doués décrocher des traitements de ministre. Il a préféré suivre jusqu'au bout le sillon qu'il s'était tracé, comptant uniquement sur le soutien de quelques amis et de ses lecteurs qu'il avait, plus que tout autre, contribué à détacher des partis politiques. Il a dû, à certains moments, connaître les privations, il a maintes fois sacrifié l'amitié personnelle à la cause de la vérité et de la justice, sa vie tout entière a été faite de labeur et d'abnégation.

« M. Tardivel s'est trompé quelquefois dans sa carrière de journaliste. Il est, par exemple, difficile de s'expliquer pourquoi il réclamait avec tant d'insistance le démembrement de la Confédération au nom de l'intérêt canadien-français, tout en affirmant chaque semaine, qu'avec plus de fermeté les députés canadiens-français à Ottawa pourraient faire rendre justice à leurs compatriotes. On doit aussi déplorer que dans sa lutte contre des sociétés secrètes qui constituent un danger pour l'Etat tout aussi bien que pour l'Eglise, il ait — comme d'autres le font encore — commis des exagérations de nature à affaiblir la cause même qu'il voulait servir.

« Mais il a été le premier journaliste canadien-français à battre en brèche l'esprit de parti. Anglais par sa mère, il a mis au service de la nationalité canadienne-française toute son énergie et tout son talent. Surtout, il n'a rampé devant personne. C'est pourquoi les journalistes canadiens-français de toute nuance se sont découverts devant son cercueil.

« Rendons à notre tour à sa mémoire le respectueux hommage de quelques jeunes hommes, qui, entrés après lui dans la carrière du journalisme, ont déjà pris conscience des sacrifices matériels qu'entraîne, et qu'entraînera longtemps encore, dans notre pays, le souci constant de la vérité. »

A tous ces extraits de journaux de la ville et de la province, nous ajoutons quelques hommages plus intimes. Un jeune professeur de la région de Montréal écrit :

« Je vous apporte les sympathies d'un groupe de mes jeunes gens. Quelques-uns sont lecteurs de la *Vérité* depuis déjà un certain nombre d'années. Ils ont appris à y admirer le noble caractère d'un *homme*, et la foi ardente d'un catholique de race. C'est un modèle et c'est un guide qui disparaît pour eux.

« A ces sympathies ardentes, permettez-moi d'ajouter les miennes tout aussi cordiales. M. Tardivel était un des très rares hommes que l'on pouvait citer, à peu près sans réserve, en exemple à la jeunesse. Il fut l'homme du désintéressement et le chrétien de la foi intrépide. Dans le métier que nous faisons, ce n'est pas peu de chose que de pouvoir dire aux jeunes générations que les principes qui leur sont tous les jours prêchés, ne sont pas que de l'histoire, mais choses connues, pratiquées, agies quotidien-

nement. Je puis paraître me placer à un point de vue
exclusif. Il n'en saurait être ainsi quand on voit la plénitude de beauté que la jeunesse peut voir au caractère des
hommes qu'elle admire.

« La vie du vaillant journaliste est finie, mais son esprit,
son journal survivent, et ses exemples resteront. Il représentait parmi nous la tradition de la foi qui lutte, qui
n'admet ni les faiblesses, ni les compromis. C'est une tradition qu'il a presque créée et qui aussi restera.

« Vous voudrez mettre dans la pure lumière une figure
qui mérite mieux que le fugitif et banal éloge de la presse
ou des revues. M. Tardivel mérite d'avoir *une histoire* :
l'importance de son œuvre l'exige, et j'ose dire que la jeunesse l'attend. »

Un ancien zouave pontifical, qui fut l'un des intimes de
notre directeur, dit :

« Dieu seul peut adoucir l'amertume d'une telle épreuve.
Il vient d'appeler à lui l'époux et père de famille modèle ;
un homme qui a bien mérité du Christ, de l'Eglise et de la
Patrie.

« Ses amis pleurent le plus vaillant champion des causes catholiques et de la Patrie canadienne-française. »

L'un de nos meilleurs écrivains, qui est en même temps
un critique d'art distingué, écrit :

« M. Tardivel a été un courageux, un chevalier sans
peur et sans reproche ; il a été la voix libre et forte qui a
dit tout haut ce que tant de timorés osaient à peine s'avouer
tout bas. Il est mort debout, à son poste, livrant jusqu'à la
fin le combat de Dieu. Quand la poussière sera tombée…
on verra mieux ce qu'a été ce journaliste chrétien qui n'é-
tait pas à vendre et qui ne reculait jamais devant les puissants et les favoris du jour . C'était un grand « caractère ».
Sa mémoire sera chère à tous ceux qui portent au cœur
un idéal de beauté. »

Un ami de trente ans, compagnon d'armes de M. Tardivel, écrit à sa veuve :

« Le deuil qui vous atteint si cruellement et que j'apprends par dépêche à l'instant même, m'a très profondément affecté. Comment pouvait-il en être autrement, nous qu'une amitié sincère liait depuis près de trente années. Comme vous, Madame, je pleure celui qui n'est plus. En lui, j'ai toujours eu un ami fidèle, un cœur d'or, à la parole franche et loyale, au dévouement inaltérable. Je m'honore de l'avoir connu dans une étroite intimité, et j'ose dire que bien peu peuvent mieux que moi rendre hommage à sa grande sincérité, à ses qualités privées et civiques, mais surtout à la cause qu'il avait embrassée avec toute l'ardeur d'une âme chrétienne et virile. Croyez que la part que je prends à votre douleur est bien large, et que le souvenir d'un si bon ami reviendra souvent, sinon toujours, dans mes humbles prières. »

M. Armand Lavergne, le jeune et courageux député de Montmagny, dit :

« Je n'avais pas l'honneur de connaître personnellement votre illustre défunt ; mais je lisais régulièrement les enseignements qu'il donnait dans son journal et mon estime et mon admiration grandissaient chaque jour. Il part au moment où sa province, sa chère province de Québec, aurait le plus besoin de lui, de son talent, de son énergie. »

Un professeur de séminaire ajoute :

« Le grand journaliste canadien était connu intimement, je dirai, dans notre maison. Comme tous, professeurs et élèves, lurent avec admiration les derniers articles qu'il écrivit sur son lit de douleurs ! Aussi je t'assure (la lettre est écrite à un ami personnel) que nos jeunes gens n'oublieront jamais ce chrétien qui, à des convictions profondes, joignait un dévouement poussé jusqu'à l'héroïsme. »

M. Antonio Perreault, le jeune président de l'*Association catholique de la Jeunesse*, écrit à M. Paul Tardivel :

« Ai-je besoin de te dire combien je regrette la mort de ton si distingué père ? Et cette perte, je la déplore non pas seulement parce qu'elle afflige l'amitié qui me lie à toi, mais aussi parce qu'elle atteint notre race et notre pays. Le cher défunt eût pu rendre encore de si précieux services à sa patrie ! Il part du moins avec l'estime et l'admiration de tous. Du sillon qu'il a si généreusement tracé, sortiront, j'en suis sûr, des tiges fortes et bien vivantes. Ton père n'a pas peu contribué à rendre la jeunesse de ce temps plus soucieuse des intérêts supérieurs de l'homme et du patriote. »

A la clôture de l'année académique, au collège Saint-Joseph de Westmoreland, M. Raoul Grignon a prononcé un intéressant discours dans lequel il a résumé la vie et l'œuvre de notre fondateur. Nous en extrayons les passages suivants :

Français et Anglais de sang, Canadien de cœur, il a mis au service de la nationalité canadienne-française toute son énergie, tout son talent, comme le disait si bien M. Olivar Asselin. Le *Witness*, de Montréal, disait le 29 avril que M. Tardivel était l'un des hommes les plus zélés et les plus instruits qu'ait encore produits le journalisme canadien. A ce compliment bien mérité, j'ajouterai que pas un seul journaliste au Canada n'a mieux interprété son rôle que M. Tardivel. Eh ! messieurs, qu'est-ce qu'un journaliste ? Ecoutons M. le sénateur David : « Le journaliste, c'est le missionnaire se dévouant à une vie de sacrifices pour répandre la civilisation et la foi ; c'est le soldat mourant pour l'honneur du drapeau, d'une mort héroïque mais obscure. Je parle du bon journaliste, de celui qui prend les choses au sérieux, dont la parole est l'expression d'une âme droite et convaincue, d'un cœur religieux et patriotique. » M. Tardivel est-il le bon journaliste dont parle L.-O. David ? Oui, certainement. Il est le Louis Veuillot du Canada. Comme lui, le danger l'attire, aucune vérité ne l'épouvante, et je défie bien qu'on le lise avec indifférence. Parfois sa phrase est courte, rapide, acérée, elle frappe comme un coup d'épée. Dans la polémique, il a la véhémence, l'indignation, le dédain et manie avec un art consommé l'ironie, l'arme la plus terrible qu'on puisse opposer à un adversaire. Indépendant des partis politiques, toujours en dehors des intrigues, il fit d'heureuses réformes. Jamais de double-sens dans sa phrase, point d'ombres dans sa pensée, il allait droit au but et dénonçait sans relâche l'inertie administrative des cabinets. Il n'a rampé devant personne, c'est pourquoi il était libre de démasquer les hommes des deux partis lorsque le moment était arrivé. M. Tardivel, messieurs, était un homme de devoir et de cœur qui préférait l'intérêt de son pays à l'intérêt personnel.

Personne ne mettra en doute son honnêteté et sa franchise. Sa vie a été une vie de labeur et de droiture qui fut et qui demeurera toujours son suprême bonheur. A l'heure actuelle, Messieurs, le Canada a besoin de ces hommes solides, ouverts, indépendants, qui préfèrent vivre dans l'obscurité et la pauvreté plutôt que d'étouffer le cri de leur conscience. Le Canada a besoin de ces journalistes d'élite qui préfèrent le scandale au mensonge, plutôt que de laisser aller à la dérive nos mœurs politiques et notre domaine national. M. Tardivel pouvait dire comme Thiers : « Mon pays, je le connais ; je connais ses défauts, je connais aussi ses qualités et je m'en réjouis profondément. » Oui, M. Tardivel le connaissait son pays, et si parfois il a rudement combattu ses défauts, il a aussi vaillamment défendu ses qualités. Lorsque la nationalité canadienne-française était attaquée, c'est M. Tardivel qui s'est fait le premier avocat, le premier champion de notre cause. C'est encore M. Tardivel qui a fait tomber les préjugés, qui nous a vengés des accusations fausses portées contre la langue française, ce monument planté sur le sol du Canada par la forte main de nos aïeux. Je ne puis résister à la tentation de répéter ici quelques belles paroles de son éloquente revendication de la langue de nos ancêtres. « Aimons, disait-il, aimons et respectons notre langue française. Ne craignons pas de la parler en toute circonstance. La langue française, c'est notre drapeau national. C'est elle qui fait que nous sommes une nation distincte sur cette terre d'Amérique et que l'hérésie a si peu de prise sur nous. » Ailleurs il continue : « Il sera impossible à nos adversaires de détruire notre foi catholique tant que restera debout un des principaux boulevards de cette foi au Canada : la langue de nos mères, la langue de nos premiers missionnaires, de nos guides les plus illustres, de nos glorieux martyrs, la langue des Champlain, des Brébœuf, des Laval, des Plessis et des Bourget. »

Nous lisons dans l'*Artisan* du mois de mai :

« Le journalisme — le vrai — vient de perdre un de ses plus vaillants athlètes, dans la personne de M. Jules-Paul Tardivel, décédé le lundi, 24 avril dernier.

« L'œuvre de M. Tardivel est considérable ; c'était non seulement un érudit, ce fut avant tout un grand chrétien. Travailleur infatigable, esprit droit et éclairé, homme de principe, poussant quelquefois jusqu'à l'intransigeance, M. Tardivel donna constamment l'exemple d'une vie toute au devoir, toute de sacrifices.

« M. Tardivel s'est acquis une belle place dans la littérature nationale ; outre un grand nombre d'articles bien pensés et non moins bien écrits, parus dans la *Vérité*, de sa fondation à nos jours, il a publié des *Notes de voyage*, des *Mélanges* et un roman — *Pour la Patrie* — un roman très étrange où l'on ne sait si l'auteur est sérieux ou s'il veut mystifier. Partout, dans ses écrits, se relève avant tout le journaliste assoiffé de luttes et de polémiques. »

La *Semaine religieuse de Cambrai* reproduit l'appréciation de la *Semaine religieuse de Québec*, et ajoute :

« Nous nous associons de grand cœur à ces témoignages honorables. M. Tardivel est venu en France il y a deux ans. Il nous a honoré de son entretien, et nous avons eu la joie de rencontrer en lui l'homme de foi des anciens jours. »

La *Vérité Française*, de Paris, dit, de son côté :

« Nous avons le regret d'apprendre la mort de M. Tardi-

vel, fondateur-directeur de la *Vérité* de Québec (Canada).
M. Tardivel n'était pas un inconnu pour la plupart des
lecteurs de la *Vérité Française* qui eut plus d'une fois
l'occasion de citer les articles du vaillant journaliste canadien. C'est au moment de la lutte engagée aux Etats-Unis
pour la liberté de l'école catholique que le nom de M. Tardivel commença à être bien connu des catholiques de
France. Il avait pris résolument parti contre le système de
l'inféodation de l'école à l'Etat, système dont Mgr Ireland,
archevêque de Saint-Paul, s'était fait alors le champion à
propos de l'école de Faribault.

« Nous ne citons là qu'un souvenir qui nous revient parmi tant d'autres. M. Tardivel était dans le Nouveau Monde
l'adversaire résolu de l'américanisme religieux. Il a même
publié à propos des discussions soulevées parmi les catholiques des Etats-Unis un volume où il montrait, avec
preuves et documents à l'appui, que les prétendus progrès
opérés par les méthodes du catholicisme libéral aux Etats-
Unis, étaient une pure imagination.

« Sa conclusion était, qu'en dépit des assurances de
l'école de Mgr Ireland, la religion catholique en Amérique
était mise en péril par les méthodes libérales et que, grâce
à l'immigration, les progrès du catholicisme auraient dû
être sensiblement au-dessus de ce qu'ils étaient aujour-
d'hui.

« Les travaux de M. Tardivel lui avaient valu une légitime notoriété dans le Nouveau Monde et les articles de la
Vérité de Québec étaient couramment cités dans la presse
catholique américaine.

« Au Canada, il avait acquis par son talent et son dévouement à la religion et aux meilleures traditions de la
« nouvelle France » une place unique dans la presse. »

Le dernier numéro des *Annales du Sacré Cœur* (juin
1905) nous apporte la note suivante :

« — Quelques jours auparavant mourait à Québec un
célèbre journaliste, J.-P. Tardivel. Devant ce cercueil, le

jugement de Mg Baunard sur L. Veuillot me revenait en mémoire : « Plus haut que le talent, écrivait-il, ce qu'il convient de placer sur cette tête un peu revêche, c'est la chevaleresque indépendance d'un homme qui ne fut rien, qui ne voulut rien être, qui refusa de se vendre, comme il refusa de se rendre, qui n'eut pas de décorations, de sièges, de places, de faveurs ; qui n'attendit rien des honneurs, rien des puissances, rien des caresses de l'opinion ; sachant souffrir pour sa cause, sachant souffrir la pauvreté, l'ostracisme du pouvoir, l'ingratitude des partis, et s'estimant suffisamment récompensé de tout cela par la conscience d'avoir pour sa part fait avancer les affaires de la vérité en ce siècle. »

« J.-P. Tardivel s'était fait, lui aussi, le serviteur d'une cause et le soldat d'une idée. Il fut journaliste, et il voulut être journaliste catholique, avec l'ambition de ne mettre sa plume qu'au service de la vérité. A la façon des anciens chevaliers qui s'en allaient autrefois, par le monde, défendre de leur épée l'Eglise et le droit, J.-P. Tardivel, dans son journal la *Vérité*, frappait d'estoc et de taille sur tout ce qui lui paraissait empiéter sur le terrain sacré de l'Eglise. Il le fit pendant un quart de siècle, au prix de grands sacrifices, et parfois de grandes souffrances. S'il a quelquefois frappé trop fort, si dans certaines opinions libres il est parfois descendu du domaine des idées dans les questions de personnes, ceux-là seuls pourraient s'en étonner qui n'ont point connu l'ardeur de la mêlée et du combat de chaque jour.

« Il était de ceux qui ont au cœur de profondes indignations parce qu'ils ont de profondes affections. Il aimait son œuvre, il aimait sa cause ; il a mis à leur service tout son talent, tout son cœur et toute son âme. Cette cause d'ailleurs le mérite bien puisqu'elle n'était autre, à ses yeux, que la cause de l'Eglise catholique.

« Il a quitté l'Eglise militante ; qu'il entre dans le séjour du rafraîchissement, de la lumière et de la paix ! »

Les *Fleurs de la Charité* disent de leur côté (livraison de mai) :

« L'influence de celui qui vient de disparaître a été grande dans ce pays : on peut même affirmer qu'à l'étranger il fut apprécié tant au point de vue des idées que du style. Si le directeur de la *Vérité* ne fut pas un littérateur, on ne peut lui refuser le titre de journaliste. Il en avait le style sobre, précis et d'une correction peu commune, surtout chez celui qui parle et écrit couramment deux langues dont le génie est bien différent.

« Il nous serait difficile d'apprécier sa carrière si longue et parfois si mouvementée. Le temps n'est pas venu de le faire : nous sommes trop près des événements pour les juger. Nous voulons seulement saluer en lui le fils dévoué de l'Eglise.

« L'amour de l'Eglise, telle a été la passion de sa vie ; la règle dont il n'a voulu se départir dans aucune des discussions qu'il a soutenues. N'est-ce pas cet amour qui donne à sa vie entière une unité étonnante, à travers ces luttes qui ont duré près de trente ans ? Comme tout autre, il a pu avoir ses hésitations ; son jugement sur les hommes et les événements a pu être en défaut, mais qui oserait soupçonner sa bonne foi, ses intentions droites ? Ceux mêmes qui ont eu parfois à souffrir de son ardeur dans la discussion ; ceux qui par charité, autant que par devoir, lui ont parlé avec autorité, ne pouvaient s'empêcher de rendre hommage à son amour pour l'Eglise. Il n'a laissé passer aucune occasion de la défendre, de relever les erreurs répandues contre elle, de flageller impitoyablement les écrivains qui osaient l'attaquer et surtout la bafouer.

« Dans combien de circonstances n'a-t-il pas soulagé la conscience catholique, en défendant les droits de la vérité ! Son indépendance lui permettait de parler et d'écrire sans se laisser arrêter par les questions de personnes ou de partis. Il suffisait d'un de ses articles pour faire oublier bien des griefs. C'est cet amour pour l'Eglise qui lui a valu tant de sympathies, qui a fait de lui non seulement un journaliste, mais un journaliste chrétien. Les vérités de la foi étaient pour lui les lumières qui le guidaient dans sa conduite comme dans ses écrits. Jusque dans ses derniers articles on sent cette préoccupation.

« Puissent ceux qui ont recueilli sa lourde succession hériter non seulement de son talent, mais surtout de son amour pour l'Eglise dont il a voulu être le défenseur intrépide autant que le fils soumis. »

Le *Church Progress*, de Saint-Louis, Mo., dit :

« L'Eglise canadienne vient de perdre, en la personne de J.-P. Tardivel, directeur de la *Vérité*, de Québec, un brave et brillant défenseur. Il est allé recevoir son éternelle récompense. Puisse son âme reposer en paix. » M. l'abbé Elie-J. Auclair salue dans le *Propagateur* « l'intrépide et vaillant écrivain que l'histoire appellera le *Veuillot du Canada* ». M. l'abbé J. A. D'Amours écrit dans le *Messager de Sainte-Anne* :

« Un concert unanime de regrets et de louanges a accompagné dans sa dernière demeure le vaillant et intègre journaliste catholique que fut M. Jules-Paul Tardivel, fondateur et directeur de la *Vérité*, décédé le mois dernier, à l'âge de cinquante-quatre ans. Sa disparition laissera encore longtemps un vide sensible parmi les courageux défenseurs de l'Eglise au Canada. Ecrivain plein de vigueur et de précision, fils dévoué de l'Eglise et cherchant à s'inspirer toujours et en tout de sa doctrine et de ses décisions, il arriva vite à posséder d'une façon remarquable, comme son maître admiré Louis Veuillot, le sens catholique, l'instinct de l'orthodoxie. Cet amour de l'Eglise fortifia et agrandit son attachement pour la patrie canadienne qu'il aima toujours d'un amour aussi éclairé que profond. Bien que né aux Etats-Unis d'un père français et d'une mère anglaise, il fut de tout cœur et tout entier l'un des nôtres.

« Longtemps encore le Canada français le comptera avec

fierté pour un de ses fils les plus noblement dévoués. Toujours fidèle à la réalisation de son idéal, toute sa vie il fut un modèle de catholique intègre et de patriote intransigeant. Ses derniers articles dans la *Vérité,* écrits d'une main défaillante mais d'une âme toujours forte, le font bien cruellement regretter, surtout dans la grande lutte présente. Ils ajoutent à nos regrets autant qu'à sa gloire.

« Sur sa tombe on pourra inscrire sans crainte « Bonus miles Christi ». Il fut le bon soldat du Christ. Que Dieu lui en donne la récompense et nous accorde de voir son œuvre grandir pour continuer le bien que nous en espérons : que nos prières assurent la réalisation de ce double vœu. »

Nous lisons dans la *France chrétienne,* de Paris :

« En apercevant l'encadrement de grand deuil de la *Vérité,* de Québec, du 29 avril dernier, nous eûmes de suite le douloureux pressentiment du décès de notre cher confrère Jules-Paul Tardivel, le vaillant fondateur et directeur de l'excellent journal canadien.

. . . .

« Nous ne croyons pas enfreindre les derniers désirs du défunt en constatant, avec la *Semaine religieuse de Québec,* qu'il fut le seul journaliste catholique canadien au sens propre du mot et qu'il emporte avec lui, chose bien rare et due à la remarquable grandeur de son caractère, l'admiration, l'estime et les regrets de tous les publicistes de la Nouvelle-France, même de ses adversaires.

« Pour s'en rendre compte exactement il faut lire, comme nous venons de le faire, les articles publiés par la presse canadienne. Citons, *currente calamo* : l'*Association des Journalistes Canadiens-Français,* le *Canada,* le *Courrier de Saint-Hyacinthe,* la *Défense,* l'*Echo du Manitoba,* l'*Etoile,* l'*Etoile du Nord,* l'*Evénement,* le *Journal de Waterloo,* le *Manitoba,* le *Moniteur Acadien,* le *Nationaliste,* la *Patrie,* la *Presse,* le *Progrès du Saguenay,* la *Semaine religieuse de Québec,* le *Soleil,* la *Tribune,* le *True Witness,* etc., etc.

« L'hommage unanime décerné aux qualités et vertus de M. J.-P. Tardivel est la plus belle couronne qui puisse être déposée sur sa tombe. Et cet hommage s'adresse aussi à sa famille qu'il honore et à ses successeurs auxquels il indique la voie à suivre pour être dignes de leur père et modèle.

« Du haut du Ciel, M. J.-P. Tardivel inspirera certainement cette *Vérité* qu'il dirigea avec tant d'autorité pendant vingt-quatre ans, afin qu'elle soit toujours la première en avant pour la cause de Dieu.

« A sa famille si cruellement éprouvée et à la nouvelle rédaction de la *Vérité* nous offrons nos sincères compliments de condoléances et l'expression de nos respectueuses et affectueuses sympathies. »

L'*Enseignement primaire* de M. Magnan ajoute cette note :

« Ce fils de Kentucky a aimé le Canada français avec une ardeur que nous voudrions rencontrer chez tous nos nationaux. L'histoire de la Nouvelle France avait grisé son imagination d'étudiant, et, devenu homme, il voua un culte véritable à la province de Québec, héritière des traditions héroïques que nous léguèrent les fondateurs de notre patrie et les créateurs du peuple canadien-français. Aussi, avec cette logique qui faisait le fond du caractère de M. Tardivel, il approuva de toute son âme l'idée, pour les Canadiens français, d'avoir un drapeau *à eux*, dont les éléments symboliseraient et l'amour du sol natal et la fidélité à la foi des ancêtres. L'histoire rappellera que la généreuse et féconde idée d'apposer le Sacré Cœur de Jésus sur le drapeau canadien-français, lui revient dans une large mesure. C'est M. Tardivel, qui, l'un des premiers, agita la question d'un drapeau national armorié du Sacré Cœur de Jésus. Le drapeau azur croisé de blanc, marqué des quatre fleurs de lys de la glorieuse bannière de Carillon, et orné du Sacré Cœur qu'ombrage une guirlande de feuilles d'érable, a triomphé dans une assez large mesure pour pouvoir affirmer que M. Tardivel a pu jouir, avant de nous quitter, du spectacle admirable de notre vaillant petit peuple réuni à l'ombre d'un drapeau digne de lui. Peu de jours avant sa mort, l'athlète, alors brisé sur un lit de souffrances, nous parla à deux reprises du cher drapeau de Carillon aux armes du Sacré Cœur. Il nous demanda de défendre la cause sacrée de cet étendard, désormais arboré sur tous les coins de l'Amérique où vit un Canadien.

« L'école catholique, l'école primaire telle que voulue par l'Eglise trouva en M. Tardivel un défenseur inlassable. Il ne consentit jamais à ce que la Famille (ou la Paroisse) fît la moindre concession à l'Etat. Il a soutenu avec une logique inattaquable que l'Education était une fonction domestique, par la Famille, et religieuse par l'Eglise, mais non une fonction politique par l'Etat. »

Un lecteur sévère pourrait nous reprocher ces trop nombreuses et trop longues citations. Nous ne nous sommes senti le courage ni de les supprimer, ni de les mutiler. En les synthétisant plus en bref nous aurions laissé croire que nous avions besoin de dissimuler ce que nous retranchions. Puisque tant d'amis s'étaient inclinés sur la tombe de Tardivel, qu'ils y avaient déposé, les uns des branches de cyprès, les autres des couronnes de laurier, nous devions respecter ce trophée d'un nouveau genre et lui offrir la durée de l'histoire : avec ce double sentiment de reconnaissance que ces textes nous ont inspiré d'écrire cette biographie et nous en offrent aujourd'hui les pièces justificatives.

Pour sceller maintenant ces éloges du sceau de l'autorité ecclésiastique, nous dirons que l'archevêque de Montréal, apprenant la mort de Tardivel, envoya un témoignage télégraphique de sympathie : « Notre pays perd en lui, dit-il, un chrétien exemplaire, un citoyen intègre, et l'Eglise, un fidèle et vaillant défenseur. » En 1901, Mgr Falconio, alors délégué apostolique au Canada, voulait bien écrire de lui : « Catholique *fervent* et patriote *sincère*, dans le cours d'une carrière déjà longue, il s'est montré *constamment* défenseur aussi *habile* que *zélé* des *doctrines* de l'Eglise et des *droits* du Saint-Siège, et il n'a manqué aucune occasion de montrer son *amour* pour son pays ; » et dès 1896, Mgr Bégin, dont la paternelle sympathie lui fut d'une si vive consolation dans ses derniers jours, disait : « Je me plais à reconnaître le zèle dont vous avez fait preuve, depuis grand nombre d'années, dans la défense des intérêts catholiques. Vous avez donné à votre journal la *véritable orientation*, celle que tout catholique doit recevoir du Centre de l'Unité, du Pontife Suprême. Vous mettant au-dessus des partis purement politiques qui se disputent le pouvoir, vous avez mis votre talent et votre science au service de la religion. Ce dévouement à la bonne cause dans le passé me fait espérer que l'avenir vous trouvera toujours au poste d'honneur, toujours prêt à combattre, sous la direction de votre Ordinaire, comme le veut le Saint-Père, les bons et grands combats de la vérité contre l'erreur, de la Sainte Eglise contre les sectes acharnées à sa ruine. . . . . . »

Le 20 septembre 1905, Mgr Paul Bruchesi, archevêque de Montréal, écrivait à M. Paul Tardivel, successeur de son père dans la direction de la *Vérité*, une lettre qui honore également le prélat qui l'a signée et le jeune écrivain qui a été jugé digne de la recevoir. Nous la reproduisons avec autant de respect que de gratitude :

Mon cher Monsieur,

Je suis depuis longtemps abonné à la *Vérité* et j'aime à reconnaître le bien qu'elle accomplit dans notre pays.

Elle ne paraît qu'une fois la semaine ; je voudrais qu'elle parût tous les jours. Le nombre de ses lecteurs est loin sans doute d'égaler celui de nos journaux quotidiens, mais l'influence qu'elle exerce est considérable. On peut ne pas souscrire à toutes les idées qu'elle émet ; mais on lit avec intérêt tous ses articles, depuis le premier jusqu'au dernier. Sa parfaite indépendance est notoire. Elle est une œuvre et non pas une affaire d'argent. Avant tout elle veut servir l'Eglise et défendre ses intérêts. Je ne sache pas que, depuis vingt-cinq ans qu'elle existe, elle ait publié une ligne de nature à blesser la morale et c'est là pour elle un beau titre de gloire.

Elle ne recherche pas la sensation, elle ne fait aucune réclame en faveur des théâtres, elle donne peu de place aux faits divers, mais n'omet rien cependant de ce qui touche au mouvement politique, littéraire, scientifique et religieux. On chercherait en vain dans ses pages le récit d'événements scabreux ou scandaleux. Elle est pleine d'idées.

Qu'elle ait eu quelquefois ses erreurs et ses torts, cela n'est pas étonnant et vous serez, mon cher Monsieur, le premier à l'admettre ; mais ces erreurs n'ont jamais porté sur des points de doctrine et que sont-elles après tout, comparées au bien qu'elle a accompli ?

Son fondateur, du reste, tous ceux qui l'ont connu intimement le savent, avait les convictions religieuses les plus profondes, un amour ardent de son pays, une loyauté et un désintéressement à toute épreuve. S'il s'est trompé, il s'est trompé de bonne foi. Je ne connais pas de journaliste qui, dans notre pays, ait reçu autant de témoignages d'estime et d'admiration que lui. Ses adversaires comme ses amis se sont plu à reconnaître sa valeur et son mérite.

Peu de temps avant sa mort, vous m'écriviez en son nom pour solliciter un mot d'encouragement en faveur de l'œuvre qui lui tenait tant au cœur et qu'il voulait affermir de plus en plus. Il nous fut enlevé avant que j'aie pu lui adresser le mot qu'il désirait. J'ai cru devoir attendre pour voir ce que serait la *Vérité* sous l'administration et la direction nouvelles. L'épreuve me paraît suffisante et je vous envoie aujourd'hui l'expression de ma satisfaction et de ma sympathie, je ne fais en cela que m'unir aux sentiments de votre vénérable archevêque, Mgr Bégin.

Je connais personnellement votre rédacteur en chef et je sais que nous pouvons compter sur la rectitude de ses principes et son dévouement à la cause de l'Eglise et de ses droits.

Libres et indépendants quand il s'agira des questions purement civiles et politiques, vous vous ferez un devoir, vous et tous vos collaborateurs, j'en suis sûr, de suivre dans tout ce qui touche à la religion, à la morale, à la discipline ecclésiastique, les directions du Saint-Siège et de l'épiscopat. Dans les polémiques et les discussions, vous aurez à cœur d'observer avec une sage modération les lois de la charité chrétienne, cette belle charité malheureusement si souvent blessée par la plume comme par la parole. C'est ainsi que j'entends le journalisme catholique et tant que vous serez fidèles à ces principes, je serai heureux de vous donner mon plus sympathique appui.

Avec mes vœux de succès, recevez, mon cher Monsieur, l'assurance de mes bien dévoués sentiments.

† PAUL,
Archevêque de Montréal.

Un si grand nombre de témoignages, un tel ensemble d'hommages forment un monument et honorent un nom : *Ad perpetuam rei memoriam.* Des réserves, il est vrai, s'y produisent, mais elles ne décident rien et ne peuvent pas former un jugement. Les noms de Dieu, de Jésus-Christ, de l'Eglise et de la Chaire Apostolique restent inscrits au sommet des siècles ; rien ne peut être plus nécessaire et plus honorable que de les confesser par sa foi, de les servir par ses actes et de s'immoler à leur service.

CHAPITRE XVII

Après la production de si nombreux et si glorieux témoignages, en présence de tant d'hommages pleins d'é-
motion, qui ont fait couler tant de larmes, je cherche si
je puis trouver des autorités plus hautes, des appréciations
plus justes, des approbations plus expressives ; je cherche
et je ne trouve point. Ah ! j'ai déjà beaucoup vécu ! J'ai
vu, dans ma jeunesse, au sein de ma vieille patrie, le catholicisme se dégager de tous les sédiments, de toutes les
alluvions, dont l'avaient chargé les aberrations du particu-
larisme national. Je l'ai vu, par un travail presque séculaire, rejeter victorieusement les étroitesses du rigorisme
jansénien, et l'esprit, séditieux ou aveugle, des nouveautés
gallicanes ; je l'ai vu, par ces corrections progressives, devenir plus lumineux, plus libre, plus puissant, pour la
transfiguration des âmes et pour le relèvement des institutions. Mais j'ai vu, en même temps, un libéralisme qui se
croyait orthodoxe, poursuivre la réconciliation de l'Eglise
avec la société moderne, compromettre les bienfaits de
tous les redressements, tous les retours de fortune, et
faire le jeu de l'ennemi, mais à ce point, que nous en sommes à nous demander si notre Eglise existe encore et si
nous ne mourrons pas dans une patrie diminuée tristement, privée peut-être de son indépendance. Ah ! j'ai déjà
beaucoup vécu !

Durant ces nombreuses années, j'ai vu tomber sur l'a-
rène tous les champions qui portaient devant nous le drapeau des justes doctrines. J'ai vu tomber Thomas Gousset,
cardinal-prêtre de la sainte Eglise, digne successeur de
S. Remi, d'Hincmar et de Gerbert, le rénovateur de la
théologie ; j'ai vu tomber René Rohrbacher et Joseph-Epi-

phane Darras, les deux vainqueurs de Fleury, les deux
émules de Baronius ; j'ai vu tomber Bouix et Craisson,
les deux paladins du droit canonique ; j'ai vu tomber
Pierre-Louis Parisis, le grand évêque, le Pierre l'Ermite et
le Godefroi de Bouillon des croisades pour la liberté d'enseignement ; j'ai vu tomber Lacordaire et Montalembert,
les deux poètes lyriques de l'éloquence ; j'ai vu tomber
Gerbet, l'abeille attique ; Doney, le puissant controversiste ;
Salinis, l'habile négociateur des intérêts sacrés ; j'ai vu
tomber Louis Veuillot, l'intrépide champion et Eugène
Veuillot, le patient diplomate ; j'ai vu tomber Pie, Plantier, Freppel, les trois courageux représentants du catholicisme intégral ; j'ai vu tomber Charles Périn, le créateur
de l'économie politique chrétienne ; Jules Morel, le censeur
délié du catholicisme libéral ; le P. Hilaire, le grand théologien de France au xixe siècle ; Michel Maupied qui four-
nit au concile la formule définitive de l'infaillibilité pontificale ; Augustin Bonnetty, le grand collecteur de deux
revues savantes, et combien d'autres dont les noms et les
écrits grandissent toujours. J'ai vu tomber aussi les têtes
du catholicisme libéral, mais il semble que cette grave
erreur, toute décapitée qu'elle est, est devenue plus active
et plus perverse, qu'elle ne le fut même de leur vivant,
puisqu'elle ouvre les voies à la révolution. Ah ! j'ai déjà
beaucoup vécu !

Et maintenant je vois succomber notre jeune frère d'armes, Jules-Paul Tardivel ; je le vois tomber comme la fleur
coupée par la charrue, avant d'avoir donné tous ses fruits.
Sur les rives du Saint-Laurent, dans un pays que nous ap-
pelons toujours la nouvelle France, il meurt à un âge qui
n'est pas encore la vieillesse, lui, l'héritier légitime de toute
cette lignée de glorieux ancêtres qui le couvraient du
rayonnement de leurs doctrines. La plume est tombée de
ses mains, le voilà mort, lorsque tant de combats lui restaient à soutenir ; ou plutôt lorsque vainqueur, il pouvait
déposer le ceste et commencer à recueillir des moissons.

L'autorité que lui assuraient son âge et ses services disparaît à l'heure où elle pouvait, avec plus d'assurance, escompter le secours du ciel et hâter le jour des grandes espérances. Ah ! j'ai déjà beaucoup vécu !

Quoique nos vies d'ici-bas ne soient que des commencements, les récits que nous en faisons ne finissent pas au tombeau ; ils ouvrent des perspectives sur l'avenir et sur l'éternité. Une plume catholique ne meurt pas ; elle a gravé ses oracles sur un fragile papier, qui devient un airain immortel ; et, après qu'elle a disparu elle parle toujours, elle suscite toujours de fidèles échos : *Defunctus adhuc loquitur.* Les anciens, dans leur mythologie, parlent d'un héros qui avait inventé les lettres de l'alphabet ; vinrent un homme et une femme qui, trouvant ces lettres sur leur chemin, les jetaient, en marchant, par-dessus leur tête, et comme ils avançaient d'un pas rapide, les lettres, lancées vers le ciel, retombaient invariablement derrière eux et se transformaient en soldats armés. Cette fable est une allégorie du sort des écrivains et de leur mission dans l'Eglise. Comme l'homme et la femme, unis par mariage, n'ont rien plus à cœur que de susciter des enfants de leur amour ; de même les écrivains, assistés de Jésus-Christ et illuminés par le Saint-Esprit, n'ont pas de plus grand désir que d'engendrer, par leurs travaux, des enfants de lumière, qui ramassent le manteau tombé de leurs épaules, et deviennent prophètes à leur tour. Les écrivains ont une fonction dans l'Eglise. L'Esprit de Dieu, descendu sur les Apôtres au jour de la Pentecôte, descend aussi sur les têtes d'auteurs et, par l'abondance de ses dons, leur suggère des discours que peuvent comprendre toutes les races de l'univers. Les livres ont ce noble destin d'être les échos fidèles, de l'esprit humain sans doute, mais aussi des oracles du ciel. Tout livre orthodoxe est une émanation de la Bible, sa juste interprétation, son application légitime. Pas un mot de ces livres, une fois lancé, ne tombe sur une terre stérile. Plus il s'élève vers le ciel

pour en descendre, plus il multiplie ses bénédictions sur
la terre. Les Chinois ont le culte du papier écrit ; ils regar-
dent comme un sacrilège de le traiter avec irrévérence,
parce que c'est manquer de respect envers la majesté de
l'esprit humain. Notre respect pour le papier orthodoxe,
s'adresse au Dieu de toute vérité ; si les signes qui le cou-
vrent sont les actes d'une main d'homme, les vérités qu'ils
expriment viennent de Dieu et gardent, en eux, un triple
reflet de leur origine.

Nous n'avons pas toujours, sur les livres et sur les auteurs, des pensées justes et des paroles assez respectueuses. Suivant nos humeurs, nous leur offrons, tantôt de l'encens, tantôt des critiques plaisantes, qui aspirent à devenir des oracles. L'encens se trompe d'adresse : l'homme
n'a pas le droit d'en recevoir ; les critiques partent d'un
principe juste, qui peut même l'être plus que l'écrit qu'elles passent aux étamines, puisqu'elles aspirent à prendre
sa place. Ici, il n'y a qu'un déplacement d'influence. La première pensée étant défectueuse sous quelque rapport, la
critique lui rend toute sa justesse et assure, dans la même
proportion, son crédit. La pensée, amenée à sa juste formule, nous offre la manifestation de la puissance de l'esprit. Vous ne l'apercevez nulle part mieux que dans les
Pères de l'Eglise. A l'origine de l'Eglise, à l'époque où, au
lendemain de la Pentecôte, toutes les vérités de l'Evangile
flottaient, si j'ose ainsi dire, dans l'atmosphère de la Palestine, Dieu suscita des écrivains pour recueillir les titres
divins du Nouveau Testament. Mais, quand le cycle du Nouveau Testament fut clos, l'Esprit de Dieu continua de susciter des Pères apostoliques ; puis des Pères qui incarnè-
rent graduellement dans leurs écrits, toutes les vérités de
la tradition ; puis des scolastiques et des théologiens qui
en dressèrent, jusqu'à nous, l'auguste synthèse. Ces théologiens, ces scolastiques, ces Pères n'eurent primitivement,
au service de leur esprit, que ce faible outil qu'on appelle
une plume, et ce fragile confident qu'on appelle un papy-

rus. La vérité qui était en eux leur suscita des copistes ; et ces copistes multiplièrent assez les écrits des Pères pour que leurs manuscrits composassent les bibliothèques et les remparts de l'Eglise. Nous avons aujourd'hui meilleur sort. La page que j'écris ce matin, sera imprimée demain à mille exemplaires ; ces exemplaires se lanceront à travers le monde. Le livre que j'ai conçu dans la solitude, ira aux mains qui voudront le recevoir ; il parlera aux esprits qui voudront l'entendre ; il s'incarnera en autant d'âmes qu'il aura de lecteurs ; et s'il a vraiment l'esprit de Dieu, il suscitera, parmi ces lecteurs, d'humbles soldats comme je le suis moi-même, plus forts que je ne le suis, mais toujours dans les conditions où doit s'exercer la puissance de l'esprit humain, soulevé par l'Esprit de Dieu.

J'augure, avec confiance, pour le nom et pour les œuvres de Tardivel, ce glorieux avenir. Tardivel a été, pendant vingt-cinq ans, à Québec, l'homme de la vérité absolue ; il a exposé, justifié, défendu, cette vérité dans les sphères divines et dans les sphères humaines ; il a été l'homme de la foi et du patriotisme. Dieu, Jésus-Christ, l'Eglise, le Pontife Romain, ce sont là, à ses yeux, les quatre grandes puissances de l'histoire. La pensée de Dieu sur le Canada, l'œuvre de Jésus-Christ au Canada, les bons ouvriers de l'Eglise pour appliquer au Canada la grâce de Jésus-Christ et faire respecter le dessein de Dieu : voilà l'œuvre qu'il a su concevoir et qu'il a voulu défendre. A l'origine, ce n'était qu'un pauvre petit orphelin, élevé par deux tantes ; il rencontra, comme par hasard, sur son chemin, un collège catholique ; puis la Providence l'amena sur les rives du Saint-Laurent et lui dit : Voilà la terre que je t'ai promise ; je t'ai choisi pour défendre son temple et subordonner ses institutions à l'œuvre de Jésus-Christ. Dieu, qui ne manque jamais à ses serviteurs, le fit passer à travers les bureaux de rédaction de trois feuilles publiques. Quand il eut achevé son noviciat de presse, il lui mit un journal sous la main. Alors cet humble chrétien,

avec son humble petite feuille, se prit à dire, avec la virginité presque naïve de sa foi, ce que Dieu attend du bon
sens et de la docilité du Canada ; il le dit et le répéta
sous toutes les formes de la pensée humaine, un peu à
l'aventure des circonstances, mais comme il n'avait qu'une
pensée, aucune complication ne venait en faire dévier le
concept. A la vérité, ce n'était qu'un bien petit journaliste
et il n'avait qu'une bien petite plume, rien, pas même la
fronde du petit berger de Bethléem. Mais enfin, c'était la
voix qui crie dans le désert : Faites de dignes fruits de
pénitence, préparez les voies du Seigneur, voici le salut
qui vient de Dieu. Je ne sais pas si, malgré sa faiblesse et
sa modestie, il ne s'oublia pas, jusqu'à donner la chasse
aux ours qu'il voyait s'agiter dans la cage des journaux et
aux lions qui se promenaient dans les savanes de la politique ; pour dire aux seigneurs lions et aux messires ours,
qu'ils ont, sans doute, des dents terribles et des griffes
redoutables ; mais enfin qu'il y a un Dieu au ciel, un Evangile sur la terre, une croix au Calvaire et une Eglise à
Rome. Les ours, qui sont savants, les lions qui sont très
graves, ne firent pas semblant d'entendre ; mais quand il
fallut écouter, ils donnèrent, au petit journaliste, qui un
coup de griffe, qui un coup de dent, tous un coup de pied.
Mais lui, imperturbable, tout méprisé et battu qu'il était,
il répétait toujours la même profession de foi : Le Canada
est cher à Dieu, le Canada est ami de Jésus-Christ, le Canada est l'œuvre de l'Eglise ; ce sont là ses titres de noblesse ; c'est là sa lumière, sa loi, sa grâce, son gage d'a-
venir et d'espérance. Maintenant le petit journaliste est
tombé ; nous venons de l'ensevelir dans un linceul avec
l'aloës et la myrrhe ; Dieu l'a retiré du monde avant la
vieillesse ; il avait achevé son œuvre ; et si Dieu l'a appelé
sans retard à la récompense, c'est qu'il se réserve de prendre cette œuvre en ses propres mains et de la poursuivre
par les ouvriers qu'il lui plaira de choisir. C'est le bouquet
spirituel de cet écrit.

Nous ne sommes pas un illuminé ; nous sommes, pendant le jour bref d'une vie mortelle, un voyageur à travers les siècles et à travers le monde. Dans nos voyages, nous avons visité les nations de l'Europe et parcouru, en homme attentif, tous les siècles de la chrétienté. Notre foi, la foi de Tardivel, est bien celle que l'Eglise professe partout et que les chrétiens ont professée dans tous les temps. Ce n'est pas une idée préconçue, ce n'est pas un système, le programme d'une école, le plan d'un parti, une œuvre d'homme produite par des intérêts humains et pour satisfaire des passions. Non, c'est l'Evangile de Jésus-Christ, tel que l'ont écrit les apôtres, tel que l'enseigne l'Eglise. Nous ne sommes rien ; nous ne demandons rien, que la miséricorde de Dieu. Si nous parlons aux hommes, c'est pour leur intimer des dogmes et des lois qu'ils sont, comme nous, pas plus mais pas moins, obligés d'entendre et moralement contraints d'accepter. Nous croyons sincèrement que c'est le devoir, et aussi l'honneur. Quant au bonheur, c'est un mot confié à la garde de nos illusions et qui n'offre, que dans les pensées de la foi, une ombre de réalité et une ferme espérance.

Cette vérité de Dieu nous devons l'accepter telle qu'elle est ; nous devons la professer sans addition, sans diminution, sans adultération, ni mélange d'aucune sorte. Si elle n'était qu'une création de notre esprit, elle pourrait subir des variations et chercher sa perfection, son mode d'application, ses limites. Nous ne la croyons soumise à l'arbitraire de personne ; nous ne reconnaissons à personne le droit d'innover. Cette vérité, révélée de Dieu, a été, sans doute, confiée, comme un dépôt sacré, à la garde de l'Eglise enseignante ; elle a, comme elle, des gardiens d'institution divine ; mais ses gardiens ont, comme nous, plus que nous, le devoir de la défendre contre les nouveautés profanes des mots et contre les oppositions d'une science qui porte un nom faux. Les dépositaires de la vérité divine doivent l'enseigner selon toutes les formes de l'argumentation, de la persuasion, de la réprimande. Le ciel les a, dès longtemps, avertis que les temps sont dangereux, que les hommes aiment à se donner des maîtres, des flatteurs et des histrions aptes à caresser les oreilles. Pour eux, chefs authentiques de l'Eglise, ils doivent avoir l'œil toujours ouvert sur la nuit des siècles ; ils doivent enseigner en toute patience et doctrine ; ils doivent parler à propos, mais aussi hors de propos, et signifier aux hommes, qu'en présence de la vérité de Dieu, il ne reste, pour l'homme, qu'à obéir. Dès le temps des gnostiques, et depuis, il s'est toujours trouvé dans l'Eglise, des hommes pour se croire plus savants, plus sages, plus habiles que les autres. Mais ces hommes qui se disaient sages, à force de raffinements et de prétentions, ont été convaincus d'erreur et de sottise. A coup sûr, ces égarements n'autorisent point à manquer d'égards envers leur dignité ; ils n'obligent pas, non plus, à respecter leurs aberrations. La vérité reste toujours identique à elle-même ; il n'y a pas de droit contre elle et personne, quelle que soit sa dignité, ne peut l'enfreindre. Dès qu'elle est attaquée ou méconnue, tout le monde, même le plus petit, a, non seulement le droit, mais le devoir de la défendre. Le petit avocat de Constantinople qui interrompait Nestorius pendant le sermon, remplissait un devoir ; le petit servant de messe qui refusa de porter la croix primatiale devant le signataire des statuts de Clarendon, remplissait également un devoir, et eut l'honneur de ramener à son devoir l'archevêque de Cantorbéry. Devant la vérité, il n'y a ni petits ni grands, il n'y a que des obligés. En déduisant ces maximes nous pensons bien n'étonner personne ; mais nous croyons honorer, comme il mérite de l'être, le héros de cette biographie. Tardivel n'était rien au Canada qu'un grain de poussière ; mais ce grain de poussière illuminé d'En Haut et fidèle à son catéchisme, dont il a fait son armure, est, désormais, dans l'histoire de son pays, un personnage respecté ; la mort, en l'effaçant de la terre, a donné, à sa personne, un juste relief et proclamé sa grandeur. Nous croyons en avoir fourni la preuve.

Que si, au cours de cette biographie, nous avons, sans le savoir et sans le vouloir, manqué d'égard envers quelqu'un, nous en demandons grâce. Etranger au Canada, que nous n'avons visité que dans les livres, mais dont nous avons entendu les enfants nous raconter l'histoire, nous sommes sûr d'avoir reproduit, avec exactitude, leurs informations. Notre barque est si peu de chose, qu'elle ne vaut pas la peine qu'on en parle ; sa boussole est orientée fidèlement sur l'étoile polaire de la vérité catholique. A travers de nombreuses pérégrinations, sa fidélité nous a bien valu quelques combats ; mais pas d'erreur, que nous sachions. Une si longue vie, tout entière consacrée à l'étude, sans que, dans cent ou deux cents volumes, l'œil vigilant de l'Eglise ait pu signaler une faute de doctrine ou un acte de complaisance envers les malins qui nous ont paru s'abuser, c'est assurément une obligation stricte ; mais cela suffit. Le reste est des humains, disait M. de Maistre.

Nous avons vu Tardivel d'assez près pour le bien connaître ; nous l'avons vu d'assez loin pour en parler avec l'indépendance nécessaire. Nous n'avons pas d'autre mot d'ordre que celui de l'Eglise militante ; pas d'autre devoir que de parler avec une égale sincérité de convictions et de sentiments. Des amis ou des ennemis — nous ne savons lequel des deux — nous voudraient plus documentés, plus concluants. Des documents, s'ils en ont à nous offrir, notre conscience nous oblige à les accepter ; notre raison, à les mettre en œuvre. De la charité et des espérances, au service de la foi, nous nous appliquons à n'en pas manquer ; de la conciliation par la confusion des idées ou l'abdication des principes, nous n'en voulons pas. Le plus grand fléau, le plus grand malheur de notre temps, c'est la manie conciliatrice et l'inertie qui en forme le plus funeste résidu. La question aujourd'hui n'est pas de savoir comment il faut disposer les choses et traiter les personnes ; elle est de savoir si, en présence du cyclone qui menace de tout emporter, nous appartenons, par notre prudence et par nos actes, au groupe patriotique et pieux, qui veut tout sauver par sa résistance.

L'Eglise est attaquée aujourd'hui par une légion infernale ; elle est attaquée, avec plus d'âpreté et de frénésie, dans les pays plus catholiques. La Révolution est maîtresse en Italie ; elle est maîtresse en France ; elle menace particulièrement la Belgique et le Canada, pays jusqu'à présent plus fidèles, mais, malgré les apparences pacifiques, très menacés dans l'intégrité de leur foi et de leurs traditions. Le catholicisme libéral leur a particulièrement inoculé sa gangrène, troublé leurs pensées, énervé leur vertu. La tempête qui menace de tout emporter, agit maintenant avec une activité déconcertante. En vingt-cinq ans, par défaut de combats, elle a tout perdu en France ; il faut craindre qu'elle n'en fasse autant au Canada, surtout grâce à la cécité ou à la bonhomie des honnêtes gens. Personne ne peut sérieusement croire que nous vivons dans des temps calmes Nous devons donc être tous soldats, tous marcher, en ordre de foi, à la grande bataille. Qui n'est pas avec nous est contre nous. Fidèles, prêtres, évêques, tous ceux qui ont une tête sur les épaules et un cœur dans la poitrine, n'ont plus qu'un grand devoir : courir au drapeau pour les foyers et pour les autels. On n'est pas vaincu tant que l'on combat. On ne meurt qu'une fois. Mourir pour mourir, mieux vaut mourir face à l'ennemi, les armes à la main, frappé par devant, que d'être atteint en traînard ou en déserteur, en aveugle ou en ignorant. Notre devise est : En avant toujours !

Nous voulons, ici, unir dans une même pensée, dans un même souvenir et un même hommage, Jules-Paul Tardivel, fondateur de la *Vérité*, et François-Xavier-Anselme Trudel, fondateur de l'*Etendard*. C'étaient deux croyants des anciens jours ; deux apôtres et deux martyrs de la même foi religieuse et politique ; deux oliviers lumineux, grandis dans les parvis sacrés, qui ont donné, au Canada, leurs fleurs et leurs fruits. En d'autres temps, ils eussent pu être un Ignace, un Xavier, un de ces saints qui personnifient leur siècle et relèvent leur pays. Dans des siècles moins fervents, à la vue des nations agitées et des peuples emportés par un mouvement vertigineux, l'un avocat, l'autre simple citoyen, tous deux publicistes, ils ont voulu être soldats du même drapeau, porteurs, comme les coureurs antiques, du lampadaire de vie. Dans l'ardeur du combat, peut-être ont-ils pu se méprendre sur le plus grand bien ou sur le moindre mal, peut-être ont-ils pris parfois des amis pour des adversaires. En s'opposant, même à des hommes bons, dans des circonstances délicates, ils ont pu toujours invoquer le témoignage de leur conscience d'écrivains catholiques ; jamais personne ne douta de leur bonne foi et de leur loyauté ; les adversaires même confessaient que leurs grandes qualités méritaient l'estime.

Ces deux grands Canadiens français, dit un de leurs compatriotes, n'ont jamais sacrifié au veau d'or. Tous deux ont eu en partage le travail, l'angoisse souvent, la pauvreté toujours. Mais ils aimaient la vérité avec passion ; nuit et jour, ils l'ont défendue de toutes les puissances de leurs âmes. Tardivel n'avait pas le don de la parole. Trudel l'avait plutôt abondamment ; mais ils étaient laborieux, instruits, désintéressés, braves ; ils furent les polémistes puissants de leur époque, forts par la précision de l'idée, la richesse des arguments et l'entraînement de la conviction. Le respect humain n'escalada jamais ces âmes escarpées de chrétiens convaincus et pieux. Ces deux frères en journalisme ont servi du même cœur la Foi, l'Eglise et la Patrie : unis par un pacte fraternel, ils ont, dans l'histoire, une même place, et, espérons-le, un trône dans la gloire.

Avant de déposer la plume, nous avons une déclaration à faire, une prière à dire et une protestation à élever.

A sa mort, Tardivel laissait de nombreux enfants et une

épouse en deuil. Nous avons le regret de ne pas les connaître ; nous n'avons pas travaillé sur leur commande, ni
pour offrir, à leurs chagrins domestiques, d'autres consolations que celles qui résultent de la sincérité de l'histoire.

Si nous n'avons pas l'honneur de connaître les enfants
et la veuve de Tardivel, nous ne sommes pas autrement
insensible à leur chagrin et nous voulons, avec eux, nous
incliner encore devant cette tombe. Mais il ne faut pas
pleurer comme ceux qui sont sans espérance ; il faut élever nos regards et nos cœurs vers les montagnes d'où vient
le secours. Si, comme l'ont pensé de grands esprits, comme
l'enseigne une science de formation nouvelle, nos âmes,
après la mort, gardent la liberté de leurs mouvements,
reviens, ami, ah ! reviens encore près de tes enfants et près
de ton épouse. Le ciel est partout où habite la vertu. La
nuit, quant tout se tait, quand la douleur, seule avec elle-
même, verse des larmes sur sa chaste couche, visite encore
le foyer désert depuis ton départ. Donne aux tiens quelque
signe de ta présence ; verse dans leur âme le dictame qui
enchante les douleurs, et fais onduler, dans leur cœur,
cette belle lumière dont vivent les saints, qu'il suffit d'entrevoir pour n'avoir plus besoin de consolation.

Notre foi se complaît à de plus grands mystères. La demeure des justes est aux royaumes célestes ; leur repos
est éternel ; leurs vertus se répandent, en présence de
Dieu, comme l'odeur des parfums. Une lumière perpétuelle
illumine leur âme et éclate dans leurs yeux ; une allégresse éternelle rayonne sur leur tête et produit, dans leur
âme, l'exultation. Voilà comme Dieu traite les saints. Tout
le mal qui a pu les atteindre dans l'épreuve, a favorisé
leur vocation à la béatitude. Leur mort a été précieuse ;
maintenant, vêtus de gloire, ils acclament le Seigneur. Tel
est assurément le sort des martyrs ; et martyrs sont les
soldats de Dieu, tombés sur le champ de bataille.

Et nous, écrivains ou lecteurs, devant qui ces martyrs
portaient la drapeau de la croisade, est-ce que nous lais-

serons plus longtemps les sangliers de Samarie ravager les vignes de Jérusalem ? Aujourd'hui, si vous entendez la parole de Dieu, n'endurcissez pas vos cœurs. D'abord il faut lutter, au Canada comme partout ; nous luttons pour une cause qui ne peut être vaincue que si elle s'abandonne ; nous appartenons à l'armée qui combat le monde, vaincu par Jésus-Christ. La grandeur de la cause appelle un grand courage ; la certitude de la victoire doit centupler notre ardeur. L'homme se compose d'un *Hélas* ! et d'un *Alleluia* ; pour le soldat chrétien, l'hélas n'a qu'un jour ; l'*alleluia* est éternel.

Au revoir donc, cher ami, et à bientôt, s'il plaît à Dieu. Nous promettons à votre mémoire, nous jurons devant Dieu, tant qu'il nous restera un souffle de vie, de sonner du clairon, d'appeler à la prière, à l'étude, à la guerre sainte les soldats du Christ, hier vos compagnons d'armes. Nous ne croyons pas nécessaire de prolonger, à votre souvenir, les plaintes et les gémissements : vous avez vécu avec noblesse, vous n'êtes pas mort tout entier. Nous le savons par vos marques de vertu, par votre foi vive, par des raisons de la plus solennelle certitude. Notre esprit se plaît à rafraîchir la mémoire de vos services, la force de vos entretiens et l'inébranlable fermeté de vos espérances. Pour moi, qui ai touché de près votre cœur, je sais qu'il était un foyer de résolution et de bravoure. A la pensée de nos péchés, une grande charité nous anime ; des paroles ne suffisent pas à l'amitié. Je porte votre nom à l'autel du Seigneur ; je le prie de départir les fruits du sacrifice aux enfants qui n'ont plus de père, à la mère qui n'a plus d'époux, *In pace in idipsum.*

Vita mutatur, non tollitur. Ce que les insensés appellent mourir, c'est aller à la maison du Père qui est aux cieux. Rien ne nous étonne, rien ne nous surprend, rien ne nous afflige. Dieu ne meurt pas. Morts ou vivants, nous sommes toujours les soldats de Dieu.

CHAPITRE XVIII

Au moment où se termine l'impression de ce livre, après avoir lu, relu, médité les épreuves, nous croyons devoir ajouter un post-scriptum. Non point parce que les Canadiens sont fils des Normands, naturellement quinteux ; non point parce que le trait distinctif des libéraux, c'est la susceptibilité de l'épiderme ; mais parce que, en toutes choses, nous voulons voir clair, parler net et agir droit : c'est là toute notre habileté. En présence de l'affolement des hommes et de l'exaspération des partis, nous n'avons pas d'autre préoccupation que de dire ce qui est, et, s'il le faut, d'en déduire les preuves. En bonne conscience, l'historien n'a pas le droit de taire |ce qui est vrai, ni de soutenir ce qui est faux. Tout homme peut se tromper ; s'il s'est abusé, il doit, au premier avis, se corriger lui-même. Une erreur réparée, c'est une vérité acquise et une vertu mise en meilleure évidence. Les lecteurs sont souvent inattentifs ; les plus vives sympathies peuvent être fragiles. Un auteur digne se place sur le roc de la vérité absolue ; il se met aux écoutes de l'opinion ; il enregistre les observations de la critique ; il se relit et se redresse scrupuleusement, pour gagner en hauteur de caractère, en profondeur de pensée, en exactitude de fait, en justesse de vue. — Voici nos dernières observations.

1° Une biographie n'est pas une thèse : c'est le récit clair, bref, d'une existence d'homme ; et si cet homme est un publiciste, dont la vie, peu fertile en incidents, se consacra aux batailles d'idées, le récit de sa vie doit appuyer premièrement sur les principes dont il s'est constitué le représentant et le défenseur. Telle, du moins, nous avons compris la vie de Jules Tardivel. En l'écrivant, nous avons appuyé constamment sur les grandes causes dont il était, inspiré par sa foi et par sa conscience, l'avocat d'office. C'est en nous plaçant sur les hauteurs que nous avons voulu exposer et illuminer cette humble vie ; nous avons voulu mettre, en relief, la fermeté de sa foi, l'énergie de ses convictions, la décision de ses controverses, les résultats acquis de son dévouement. Nous n'avons pas cru devoir entrer dans beaucoup de détails ; nous nous sommes abstenu, pour n'être pas trop long, de donner, à l'appui de nos affirmations, des textes, des preuves ou des commentaires. Non que nous en soyons dépourvu ; mais parce que nous réservons, à un autre ouvrage, cet appareil de démonstration. Le *Précis de l'histoire du Canada* nous offrira l'occasion obligatoire d'enregistrer les faits, de citer les personnes, de juger les événements, et de donner, à l'appui de ces jugements, les raisons qui les motivent, les expliquent et les commandent.

2° Nous avons écrit la vie de Jules Tardivel en Champagne, à quinze cents lieues du Canada ; nous l'avons composée en 1906, dix-huit ans après la visite du rédacteur de la *Vérité*. Jules Tardivel n'était pas un sphinx ; c'était un homme simple et, si j'ose ainsi dire, translucide. Mais nous n'avions pas discuté avec lui des énigmes personnelles ; nous l'avions simplement prié de nous instruire, aussi bien qu'il le pouvait, de l'histoire du Canada. Quant à l'arrière-pensée d'écrire sa vie, elle nous était étrangère ; la différence d'âge ne nous permettait pas de pressentir l'obligation de composer, un jour, sa biographie. Nous n'avions pris aucune information, nous n'avions écrit aucune note. La mort précoce de notre ami nous ayant mis en demeure de parler, nous n'avons pu que résumer nos lointaines impressions, d'après les réminiscences d'une trop faible mémoire. Dans ces conditions, involontairement, nous avons dû commettre quelques fautes ; nous en sollicitons le signalement ; nous voulons en promettre la correction. Nous ne sommes pas infaillible ; mais nous sommes sincère. Nous savons bien qu'il ne suffit pas d'inscrire la croix sur son écu pour porter des coups de lance enchantée. A notre âge, du reste, nous n'avons, sur les rives du Saint-Laurent, à lutter contre personne. Le désir d'être agréable, et, s'il se peut, de rendre service, est notre seule inspiration.

3° En preuve, c'est que nous avons enlevé, à notre travail, contre les personnes, tout caractère contentieux. Quoique nous ne sachions pas tout, nous en savons plus que nous n'en avons dit. En nous arrêtant à quelques points particuliers, il aurait fallu citer des noms propres, censurer des fonctionnaires, foncer sur des journalistes, peut-être ferrailler contre des prêtres. Au lieu de chercher des pugilats, nous avons préféré le silence. Ce que Tardivel a souffert sans rien dire, nous le souffrons de même. Ce n'est point toutefois que nous récusions l'idée de prendre à rebrousse-poil les idées fausses et les illusions du pays ; en écrivant, nous voulions les signaler, et, dans la mesure du possible, les guérir. L'apostolat ne comporte pas d'indifférence ; s'il n'effectue pas toujours des conquêtes, il assure toujours des mérites. En parlant à temps et à contretemps ; en recourant aux argumentations, aux prières et aux réprimandes, on peut se trouver, même contre son gré, jeté dans des controverses. Nous ne les déclinons pas ; et, dans la mesure où elles sont nécessaires ou utiles, si nous ne songeons pas à les provoquer, du moins, nous ne voulons pas les fuir. Ce serait même pour nous une satisfaction, à l'occasion des erreurs où nous avons pu tomber, d'acquérir sur divers points, une connaissance plus exacte et fondée sur de solides arguments. On ne sait pas tout ce qu'un homme, même laborieux, même instruit, peut ignorer, lorsqu'il s'agit d'atteindre à une scrupuleuse exactitude.

4° Sur les questions des principes et de doctrine, nous sommes plus explicite et plus résolu. Notre *Credo* commande, contre la Révolution satanique, une guerre à mort.

Condescendant et même sympathique à tous les progrès
d'ordre purement temporel, nous sommes résolument
hostile à toutes les impiétés qui ne peuvent qu'en compromettre la fortune et ruiner les âmes ou les désespérer.
Dieu nous a fait la grâce de mettre notre jeunesse à l'école
des plus grands évêques de notre temps ; il nous a octroyé
la paternelle protection des Gousset et des Parisis ; il nous
a fait l'honneur de devenir le compagnon d'armes des Pie,
des Plantier et des Freppel ; il a permis que nous fussions
l'antagoniste déterminé des inventeurs du catholicisme
libéral. Pasteur, pendant de longues années, d'un bien
petit troupeau, nous trouvions, dans nos loisirs, le temps
d'étudier ; nous trouvions aussi, dans notre obscurité, la
facilité de manier la fronde contre les géants. Proscrit
lorsque notre sang commençait à se refroidir, nous n'avons
pu continuer les combats que d'un bras défaillant. Mais,
vive Dieu ! nous nous sentons toujours, au cœur, la même
résolution, lorsqu'il s'agit d'expliquer l'embryologie des
erreurs qui perdent le monde. Et puisque le Canada est en
si grand péril par l'effet de la Franc-maçonnerie et du
libéralisme, nous estimons que c'est un devoir rigoureux
de tenir tête à ces fléaux, de les dénoncer et, si Dieu le veut,
de les abattre.

5° Le latitudinarisme, poison des individus, est, pour les
sociétés, une peste : le rigorisme doctrinal est le salut des
peuples. Ce que nous avons dit des Universités, se réfère
au passé ; nous voulons croire qu'il n'y reste rien de la
sédition gallicane et des infatuations du libéralisme ; c'est
notre devoir d'y applaudir. Quant aux écoles, nos anathèmes tombent sur l'abominable crime qui s'est commis au
Manitoba, à l'Alberta et à la Saskatchewan. Les aberrations de la politique peuvent amener, même à Québec, la
neutralité de l'école. La neutralité, c'est la mort de l'enseignement religieux et moral. Le Bas-Canada a eu des
surintendants de l'instruction publique, amis de Ferry,
partisans de ses réformes, animés de son esprit, fidèles à

ses tendances, prêts à ses empiétements. Leur qualité de catholiques les rendait intangibles et d'autant plus nuisibles. Comment des lois qui ont été, en France, le premier principe de ruine, peuvent-elles, au Canada, passer pour réformes utiles et progrès réel? Une erreur si criminelle, si funeste, en deçà de l'Océan, ne peut pas être, au-delà, une vérité bienfaisante, un principe d'ordre? Le Canada catholique peut périr par la corruption des écoles. La Constitution est favorable aux catholiques ; les Universités sont catholiques ; les évêques siègent au Conseil de l'Instruction publique, et cependant, les institutions deviennent, chaque jour, plus neutres. Le laïcisme aura bientôt fait, du Canada, un pays indifférent, sinon hostile à la religion. La province de Québec s'inspire du programme qui a si bien réussi en France. *Caveant consules!*

6 Nous n'avons ni titre, ni qualité, ni compétence, pour juger la discipline actuelle de l'Eglise, au Canada. Mais le libéralisme doctrinal, les sociétés secrètes, la mauvaise presse, les théâtres immoraux, le socialisme démoralisent le peuple et corrompent les ouvriers. Une réaction est indispensable ; une presse quotidienne franchement catholique, une action catholique populaire doivent en être, selon les décrets de Pie X, les instruments. Les protestants, qui ne sont que 10 pour cent, à Québec, n'y peuvent mettre obstacle ; leur fanatisme n'est pas plus redoutable que leur nombre. Le principe du mal est dans les catholiques et jusqu'ici, du moins, les évêques n'ont pu ni l'empêcher, ni l'extirper. Nous n'avons pas à demander pourquoi ; mais nous savons, comme historien, que l'action apostolique des évêques décide du sort des peuples. Les évêques soumis au Pape par une ferme adhérence, par une infrangible soudure ; les évêques fidèles en tout, en principe et en pratique, à la discipline de l'Eglise romaine, mère et maîtresse de toutes les Eglises ; des diocèses organisés sur le double principe de la hiérarchie et de la propriété ecclésiastique, avec des paroisses, des cures inamo-

vibles, des chapitres et des tribunaux ; un clergé séculier et un clergé régulier, poussés à la haute science, ornés de toutes les vertus, actifs dans une parfaite harmonie, avec émulation de dévouement ; des synodes annuels, des retraites, des conciles provinciaux, un concile national ; le droit canon en tout et pour tout, codifié selon les besoins du temps présent : voilà les forces de l'Eglise. C'est aux évêques qu'il appartient de les mettre en mouvement. Le sort heureux des peuples dépend du zèle des évêques à mettre en mouvement perpétuel les forces de l'Eglise ; leur sort malheureux ne peut provenir originairement que de leur négligence ou de leur inertie. *Dic ubi sit fulcrum* ; *cœlum terramque movebo*. Notre devise est : En avant, toujours ; nous laissons aux morts le soin d'ensevelir la mort. Une croix plantée sur les tombeaux est le symbole de la résurrection nationale.

7° *Sine me liber ibis in urbem*, tu iras sans moi à Rome, disait Virgile à ses Eglogues. La biographie de Tardivel ira, sans nous, au Canada. Nous l'offrons cordialement à tous ses amis, avec le souhait qu'ils le voient revivre dans ces pages ; nous l'offrons, non moins cordialement, à ses adversaires, très certain qu'il suffit de le connaître pour l'aimer, en comprenant mieux la grandeur de sa cause et la sagesse de ses enseignements. Mais nous voulons, comme sentiment suprême de notre cœur, la dédier à sa famille. S'appeler Tardivel doit être désormais, au Canada, un titre de noblesse. Quoi qu'on puisse dire, nous dédions notre livre : 1° A Elisabeth Tardivel, dame Magnan, épouse d'un savant professeur, bon catholique en son privé, mais partisan de l'éducation d'Etat, ce qui nous paraît une erreur et une faute ; 2° à Albertine Tardivel, dame Bégin, épouse du fondateur de la *Croix* de Montréal, à qui nous souhaitons de marcher bravement sur les traces de son beau-père ; 3° à Alice Tardivel, dame Héroux, épouse d'un écrivain de race, à qui nous offrons le même vœu ; 4° à Paul Tardivel, directeur-rédacteur de la *Vérité*, successeur et courageux imitateur de son père, dans un milieu où il n'y a qu'à suivre le drapeau de l'intransigeance ; 5° à Georgina Tardivel, dame Bazin, épouse d'un riche commerçant de Québec qui sait conjurer les anathèmes de l'Evangile contre la richesse, par les magnificences de la charité.

En dernier lieu, ou plutôt, en premier lieu, nous dédions ce livre à la digne épouse de Jules-Paul Tardivel. Ah ! madame, personne n'écrira peut-être votre biographie ; mais elle est écrite, puisque j'ai l'honneur de vous présenter ce livre. C'est vous, madame, qui, jeune encore, avez voulu associer votre destinée au sort de ce brave franco-américain qui rêvait d'être le soldat de Dieu ; c'est vous qui avez voulu, épouse de cet intrépide paladin, aviver sans cesse son enthousiasme ; c'est vous qui avez soutenu son courage pendant ses vingt-cinq ans de dures et cruelles épreuves. Vous étiez invisible dans sa vie : c'est la meilleure marque de votre vertu ; mais toujours présente, la main dans la main, cœur contre cœur, vous avez agi, par votre époux, le Veuillot du Canada, l'intrépide adversaire de toutes les aberrations nationales, l'homme qui a su, seul contre tous, soutenir les causes connexes du temple, de l'autel et des foyers. Soyez bénie et remerciée, madame ; et puissent ces humbles pages vous attester noblement qu'outre-mer, il reste des amis fidèles du soldat tombé au champ d'honneur, mais destiné, s'il plaît à Dieu, à être, du fond de sa tombe, le libérateur de sa patrie.

TABLE DES MATIÈRES

Imp. J. Thevenot, Saint-Dizier (Haute-Marne).

Arthur SAVAETE, Éditeur, 76, rue des saints-pères. — PARIS.

Dictionnaire de Liturgie, par dom Cabrol, abbé de Farnborough, — en cours de publication.

Monumenta Ecclesiæ liturgica, par les Pères Bénédictins, — en cours de publication.

Histoire littéraire de France, par les Bénédictins, 16 vol. in-4°.

Gallia Christiania, en 13 vol. in-4°.

Acta sanctorum des Bollandistes, 64 vol. in-folio.

La papauté devant l'histoire, par le docteur Fournier, 2 vol. in-4°, illustrés.

Les Représentants du peuple, en mission 1793-97, par Bonnal de Gange, 4 vol. in-8°.

L'Allemagne, par Mgr Fèvre, 2 vol. in-8°.

Le P. Aubry et la réforme des études ecclésiastiques, par le même, 1 vol. in-8°.

Charles Périn, créateur de l'économie politique chrétienne, par le même, 1 vol. in-8°.

Vie, œuvres et actions politiques de M. Emile Ollivier, par le même, 1 vol. in-8°.

Le centenaire de Mgr Dupanloup, par le même, 1 vol. in-8°.

Histoire de Mgr Parisis, 1 vol. in-8 (sous presse), par le même.

Sainte-Marie-Madeleine, d'après les Ecritures et la Tradition, par l'abbé Sicard, 2 vol. in-8°.

Origines de Notre-Dame de Lourdes, par l'abbé Moniquet, 1 vol. in-12.

Etudes critiques sur Bossuet, par l'abbé Davin, 1 vol. in-8°.

Soirées Franco-Russes, par Arthur Savaète, 4 vol. in-8°.

La Bible des familles, par Mgr Guérin et dom Rabory, 3 vol., un seul a paru jusqu'ici.

Imp. J. Thevenot, Saint-Dizier (Haute-Marne).